交通职业教育教学指导委员会推荐教材
高职高专院校公路工程造价专业教学用书

高等职业教育规划教材

Gonglu Gongcheng Jiliang Yu Zaojia Kongzhi

公路工程计量与造价控制

主　编　　范智杰
副主编　　王国伟
主　审　　何少平

人民交通出版社

内 容 提 要

本书是高等职业教育规划教材，由交通职业教育教学指导委员会路桥工程专业指导委员会组织编写。内容包括：公路工程造价的构成和计价依据，公路工程估算、概算、施工图预算的编制，公路工程造价工程量清单计价方法，公路工程计量及造价控制。

本书根据建设部、财政部发布的《建筑安装工程费用项目组成》（建标[2003]206号）的规定，以交通部最新颁布实施的《公路工程基本建设项目概算预算编制办法》（JTG B06—2007）、《公路工程概算定额》（JTG/T B06-01—2007）、《公路工程预算定额》（JTG/T B06-02—2007）、《公路工程机械台班费用定额》（JTG/T B06-03—2007）为准编写。

本书是高职高专院校公路工程造价专业教学用书，也可供道路桥梁工程技术及其相关专业教学使用，或作为有关专业的继续教育及职业培训教材，还可作为公路工程监理、设计、施工、咨询等单位从事公路工程造价工作的业务人员学习参考。

图书在版编目（CIP）数据

公路工程计量与造价控制/范智杰主编．—北京：人民交通出版社，2008.6
ISBN 978-7-114-07152-2

Ⅰ．公… Ⅱ．范… Ⅲ．道路工程—建筑造价管理
Ⅳ．U415.13

中国版本图书馆CIP数据核字（2008）第064070号

书　　名：公路工程计量与造价控制
著 作 者：范智杰
责任编辑：周往莲
出版发行：人民交通出版社
地　　址：（100011）北京市朝阳区安定门外外馆斜街3号
网　　址：http://www.ccpress.com.cn
销售电话：（010）59757973
总 经 销：人民交通出版社发行部
经　　销：各地新华书店
印　　刷：北京盈盛恒通印刷有限公司
开　　本：787×1092　1/16
印　　张：13
字　　数：301千
版　　次：2008年6月　第1版
印　　次：2017年7月第5次印刷
书　　号：ISBN 978-7-114-07152-2
印　　数：10001-11000册
定　　价：26.00元

交通职业教育教学指导委员会
路桥工程专业指导委员会

前言

QIAN YAN

为深入贯彻落实《高等教育面向21世纪教学内容和课程体系改革计划》,按照教育部"以教育思想、观念改革为先导,以教学改革为核心,以教学基本建设为重点,注重提高质量,努力办出特色"的基本思路,交通职业教育教学指导委员会路桥工程专业指导委员会在总结道路桥梁工程技术专业教学文件编制及其教材编写工作经验的基础上,又组织开发了相关专业的教学指导方案及部分专业教材,其中包括三年制高职高专院校公路工程造价专业教学指导方案及7门课程的规划教材。

公路工程造价专业教材依据教育部对高职高专人才培养目标、培养规格、培养模式及与之相适应的知识、技能、能力和素质结构的要求进行编写,并融入了全国交通类高职高专院校公路工程造价专业的教学改革成果,紧密跟踪我国工程造价管理方面的政策和技术发展,采用了最新的技术标准、规范,具有较强的针对性。教材编写中较好地贯彻了素质教育的思想,力求体现以人为本、注重知识实用性的现代职业教育理念,从交通行业岗位群对人才的知识结构和技能要求出发,结合对培养学生创新能力、职业道德方面的要求,提出教学目标和教学内容,在教材的理论体系、组织结构、内容描述上与传统教材有了明显的区别。

《公路工程计量与造价控制》是高职高专院校公路工程造价专业规划教材之一,主要内容包括:公路工程造价构成,公路工程计价依据,公路工程估算的编制,公路工程概算的编制,公路工程施工图预算的编制,公路工程造价工程量清单计价方法,公路工程计量,公路工程造价控制。

参加本书编写工作的有:重庆交通大学范智杰、刘玲、王国伟,湖北交通职业技术学院徐筱婷,安徽交通职业技术学院王东根,辽宁省交通高等专科学校郑宝堂。具体编写分工为:范智杰、刘玲编写第一章,范智杰、王国伟编写第二、四章,徐筱婷、刘玲编写第三、八章,刘玲、王国伟编写第五章,范智杰、王东根编写第六章,范智杰、郑宝堂编写第七章。全书由范智杰担任主编,王国伟担任副主编,湖北交通职业技术学院何少平担任主审。

本套教材是路桥工程专业指导委员会委员及长期从事公路工程造价专业教学与工程实践的教师们工作经验的总结。但是,随着各项改革的逐步深入,书中难免有不妥之处,敬请广大读者批评指正。

本套教材在编写过程中得到了交通职业教育教学指导委员会的关心与指导,全国各交通职业技术学院的领导也级予了大力支持,在此,向他们表示诚挚的谢意。

交通职业教育教学指导委员会

路桥工程专业指导委员会

2007年12月

目 录
—MULU

第一章 公路工程造价构成

知识目标

1. 描述公路工程造价的构成；
2. 描述建筑安装工程费用的构成；
3. 描述设备及工、器具购置费用的构成；
4. 描述工程建设其他费用组成；
5. 描述预备费组成。

能力目标

1. 进行人工单价的计算；
2. 进行材料预算单价的计算；
3. 进行机械台班预算价格的计算；
4. 进行价差预备费的计算；
5. 进行进口设备购置费的计算；
6. 进行建设期贷款利息的计算。

●第一节　概　　述●

一、我国现行交通建设项目投资构成和公路工程造价的构成

我国交通建设项目总投资包括建设投资和流动资产投资。

按照《公路工程基本建设项目概算预算编制办法》(JTG B06—2007)的规定，公路建设投资包括建筑安装工程费、设备工具器具购置费、工程建设其他费用、预备费，如图1-1所示。

建设项目总投资
- 建设投资
  - 建筑安装工程费
  - 设备工具器具购置费
  - 工程建设其他费用
  - 预备费
- 流动资产投资

图1-1　建设项目总投资组成图

二、世界银行工程造价的构成

1978年，世界银行、国际咨询工程师联合会对项目的总建设成本(相当于我国的建设工程总投资)作了统一规定，如图1-2所示。

1. 项目直接建设成本

项目直接建设成本包括：

项目总建设成本 {项目直接建设成本；项目间接建设成本；应急费；建设成本上升费用}

图1-2 世行项目投资组成图

(1)土地征购费。

(2)场外设施费用。如道路、码头、桥梁、机场、输电线路等设施费用。

(3)场地费用。指用于场地准备、厂区道路、围栏、场内设施等的建设费用。

(4)工艺设备费。指主要设备、辅助设备及零配件的购置费用，包括海运包装费用、交货港离岸价，不包括税金。

(5)设备安装费。指设备供应商的监理费用，本国劳务及工资费用，辅助材料、施工设备、消耗品和工具等费用，以及安装承包人的管理费和利润等。

(6)管道系统费用。指与系统的材料及劳务相关的全部费用。

(7)电气设备费。其内容与第(4)项相似。

(8)电气安装费。指设备供应商的监理费用，本国劳务及工资费用，辅助材料、电缆管道和工具费用，以及营造承包人的管理费和利润等。

(9)仪器仪表费。指所有自动仪表、控制板、配线和辅助材料的费用以及供应商的监理费用，外国或本国劳务及工资费用，承包人的管理费和利润。

(10)机械的绝缘和油漆费。指与机械及管道的绝缘和油漆相关的全部费用。

(11)工艺建筑费。指原材料、劳务费以及与基础、建筑结构、屋顶、内外装修、公共设施等有关的全部费用。

(12)服务性建筑费用。其内容与第(11)项相似。

(13)工厂普通公共设施费。包括财力和劳务费以及与供水、燃料工业、通风、蒸汽发生及分配、下水道、污物处理等公共设施有关的费用。

(14)车辆费。指工艺操作必需的机动设备零件费用，包括海运包装费用、交货港的离岸价，但不包括税金。

(15)其他当地费用。指那些不能归类于以上任何一个项目，不能计入项目间接成本，但在建设期间又是必不可少的当地费用。如临时设备、临时公共设施及场地的维持费，营地设施及其管理，建筑保险和债券，杂项开支等费用。

2. 项目间接建设成本

项目间接建设成本包括：

(1)项目管理费。

①总部人员的薪金和福利费，以及用于初步和详细工程设计、采购、时间和成本控制、行政和其他一般管理的费用；

②施工管理现场人员的薪金、福利费和用于施工现场监督、质量保证、现场采购、时间及成本控制、行政及其他施工管理机构的费用；

③零星杂项费用，如返工、差旅、生活津贴、业务支出等；

④各种酬金。

(2)开工试车费。指工厂投料试车必需的劳务和材料费用(项目直接成本包括项目完工后的试车和空运转费用)。

(3)业主的行政性费用。指业主的项目管理人员费用及支出(其中某些费用必须排除在外,并在“估算基础”中详细说明)。

(4)生产前费用。指前期研究、勘测、建矿、采矿等费用(其中一些费用必须排除在外,并在“估算基础”中详细说明)。

(5)运费和保险费。指海运、国内运输、许可证及佣金、海洋保险、综合保险等费用。

(6)地方税。指地方关税、地方税及对特殊项目征收的税金。

3. 应急费

(1)未明确项目的准备金。此项准备金用于在估算时不可能明确的潜在项目,包括那些在做成本估算时因为缺乏完整、准确和详细的资料而不能完全预见和不能注明的项目,并且这些项目是必须完成的,或它们的费用是必定要发生的,在每一个组成部分中均单独以一定的百分比确定,并作为估算的一个项目单独列出。

(2)不可预见准备金。此项准备金(在未明确项目准备金之外)用于在估算达到了一定的完整性并符合技术标准的基础上,由于物质、社会和经济的变化,导致估算增加的情况。此种情况可能发生,也可能不发生。因此,不可预见准备金只是一种储备,可能不动用。

4. 建设成本上升费用

通常,估算中使用的构成工资率、材料和设备价格基础的截止日期就是“估算日期”。必须对该日期或已知成本基础进行调整,以补偿直至工程结束时的未知价格增长。

工程的各个主要组成部分(国内劳务和相关成本、本国材料、外国材料、本国设备、外国设备、项目管理机构)的细目划分确定以后,便可确定每一个主要组成部分的增长率。然后根据确定的增长率和从工程进度表中获得的每项活动的中点值,计算出每项主要组成部分的成本上升值。

● 第二节　建筑安装工程费用构成 ●

一、建筑安装工程费的内容及构成概述

建筑安装工程费包括直接费、间接费、利润和税金。其组成如图1-3所示。

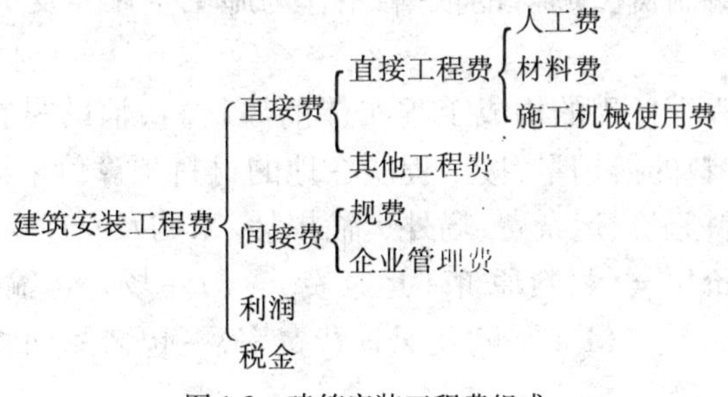

图1-3　建筑安装工程费组成

二、直　接　费

直接费由直接工程费和其他工程费组成。

1. 直接工程费

直接工程费是指施工过程中耗费的构成工程实体和有助于工程形成的各项费用，包括人工费、材料费、施工机械使用费。

1）人工费

人工费系指列入概（预）算定额的直接从事建筑安装工程施工的生产工人开支的各项费用，内容包括：

（1）基本工资。系指发放给生产工人的基本工资、流动施工津贴和生产工人劳动保护费，以及为职工缴纳的养老、失业、医疗保险费和住房公积金等。生产工人劳动保护费系指按国家有关部门规定标准发放的劳动保护用品的购置费及修理费，徒工服装补贴，防暑降温费，在有碍身体健康环境中施工的保健费用等。

（2）工资性补贴。系指按规定标准发放的物价补贴，煤、燃气补贴，交通费补贴，地区津贴等。

（3）生产工人辅助工资。系指生产工人年有效施工天数以外非作业天数的工资，包括开会和执行必要的社会义务时间的工资，职工学习、培训期间的工资，调动工作、探亲、休假期间的工资，因气候影响停工期间的工资，女工哺乳期间的工资，病假在六个月以内的工资及产、婚、丧假期的工资。

（4）职工福利费。系指按国家规定标准计提的职工福利费。

人工费以概（预）算定额人工工日数乘以每工日人工费计算。

公路工程生产工人每工日人工费按如下公式计算：

人工费（元/工日）=［基本工资（元/月）+地区生活补贴（元/月）+工资性津贴（元/月）］×（1+14%）×12 月 ÷240（工日）　　（1-1）

式中：基本工资——按不低于工程所在地政府主管部门发布的最低工资标准的 1.2 倍计算；

地区生活补贴——指国家规定的边远地区生活补贴、特区补贴；

工资性津贴——指物价补贴，煤、燃气补贴，交通费补贴等。

以上各项标准由各省、自治区、直辖市公路（交通）工程造价（定额）管理站根据当地人民政府的有关规定核定后公布执行，并应根据最低工资标准的变化情况及时调整公路工程生产工人工资标准。

人工费单价仅作为编制概（预）算的依据，不作为施工企业实发工资的依据。

2）材料费

材料费系指施工过程中耗用的构成工程实体的原材料、辅助材料、构（配）件、零件、半成品、成品的用量和周转材料的摊销量，按工程所在地的材料预算价格计算的费用。

材料预算价格由材料原价、运杂费、场外运输损耗、采购及仓库保管费组成。

材料预算价格 =（材料原价 + 运杂费）×（1 + 场外运输损耗率）×（1 + 采购及保管费费率）- 包装品回收价值　　（1-2）

（1）材料原价

各种材料原价按以下规定计算。

①外购材料:国家或地方的工业产品,按工业产品出厂价格或供销部门的供应价格计算,并根据情况加计供销部门手续费和包装费。如供应情况、交货条件不明确时,可采用当地规定的价格计算。

②地方性材料:地方性材料包括外购的砂、石材料等,按实际调查价格或当地主管部门规定的预算价格计算。

③自采材料:自采的砂、石、黏土等材料,按定额中开采单价加辅助生产间接费和矿产资源税(如有)计算。

材料原价应按实计取。各省、自治区、直辖市公路(交通)工程造价(定额)管理站应通过调查,编制本地区的材料价格信息,供编制概、预算使用。

(2)运杂费

运杂费系指材料自供应地点至工地仓库(施工地点存放材料的地方)的运杂费用,包括装卸费、运费,如果发生,还应计囤存费及其他杂费(如过磅、标签、支撑加固、路桥通行等费用)。

通过铁路、水路和公路运输部门运输的材料,按铁路、航运和当地交通部门规定的运价计算运费。

施工单位自办的运输,单程运距 15km 以上的长途汽车运输按当地交通部门规定的统一运价计算运费;单程运距 5 ~ 15km 的汽车运输按当地交通部门规定的统一运价计算运费,当工程所在地交通不便、社会运输力量缺乏时,如边远地区和某些山岭区,允许按当地交通部门规定的统一运价加 50% 计算运费;单程运距 5km 及以内的汽车运输以及人力场外运输,按预算定额计算运费,其中人力装卸和运输另按人工费加计辅助生产间接费。

一种材料如有两个以上的供应点时,都应根据不同的运距、运量、运价采用加权平均的方法计算运费。

由于预算定额中汽车运输台班已考虑工地便道特点,以及定额中已计入了“工地小搬运”项目,因此平均运距中汽车运输便道里程不得乘调整系数,也不得在工地仓库或堆料场之外再加场内运距或二次倒运的运距。

有容器或包装的材料及长大轻浮材料,应按表 1-1 规定的毛重计算。桶装沥青、汽油、柴油按每吨摊销一个旧汽油桶计算包装费(不计回收)。

材料毛重系数及单位毛重表　　表 1-1

材料名称	单位	毛重系数	单位毛重
爆破材料	t	1.35	—
水泥、块状沥青	t	1.01	—
铁钉、铁件、焊条	t	1.10	—
液态沥青、液体燃料、水	t	桶装 1.17,油罐车装 1.00	—
木料	m^3	—	1.000 t
草袋	个	—	0.004 t

(3)场外运输损耗

场外运输损耗系指有些材料在正常的运输过程中发生的损耗,这部分损耗应摊入材料单价内。材料场外运输操作损耗率见表 1-2 。

材料场外运输操作损耗率表（%） 表 1-2

材料名称		场外运输（包括一次装卸）	每增加一次装卸
块状沥青		0.5	0.2
石屑、碎砾石、砂砾、煤渣、工业废渣、煤		1.0	0.4
砖、瓦、桶装沥青、石灰、黏土		3.0	1.0
草皮		7.0	3.0
水泥（袋装、散装）		1.0	0.4
砂	一般地区	2.5	1.0
	多风地区	5.0	2.0

注：汽车运袋装水泥，如运距超过 500km 时，增加 0.5% 损耗率。

（4）采购及保管费

材料采购及保管费系指材料供应部门（包括工地仓库以及各级材料管理部门）在组织采购、供应和保管材料过程中，所需的各项费用及工地仓库的材料储存损耗。

材料采购及保管费，以材料的原价加运杂费及场外运输损耗的合计数为基数，乘以采购保管费费率计算。材料的采购及保管费费率为 2.5 %。

外购的构件、成品及半成品的预算价格，其计算方法与材料相同，但构件（如外购的钢桁梁、钢筋混凝土构件及加工钢材等半成品）的采购保管费费率为 1%。

商品混凝土预算价格的计算方法与材料相同，但其采购保管费费率为 0 。

【例 1-1】 某路面工程用桶装石油沥青，调查价格为 3250 元/t，运距 60km，运价为 0.52 元/t · km，装卸费价格为 1.5 元/t，场外运输损耗率为 3%，场内运输损耗率为 3.5%，采购及保管费费率为 2.5%。试确定其预算价格。

解：(1) 单位运费 = 运价率 × 运距 × 单位毛重
= 0.52 × 60 × 1.17
= 36.50（元/t）

(2) 运杂费 = 单位运费 + 装卸费
= 36.50 + 1.5
= 38.00（元/t）

(3) 沥青预算价格 =（材料原价 + 运杂费）×（1 + 场外运输损耗率）×（1 + 采购及保管费费率）
=（3250 + 38）×（1 + 3%）×（1 + 2.5%）
= 3471.31（元/t）

【例 1-2】 编制 A 种地方材料预算价格，经调查有甲、乙两个供货地点，甲地出厂价格为 23 元/t，可供量 65%；乙地出厂价格为 30.38 元/t，可供量 35%。运输方式为汽车运输，运价 1.5 元/t · km，装卸费 5.0 元/t，甲地离中心仓库 23km，乙地离中心仓库 29km。材料不需包装，途中材料损耗率 1.0%。试计算该材料的预算价格。

解：(1) 同一种材料有几种原价的，应加权平均计算综合原价。

综合原价 = 23 × 0.65 + 30.38 × 0.35 = 25.58（元/t）

(2) 地方材料由产地直接供应，不计供销部门手续费。

(3)同种材料采用同种运输方式，但供货地点不同，应先计算加权平均运距，然后再计算运费。

$$平均运距 = 23 \times 0.65 + 29 \times 0.35 = 25.1(km)$$

$$运杂费 = 25.1 \times 1.5 + 5.0 = 42.65(元/t)$$

(4)已知场外运输损耗率为1%，采购保管费费率为2.5%，则A材料预算价格为：

$$预算价格 = (25.58 + 42.65) \times (1 + 2.5\%) = 70.64(元/t)$$

3)施工机械使用费

施工机械使用费系指列入概(预)算定额的施工机械台班数量，按相应的机械台班费用定额计算的施工机械使用费和小型机具使用费。

施工机械台班预算价格应按交通部公布的现行《公路工程机械台班费用定额》(JTG/T B06-03—2007)计算，台班单价由不变费用和可变费用组成。如混凝土及灰浆的机械台班费用见表1-3。

混凝土及灰浆机械台班费用　　表1-3

序号			193	194	195	196	197	198
代号			1271	1272	1273	1274	1275	1276
费用项目		单位	强制式混凝土搅拌机出料容量(L)					
			150	250	350	500	750	1000
不变费用	折旧费	元	7.41	9.19	13.93	32.59	50.37	94.81
	大修理费	元	1.62	2.01	3.05	7.13	11.02	20.74
	经常修理费	元	4.28	5.31	8.05	11.76	18.18	34.22
	安拆及辅助设施费	元	1.73	2.07	2.42	2.75	3.09	3.78
	小计	元	15.04	18.58	27.45	54.23	82.66	153.55
可变费用	人工	工日	1	1	1	1	1	1
	汽油	kg	—	—	—	—	—	—
	柴油	kg	—	—	—	—	—	—
	重油	kg	—	—	—	—	—	—
	煤	kg	—	—	—	—	—	—
	电	kW.h	40.57	52.74	87.02	116.03	178.91	218.66
	水	m^3	—	—	—	—	—	—
	木柴	kg	—	—	—	—	—	—
	养路费及车船费	元	—	—	—	—	—	—
基价		元	86.55	96.79	124.51	167.25	230.26	323.01

(1)不变费用

不变费用包括折旧费、大修理费、经常修理费、安装拆卸及辅助设施费等。

①折旧费指机械设备在规定的使用期限内陆续收回其原值的费用。

机械折旧费应按机械的预算价格、机械使用总台班、机械残值率等情况确定。

$$台班折旧费 = \frac{机械预算价格 \times (1 - 残值率)}{耐用总台班} \tag{1-3}$$

式中：机械预算价格——由机械出厂（或到岸完税）价格和从生产厂（销售单位交货地点或口岸）运至使用单位机械管理部门验收入库的全部费用组成；

残值率——指施工机械报废时，其回收残余价值占机械原值的比例，一般为2%～5%；

耐用总台班——指机械设备从开始投入使用至报废前所使用的总台班数，耐用总台班＝年工作台班×折旧年限；

年工作台班——指机械在规定的使用期内，每年应作业的平均台班数。

表1-4为公路工程主要施工机械的年工作台班。

公路工程施工机械年工作台班　　表1-4

机械项目	年工作台班
沥青洒布车、汽车式画线车	150
平板拖车	160
液态沥青运输车、散装水泥车、搅拌运输车、输送泵车、运油汽车、加油汽车、洒水汽车、拖拉机、汽车式起重机、汽车式钻孔机、自卸汽车、拖轮、起重船	200
机动翻斗车、载货汽车	220
工程驳船、机动艇、泥浆船、抛锚船	230

②大修理费指机械设备按规定的大修理间隔台班必须进行大修理，以恢复其正常功能所需的费用。

$$台班大修理费=\frac{大修理一次费用\times 大修次数}{耐用总台班} \tag{1-4}$$

$$台班大修理费=\frac{使用台班数}{耐用总台班}-1$$

③经常修理费指机械设备除大修理以外的各级维护（包括一、二、三级维护）及为排除临时故障所需的费用；为保障机械正常运转所需替换设备、随机使用工具、附具摊销和维护的费用；机械运转与日常保养所需的润滑油脂、擦拭材料（布及棉纱等）费用和机械在规定年工作台班以外的维护费用等。

$$台班经常修理费=\frac{\sum(大修理期内各级维护一次费用\times 维护次数)+临时故障排除费用}{大修理间隔台班}$$

$$=\frac{[替换设备及工具附具费用\times(1-残值率)]+替换设备及工具附具维护费用}{替换设备及工具附具耐用台班}+$$

$$\sum 例行维护辅料费 \tag{1-5}$$

④安装拆卸及辅助设施费指机械在施工现场进行安装、拆卸所需的人工费，材料费，机械费，试运转费以及安装所需的辅助设施费。辅助设施费包括安装机械的基础、底座及固定的锚桩等项费用。打桩、钻孔机械在施工中的过墩、移位等所发生的安装及拆卸费，包括在工程项目之内。稳定土厂拌设备、沥青乳化设备、黑色粒料拌和设备、混凝土搅拌站（楼）的安装、拆卸以及拌和设备、搅拌站（楼）、大型发电机的基础、沉淀池、散热池等辅助设施和机械操作所需的轨道、工作台的设备费用等，不在此项费用内，在工程项目中另行计算。

$$台班安装拆卸费及辅助设施费 = \frac{机械一次性安装拆卸费 \times 年平均安装拆卸费}{年工作台班} + 台班辅助设施摊销费 \quad (1\text{-}6)$$

（2）可变费用

可变费用包括：机上人员人工费、动力燃料费、养路费及车船使用税。可变费用中的人工工日数及动力燃料消耗量，应以机械台班费用定额中的数值为准。台班人工费工日单价同生产工人人工费单价。动力燃料费用则按材料费的计算规定计算。

养路费指自行机械行驶在公路上按交通部门规定应缴纳的用于养路的费用。该费用应根据各省、自治区、直辖市及国务院有关部门的规定，按机械的年工作台班（见表1-4）计入台班费中。

车船使用税指税务部门按规定征收的车船使用税。如需缴纳时，应根据各省、自治区、直辖市及国务院有关部门的规定标准，按机械的年工作台班计入台班费中。

台班养路费及车船使用税

$$= \frac{养路费(元/t \cdot 月) \times 计算吨位(t) \times 12(月) + 车船使用税(元/t \cdot 月) \times 计算吨位 \times 12(月)}{年工作台班} \quad (1\text{-}7)$$

式中：计算吨位 = 征费计算标准 × 应征系数；

征费计算标准——按交通部、国家物价局（91）交工字789号通知公布的《公路汽车征费标准计量手册》的有关规定执行；

应征系数——按各省、自治区、直辖市的有关规定执行。

当工程用电为自行发电时，电动机械每度（kW·h）电的单价可由下述近似公式计算：

$$A = 0.24K/N \quad (1\text{-}8)$$

式中：A——每度（kW·h）电的单价（元）；

K——发电机组的台班单价（元）；

N——发电机组的总功率（kW）。

2. 其他工程费

其他工程费系指直接工程费以外施工过程中发生的直接用于工程的费用。内容包括冬季施工增加费、雨季施工增加费、夜间施工增加费、特殊地区施工增加费、行车干扰工程施工增加费、安全及文明施工措施费、临时设施费、施工辅助费、工地转移费等九项，其组成如图1-4所示。

其他工程费：
- 冬季施工增加费
- 雨季施工增加费
- 夜间施工增加费
- 特殊地区施工增加费
- 行车干扰工程施工增加费
- 安全及文明施工措施费
- 临时设施费
- 施工辅助费
- 工地转移费

图1-4　其他工程费组成

公路工程中的水、电费及因场地狭小等特殊情况而发生的材料二次搬运等其他工程费，已包括在概（预）算定额中，不再另计。

《公路工程基本建设项目概算预算编制办法》（JTG B06—2007）规定了其他工程费及间接费取费标准的工程类别。

①人工土方：系指人工施工的路基、改河等土方工程，以及人工施工的砍树、挖根、除草、平整场地、挖盖山土等工程项目，并适用于无路面的便道工程。

②机械土方:系指机械施工的路基、改河等土方工程,以及机械施工的砍树、挖根、除草等工程项目。

③汽车运输:系指汽车、拖拉机、机动翻斗车等运送的路基、改河土(石)方、路面基层和面层混合料、水泥混凝土及预制构件、绿化苗木等。

④人工石方:系指人工施工的路基、改河等石方工程,以及人工施工的挖盖山石项目。

⑤机械石方:系指机械施工的路基、改河等石方工程(机械打眼即属机械施工)。

⑥高级路面:系指沥青混凝土路面、厂拌沥青碎石路面和水泥混凝土路面的面层。

⑦其他路面:系指除高级路面以外的其他路面面层,各等级路面的基层、底基层、垫层、透层、黏层、封层,采用结合料稳定的路基和软土等特殊路基处理等工程,以及有路面的便道工程。

⑧构造物Ⅰ:系指无夜间施工的桥梁、涵洞、防护(包括绿化)及其他工程,交通工程及沿线设施工程[设备安装及金属标志牌、防撞钢护栏、防眩板(网)、隔离栅、防护网除外],以及临时工程中的便桥、电力电信线路、轨道铺设等工程项目。

⑨构造物Ⅱ:系指有夜间施工的桥梁工程。

⑩构造物Ⅲ:系指商品混凝土(包括沥青混凝土和水泥混凝土)的浇筑和外购构件及设备的安装工程。商品混凝土和外购构件及设备的费用不作为其他工程费和间接费的计算基数。

⑪技术复杂大桥:系指单孔跨径在120m以上(含120m)和基础水深在10m以上(含10m)的大桥主桥部分的基础、下部和上部工程。

⑫隧道:系指隧道工程的洞门及洞内土建工程。

⑬钢材及钢结构:系指钢桥及钢索吊桥的上部构造,钢沉井、钢围堰、钢套箱及钢护筒等基础工程,钢索塔、钢锚箱、钢筋及预应力钢材、模数式及橡胶板式伸缩缝、钢盆式橡胶支座、四氟板式橡胶支座、金属标志牌、防撞钢护栏、防眩板(网)、隔离栅、防护网等工程项目。

购买路基填料的费用不作为其他工程费和间接费的计算基数。

1)冬季施工增加费

冬季施工增加费,系指按照《公路工程施工及验收规范》所规定的冬季施工要求,为保证工程质量和安全生产所需采取的防寒保温设施、工效降低和机械作业率降低,以及技术操作过程的改变等所增加的有关费用。

冬季施工增加费的内容包括:

(1)因冬季施工所需增加的一切人工、机械与材料的支出。

(2)施工机具所需修建的暖棚(包括拆、移),增加油脂及其他保温设备费用。

(3)由施工组织设计确定需增加的一切保温、加温及照明等有关支出。

(4)与冬季施工有关的其他各项费用,如清除工作地点的冰雪等费用。

冬季气温区的划分是根据气象部门提供的满15年以上的气温资料确定的。每年秋冬第一次连续5d出现室外日平均温度在5℃以下、日最低温度在-3℃以下的第一天算起,至第二年春夏最后一次连续5d出现同样温度的最末一天为冬季期。

冬季期内平均气温在-1℃以上者为冬一区,-1~-4℃者为冬二区,-4~-7℃者为冬三区，-7～-10℃ 者为冬四区，-10～-14℃ 者为冬五区，-14℃以下者为冬六区。

冬一区内平均气温低于0℃ 的连续天数在70d以内的为I副区，70d以上的为II副区；冬二区内平均气温低于0℃ 的连续天数在100d以内的为I副区，100d以上的为II副区。

气温高于冬一区，但砖石、混凝土工程施工须采取一定措施的地区为准冬季区。准冬季区分两个副区，简称准一区和准二区。凡一年内日最低气温在0℃ 以下的天数多于20d，日平均气温在0℃ 以下的天数少于15d的为准一区，多于15d的为准二区。

全国冬季施工气温区划分见《公路工程基本建设项目概算预算编制办法》(JTG B06—2007)附录七。若当地气温资料与附录七中划定的冬季气温区划分有较大出入时，可按当地气温资料及上述划分标准确定工程所在地的冬季气温区。

冬季施工增加费的计算方法，是根据各类工程的特点，规定各气温区的取费标准。为了简化计算手续，采用全年平均摊销的方法，即不论是否在冬季施工，均按规定的取费标准计取冬季施工增加费。一条路线穿过两个以上的气温区时，可分段计算或按各区的工程量比例求得全线的平均增加率，计算冬季施工增加费。

冬季施工增加费以各类工程的直接工程费之和为基数，按工程所在地的气温区选用表1-5的费率计算。

冬季施工增加费费率表(%)　　表1-5

气温区 / 工程类别	冬季期平均气温(℃)								准一区	准二区
	-1以上		-1～-4		-4～-7	-7～-10	-10～-14	-14以上		
	冬一区		冬二区		冬三区	冬四区	冬五区	冬六区		
	I	II	I	II						
人工土方	0.28	0.44	0.59	0.76	1.44	2.05	3.07	4.61	—	—
机械土方	0.43	0.67	0.93	1.17	2.21	3.14	4.71	7.07	—	—
汽车运输	0.08	0.12	0.17	0.21	0.40	0.56	0.84	1.27	—	—
人工石方	0.06	0.10	0.13	0.15	0.30	0.44	0.65	0.98	—	—
机械石方	0.08	0.13	0.18	0.21	0.42	0.61	0.91	1.37	—	—
高级路面	0.37	0.52	0.72	0.81	1.48	2.00	3.00	4.50	0.06	0.16
其他路面	0.11	0.20	0.29	0.37	0.62	0.80	1.20	1.80	—	—
构造物I	0.34	0.49	0.66	0.75	1.36	1.84	2.76	4.14	0.06	0.15
构造物II	0.42	0.60	0.81	0.92	1.67	2.27	3.40	5.10	0.08	0.19
构造物III	0.83	1.18	1.60	1.81	3.29	4.46	6.69	10.03	0.15	0.37
技术复杂大桥	0.48	0.68	0.93	1.05	1.91	2.58	3.87	5.81	0.08	0.21
隧道	0.10	0.19	0.27	0.35	0.58	0.75	1.12	1.69	—	—
钢材及钢结构	0.02	0.05	0.07	0.09	0.15	0.19	0.29	0.43	—	—

2)雨季施工增加费

雨季施工增加费，系指雨季期间施工为保证工程质量和安全生产所需采取的防雨、排水、防潮和防护措施，工效降低和机械作业率降低，以及技术作业过程的改变等所需增加的有关费用。

雨季施工增加费的内容包括：

(1)因雨季施工所需增加的工、料、机费用的支出，包括工作效率的降低及易被雨水冲毁的工程所增加的工作内容等(如基坑坍塌和排水沟等堵塞的清理，路基边坡冲沟的填补等)。

(2)路基土方工程的开挖和运输，因雨季施工(非土壤中水影响)而引起的黏附工具，降低工效所增加的费用。

(3)因防止雨水必须采取的防护措施的费用，如挖临时排水沟，防止基坑坍塌所需的支撑、挡板等费用。

(4)材料因受潮、受湿的耗损费用。

(5)增加防雨、防潮设备的费用。

(6)其他有关雨季施工所需增加的费用，如因河水高涨致使工作困难而增加的费用等。

雨量区和雨季期的划分，是根据气象部门提供的满15年以上的降雨资料确定的。凡月平均降雨天数在10d以上，月平均日降雨量在3.5~5 mm之间者为Ⅰ区，月平均日降雨量在5mm以上者为Ⅱ区。全国雨季施工雨量区及雨季期的划分见《公路工程基本建设项目概算预算编制办法》(JTG B06—2007)附录八。若当地气象资料与附录八所划定的雨量区及雨季期出入较大时，可按当地气象资料及上述划分标准确定工程所在地的雨量区及雨季期。

雨季施工增加费的计算方法，是将全国划分为若干雨量区和雨季期，并根据各类工程的特点规定各雨量区和雨季期的取费标准，采用全年平均摊销的方法，即不论是否在雨季施工，均按规定的取费标准计取雨季施工增加费。一条路线通过不同的雨量区和雨季期时，应分别计算雨季施工增加费或按工程量比例求得平均的增加率，计算全线雨季施工增加费。

雨季施工增加费以各类工程的直接工程费之和为基数，按工程所在地的雨量区、雨季期选用表1-6的费率计算。

室内管道及设备安装工程，不计雨季施工增加费。

3)夜间施工增加费

夜间施工增加费，系指根据设计、施工的技术要求和合理的施工进度要求，必须在夜间连续施工而发生的工效降低、夜班津贴以及有关照明设施(包括所需照明设施的安拆、摊销、维修及油燃料、电)等增加的费用。

夜间施工增加费按夜间施工工程项目(如桥梁工程项目包括上、下部构造全部工程)的直接工程费之和为基数，按表1-7的费率计算。

4)特殊地区施工增加费

特殊地区施工增加费包括高原地区施工增加费、风沙地区施工增加费和沿海地区施工增加费三项。

(1)高原地区施工增加费，系指在海拔高度1500m以上地区施工，由于受气候、气压的影响，致使人工、机械效率降低而增加的费用。该费用以各类工程人工费和机械使用费之和为基数，按表1-8的费率计算。

一条路线通过两个以上(含两个)不同的海拔高度分区时，应分别计算高原地区施工增加费或按工程量比例求得平均的增加率，计算全线高原地区施工增加费。

雨季施工增加费费率表(%)

表 1-6

工程类别 \ 雨季期(月数)	1	1.5	2		2.5		3		3.5		4		4.5		5		6		7	8
雨量区	I	I	I	II	I	II	I	II	I	II	I	II	I	II	I	II	I	II	II	II
人工土方	0.04	0.05	0.07	0.11	0.09	0.13	0.11	0.15	0.13	0.17	0.15	0.20	0.17	0.23	0.19	0.26	0.21	0.31	0.36	0.42
机械土方	0.04	0.05	0.07	0.11	0.09	0.13	0.11	0.15	0.13	0.17	0.15	0.20	0.17	0.23	0.19	0.27	0.22	0.32	0.37	0.43
汽车运输	0.04	0.05	0.07	0.11	0.09	0.13	0.11	0.16	0.13	0.19	0.15	0.22	0.17	0.25	0.19	0.27	0.22	0.32	0.37	0.43
人工石方	0.02	0.03	0.05	0.07	0.06	0.09	0.07	0.11	0.08	0.13	0.09	0.15	0.10	0.17	0.12	0.19	0.15	0.23	0.27	0.32
机械石方	0.03	0.04	0.06	0.10	0.08	0.12	0.10	0.14	0.12	0.16	0.14	0.19	0.16	0.22	0.18	0.25	0.20	0.29	0.34	0.39
高级路面	0.03	0.04	0.06	0.10	0.08	0.13	0.10	0.15	0.12	0.17	0.14	0.19	0.16	0.22	0.18	0.25	0.20	0.29	0.34	0.39
其他路面	0.03	0.04	0.06	0.09	0.08	0.12	0.09	0.14	0.10	0.16	0.12	0.18	0.14	0.21	0.16	0.24	0.19	0.28	0.32	0.37
构造物 I	0.03	0.04	0.05	0.08	0.06	0.09	0.07	0.11	0.08	0.13	0.10	0.15	0.12	0.17	0.14	0.19	0.16	0.23	0.27	0.31
构造物 II	0.03	0.04	0.05	0.08	0.07	0.10	0.08	0.12	0.09	0.14	0.11	0.16	0.13	0.18	0.15	0.21	0.17	0.25	0.30	0.34
构造物 III	0.06	0.08	0.11	0.17	0.14	0.21	0.17	0.25	0.20	0.30	0.23	0.35	0.27	0.40	0.31	0.45	0.35	0.52	0.60	0.69
技术复杂大桥	0.03	0.05	0.07	0.10	0.08	0.12	0.10	0.14	0.12	0.16	0.14	0.19	0.16	0.22	0.18	0.25	0.20	0.29	0.34	0.39
隧道	—	—	—	—	—	—	—	—	—	—	—	—	—	—	—	—	—	—	—	—
钢材及钢结构	—	—	—	—	—	—	—	—	—	—	—	—	—	—	—	—	—	—	—	—

夜间施工增加费费率表(%) 表1-7

工程类别	费率	工程类别	费率
构造物 II	0.35	技术复杂大桥	0.35
构造物 III	0.70	钢材及钢结构	0.35

注:设备安装工程及金属标志牌、防撞钢护栏、防眩板(网)、隔离栅等不计夜间施工增加费。

高原地区施工增加费费率表(%) 表1-8

工程类别	海拔高度(m)							
	1501~2000	2001~2500	2501~3000	3001~3500	3501~4000	4001~4500	4501~5000	5000以上
人工土方	7.00	13.25	19.75	29.75	43.25	60.00	80.00	110.00
机械土方	6.56	12.60	18.66	25.60	36.05	49.08	64.72	83.80
汽车运输	6.50	12.50	18.50	25.00	35.00	47.50	62.50	80.00
人工石方	7.00	13.25	19.75	29.75	43.25	60.00	80.00	110.00
机械石方	6.71	12.82	19.03	27.01	38.50	52.80	69.92	92.72
高级路面	6.58	12.61	18.69	25.72	36.26	49.41	65.17	84.58
其他路面	6.73	12.84	19.07	27.15	38.74	53.17	70.44	93.60
构造物 I	6.87	13.06	19.44	28.56	41.18	56.86	75.61	102.47
构造物 II	6.77	12.90	19.17	27.54	39.41	54.18	71.85	96.03
构造物 III	6.73	12.85	19.08	27.19	38.81	53.27	70.57	93.84
技术复杂大桥	6.70	12.81	19.01	26.94	38.37	52.61	69.65	92.27
隧道	6.76	12.90	19.16	27.50	39.35	54.09	71.72	95.81
钢材及钢结构	6.78	12.92	19.20	27.66	39.62	54.50	72.30	96.80

(2)风沙地区施工增加费,系指在沙漠地区施工时,由于受风沙影响,按照施工及验收规范的要求,为保证工程质量和安全生产而增加的有关费用。内容包括:防风、防沙及气候影响的措施费,材料费,人工、机械效率降低增加的费用,以及积沙、风蚀的清理修复等费用。

风沙地区的划分,根据《公路自然区划标准》、“沙漠地区公路建设成套技术研究报告”中公路自然区划和沙漠公路区划,结合风沙地区的气候状况将风沙地区分为三区九类:半干旱、半湿润沙地为风沙一区,干旱、极干旱寒冷沙漠地区为风沙二区,极干旱炎热沙漠地区为风沙三区;根据覆盖度(沙漠中植被、戈壁等覆盖程度)又将每区分为固定沙漠(覆盖度>50%)、半固定沙漠(覆盖度10%~50%)、流动沙漠(覆盖度<10%)三类,覆盖度由工程勘察设计人员在公路工程勘察设计时确定。

全国风沙地区公路施工区划见《公路工程基本建设项目概算预算编制办法》(JTG B06—2007)附录九。若当地气象资料及自然特征与附录九中的风沙地区划分有较大出入时,由工程所在省、自治区、直辖市公路(交通)工程造价(定额)管理站按当地气象资料和自然特征及上述划分标准确定工程所在地的风沙区划,并抄送交通部公路司备案。

一条路线穿过两个以上(含两个)不同风沙区时,按路线长度经过不同的风沙区加权计算项目全线风沙地区施工增加费。

风沙地区施工增加费以各类工程的人工费和机械使用费之和为基数,根据工程所在地的风沙区划及类别,按表1-9的费率计算。

风沙地区施工增加费费率表(%) 表1-9

风沙区划 / 工程类别	风沙一区			风沙二区			风沙三区		
	沙漠类型								
	固定	半固定	流动	固定	半固定	流动	固定	半固定	流动
人工土方	6.00	11.00	18.00	7.00	17.00	26.00	11.00	24.00	37.00
机械土方	4.00	7.00	12.00	5.00	11.00	17.00	7.00	15.00	24.00
汽车运输	4.00	8.00	13.00	5.00	12.00	18.00	8.00	17.00	26.00
人工石方	—	—	—	—	—	—	—	—	—
机械石方	—	—	—	—	—	—	—	—	—
高级路面	0.50	1.00	2.00	1.00	2.00	3.00	2.00	3.00	5.00
其他路面	2.00	4.00	7.00	3.00	7.00	10.00	4.00	10.00	15.00
构造物 I	4.00	7.00	12.00	5.00	11.00	17.00	7.00	16.00	24.00
构造物 II	—	—	—	—	—	—	—	—	—
构造物 III	—	—	—	—	—	—	—	—	—
技术复杂大桥	—	—	—	—	—	—	—	—	—
隧道	—	—	—	—	—	—	—	—	—
钢材及钢结构	1.00	2.00	4.00	1.00	3.00	5.00	2.00	5.00	7.00

(3)沿海地区工程施工增加费,系指工程项目在沿海地区施工受海风、海浪和潮汐的影响,致使人工、机械效率降低等所需增加的费用。该项费用由沿海各省、自治区、直辖市交通厅(局)制定具体的适用范围(地区),并抄送交通部公路司备案。

沿海地区工程施工增加费以各类工程的直接工程费之和为基数,按表1-10的费率计算。

沿海地区工程施工增加费费率表(%) 表1-10

工程类别	费率	工程类别	费率
构造物 II	0.15	技术复杂大桥	0.15
构造物 III	0.15	钢材及钢结构	0.15

5)行车干扰工程施工增加费

行车干扰工程施工增加费,系指由于边施工边维持通车,受行车干扰的影响,致使人工、机械效率降低而增加的费用。

该费用以受行车影响部分的工程项目的人工费和机械使用费之和为基数,按表1-11的费率计算。

行车干扰工程施工增加费费率表(%) 表1-11

工程类别	施工期间平均每昼夜双向行车次数(汽车、畜力车合计)							
	51~100	101~500	501~1000	1001~2000	2001~3000	3001~4000	4001~5000	5000以上
人工土方	1.64	2.46	3.28	4.10	4.76	5.29	5.86	6.44
机械土方	1.39	2.19	3.00	3.89	4.51	5.02	5.56	6.11
汽车运输	1.36	2.09	2.85	3.75	4.35	4.84	5.36	5.89
人工石方	1.66	2.40	3.33	4.06	4.71	5.24	5.81	6.37
机械石方	1.16	1.71	2.38	3.19	3.70	4.12	4.56	5.01
高级路面	1.24	1.87	2.50	3.11	3.61	4.01	4.45	4.88
其他路面	1.17	1.77	2.36	2.94	3.41	3.79	4.20	4.62
构造物I	0.94	1.41	1.89	2.36	2.74	3.04	3.37	3.71
构造物II	0.95	1.43	1.90	2.37	2.75	3.06	3.39	3.72
构造物III	0.95	1.42	1.90	2.37	2.75	3.05	3.38	3.72
技术复杂大桥	—	—	—	—	—	—	—	—
隧道	—	—	—	—	—	—	—	—
钢材及钢结构	—	—	—	—	—	—	—	—

6)安全及文明施工措施费

安全及文明施工措施费,系指工程施工期间为满足安全生产、文明施工、职工健康生活所发生的费用。该费用不包括施工期间为保证交通安全而设置的临时安全设施和标志、标牌的费用,需要时,应根据设计要求计算。

安全及文明施工措施费以各类工程的直接工程费之和为基数,按表1-12的费率计算。

安全及文明施工措施费、临时设施费、施工辅助费费率表(%) 表1-12

工程类别	安全及文明施工措施费费率	临时设施费费率	施工辅助费费率
人工土方	0.59	1.57	0.89
机械土方	0.59	1.42	0.49
汽车运输	0.21	0.92	0.16
人工石方	0.59	1.60	0.85
机械石方	0.59	1.97	0.46
高级路面	1.00	1.92	0.80
其他路面	1.02	1.87	0.74
构造物I	0.72	2.65	1.30
构造物II	0.78	3.14	1.56
构造物III	1.57	5.81	3.03
技术复杂大桥	0.86	2.92	1.68
隧道	0.73	2.57	1.23
钢材及钢结构	0.53	2.48	0.56

注:设备安装工程的安全及文明施工措施费按表中费率的50%计算。

7)临时设施费

临时设施费,系指施工企业为进行建筑安装工程施工所必需的生活和生产用的临时建筑物、构筑物和其他临时设施的费用等,但不包括概(预)算定额中临时工程在内。

临时设施包括:临时生活及居住房屋(包括职工家属房屋及探亲房屋)、文化福利及公用房屋(如广播室、文体活动室等)和生产、办公房屋(如仓库、加工厂、加工棚、发电站、变电站、空压机站、停机棚等),工地范围内的各种临时的工作便道(包括汽车、畜力车、人力车道)、人行便道,工地临时用水、用电的水管支线和电线支线,临时构筑物(如水井、水塔等)以及其他小型临时设施。

临时设施费用内容包括:临时设施的搭设、维修、拆除费或摊销费。

临时设施费以各类工程的直接工程费之和为基数,按表1-12的费率计算。

8)施工辅助费

施工辅助费包括生产工具用具使用费、检验试验费和工程定位复测、工程点交、场地清理等费用。

生产工具用具使用费,系指施工所需不属于固定资产的生产工具、检验用具、试验用具及仪器、仪表等的购置、摊销和维修费,以及支付给生产工人自备工具的补贴费。

检验试验费,系指施工企业对建筑材料、构件和建筑安装工程进行一般鉴定、检查所发生的费用,包括自设试验室进行试验所耗用的材料和化学药品的费用,以及技术革新和研究试验费,但不包括新结构、新材料的试验费和建设单位要求对具有出厂合格证明的材料进行检验、对构件进行破坏性试验及其他特殊要求检验的费用。

施工辅助费以各类工程的直接工程费之和为基数,按表1-12的费率计算。

9)工地转移费

工地转移费,系指施工企业根据建设任务的需要,由已竣工的工地或后方基地迁至新工地的搬迁费用。其内容包括:

(1)施工单位全体职工及随职工迁移的家属向新工地转移的车费、家具行李运费、途中住宿费、行程补助费、杂费及工资与工资附加费等。

(2)公物、工具、施工设备器材、施工机械的运杂费,以及外租机械的往返费及本工程内部各工地之间施工机械、设备、公物、工具的转移费等。

(3)非固定工人进退场及一条路线中各工地转移的费用。

工地转移费以各类工程的直接工程费之和为基数,按表1-13的费率计算。

工地转移费费率表(%)　　表1-13

工程类别	工地转移距离(km)					
	50	100	300	500	1000	每增加100
人工土方	0.15	0.21	0.32	0.43	0.56	0.03
机械土方	0.50	0.67	1.05	1.37	1.82	0.08
汽车运输	0.31	0.40	0.62	0.82	1.07	0.05
人工石方	0.16	0.22	0.33	0.45	0.58	0.03
机械石方	0.36	0.43	0.74	0.97	1.28	0.06

续上表

工程类别	工地转移距离(km)					
	50	100	300	500	1000	每增加100
高级路面	0.61	0.83	1.30	1.70	2.27	0.12
其他路面	0.56	0.75	1.18	1.54	2.06	0.10
构造物 I	0.56	0.75	1.18	1.54	2.06	0.11
构造物 II	0.66	0.89	1.40	1.83	2.45	0.13
构造物 III	1.31	1.77	2.77	3.62	4.85	0.25
技术复杂大桥	0.75	1.01	1.58	2.06	2.76	0.14
隧道	0.52	0.71	1.11	1.45	1.94	0.10
钢材及钢结构	0.72	0.97	1.51	1.97	2.64	0.13

转移距离以工程承包单位(如工程处、工程公司等)转移前后驻地距离或两路线中点的距离为准;编制概(预)算时,如施工单位不明确,高速公路、一级公路及独立大桥、隧道按省会(自治区首府)至工地的里程,二级及二级以下公路按地区(市、盟)至工地的里程计算工地转移费;工地转移里程数在表列里程之间时,费率可内插计算。工地转移距离在50km以内的工程不计取本项费用。

三、间 接 费

间接费由规费和企业管理费两项组成,如图1-5所示。

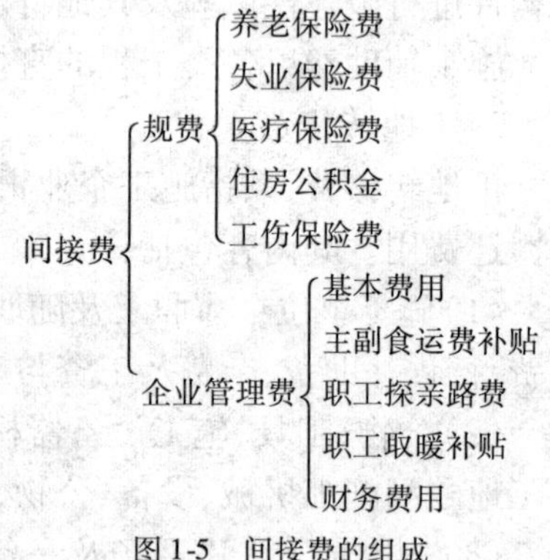

图1-5 间接费的组成

1. 规费

规费,系指法律、法规、规章、规程规定施工企业必须缴纳的费用(简称规费)。包括:

(1)养老保险费。系指施工企业按规定标准为职工缴纳的基本养老保险费。

(2)失业保险费。系指施工企业按国家规定标准为职工缴纳的失业保险费。

(3)医疗保险费。系指施工企业按规定标准为职工缴纳的基本医疗保险费和生育保险费。

(4)住房公积金。系指施工企业按规定标准为职工缴纳的住房公积金。

(5)工伤保险费。系指施工企业按规定标准为职工缴纳的工伤保险费。

各项规费以各类工程的人工费之和为基数,按国家或工程所在地法律、法规、规章、规程规定的标准计算。

2. 企业管理费

企业管理费由基本费用,主副食运费补贴、职工探亲路费、职工取暖补贴和财务费用五项组成。

1)基本费用

企业管理费基本费用,系指施工企业为组织施工生产和经营管理所需的费用,内容包括:

(1)管理人员工资。系指管理人员的基本工资、工资性补贴、职工福利费、劳动保护费以及缴纳的养老、失业、医疗、生育、工伤保险费和住房公积金等。

(2)办公费。系指企业办公用的文具、纸张、账表、印刷、邮电、书报、会议、水、电、烧水和集体取暖(包括现场临时宿舍取暖)用煤(气)等费用。

(3)差旅交通费。系指职工因公出差和工作调动(包括随行家属的旅费)的差旅费、住勤补助费,市内交通费和误餐补助费,职工探亲路费,劳动力招募费,职工离退休、退职一次性路费,工伤人员就医路费,以及管理部门使用的交通工具的油料、燃料、养路费及牌照费。

(4)固定资产使用费。系指管理和试验部门及附属生产单位使用的属于固定资产的房屋、设备、仪器等的折旧、大修、维修或租赁费等。

(5)工具用具使用费。系指管理使用的不属于固定资产的生产工具、器具、家具、交通工具和检验、试验、测绘、消防用具等的购置、维修和摊销费。

(6)劳动保险费。系指企业支付离退休职工的易地安家补助费、职工退职金、六个月以上的病假人员工资、职工死亡丧葬补助费、抚恤费、按规定支付给离休干部的各项经费。

(7)工会经费。系指企业按职工工资总额计提的工会经费。

(8)职工教育经费。系指企业为职工学习先进技术和提高文化水平,按职工工资总额计提的费用。

(9)保险费。系指企业财产保险、管理用车辆保险等费用。

(10)工程保修费。系指工程竣工交付使用后,在规定保修期以内的修理费用。

(11)工程排污费。系指施工现场按规定缴纳的排污费用。

(12)税金。系指企业按规定缴纳的房产税、车船使用税、土地使用税、印花税等。

(13)其他。系指上述项目以外的其他必要的费用支出,包括技术转让费、技术开发费、业务招待费、绿化费、广告费、投标费、公证费、定额测定费、法律顾问费、审计费、咨询费等。

基本费用以各类工程的直接费之和为基数,按表1-14的费率计算。

基本费用、职工探亲路费、财务费用费率表(%) 表1-14

工程类别	基本费用费率	职工探亲路费费率	财务费用费率
人工土方	3.36	0.10	0.23
机械土方	3.26	0.22	0.21
汽车运输	1.44	0.14	0.21
人工石方	3.45	0.10	0.22
机械石方	3.28	0.22	0.20
高级路面	1.91	0.14	0.27
其他路面	3.28	0.16	0.30
构造物 I	4.44	0.29	0.37
构造物 II	5.53	0.34	0.40
构造物 III	9.79	0.55	0.82
技术复杂大桥	4.72	0.20	0.46
隧道	4.22	0.27	0.39
钢材及钢结构	2.42	0.16	0.48

2）主副食运费补贴

主副食运费补贴，系指施工企业在远离城镇及乡村的野外施工购买生活必需品所需增加的费用。该费用以各类工程的直接费之和为基数，按表 1-15 的费率计算。

主副食运费补贴费率表（%） 表 1-15

工程类别	综合里程（km）											
	1	3	5	8	10	15	20	25	30	40	50	每增加 10
人工土方	0.17	0.25	0.31	0.39	0.45	0.56	0.67	0.76	0.89	1.06	1.22	0.16
机械土方	0.13	0.19	0.24	0.30	0.35	0.43	0.52	0.59	0.69	0.81	0.95	0.13
汽车运输	0.14	0.20	0.25	0.32	0.37	0.45	0.55	0.62	0.73	0.86	1.00	0.14
人工石方	0.13	0.19	0.24	0.30	0.34	0.42	0.51	0.58	0.67	0.80	0.92	0.12
机械石方	0.12	0.18	0.22	0.28	0.33	0.41	0.49	0.55	0.65	0.76	0.89	0.12
高级路面	0.08	0.12	0.15	0.20	0.22	0.28	0.33	0.38	0.44	0.52	0.60	0.08
其他路面	0.09	0.12	0.15	0.20	0.22	0.28	0.33	0.38	0.44	0.52	0.61	0.09
构造物 I	0.13	0.18	0.23	0.28	0.32	0.40	0.49	0.55	0.65	0.76	0.89	0.12
构造物 II	0.14	0.20	0.25	0.30	0.35	0.43	0.52	0.60	0.70	0.83	0.96	0.13
构造物 III	0.25	0.36	0.45	0.55	0.64	0.79	0.96	1.09	1.28	1.51	1.76	0.24
技术复杂大桥	0.11	0.16	0.20	0.25	0.29	0.36	0.43	0.49	0.57	0.68	0.79	0.11
隧道	0.11	0.16	0.19	0.24	0.28	0.34	0.42	0.48	0.56	0.66	0.77	0.10
钢材及钢结构	0.11	0.16	0.20	0.26	0.30	0.37	0.44	0.50	0.59	0.69	0.80	0.11

$$综合里程 = 粮食运距 \times 0.06 + 燃料运距 \times 0.09 + 蔬菜运距 \times 0.15 + 水运距 \times 0.70 \tag{1-9}$$

粮食、燃料、蔬菜、水的运距均为全线平均运距；综合里程数在表列里程之间时，费率可内插；综合里程在 1km 以内的工程不计取本项费用。

3）职工探亲路费

职工探亲路费，系指按照有关规定，施工企业职工在探亲期间发生的往返车船费、市内交通费和途中住宿费等费用。

该费用以各类工程的直接费之和为基数，按表 1-14 的费率计算。

4）职工取暖补贴

职工取暖补贴，系指按规定发放给职工的冬季取暖费或在施工现场设置的临时取暖设施的费用。该费用以各类工程的直接费之和为基数，按工程所在地的气温区选用表 1-16 的费率计算。

职工取暖补贴费费率表（%） 表 1-16

工程类别	气温区						
	准二区	冬一区	冬二区	冬三区	冬四区	冬五区	冬六区
人工土方	0.03	0.06	0.10	0.15	0.17	0.26	0.31
机械土方	0.06	0.13	0.22	0.33	0.44	0.55	0.66
汽车运输	0.06	0.12	0.21	0.31	0.41	0.51	0.62
人工石方	0.03	0.06	0.10	0.15	0.17	0.26	0.31

续上表

工程类别	气温区						
	准二区	冬一区	冬二区	冬三区	冬四区	冬五区	冬六区
机械石方	0.05	0.11	0.17	0.26	0.35	0.44	0.53
高级路面	0.04	0.07	0.13	0.19	0.25	0.31	0.38
其他路面	0.04	0.07	0.12	0.18	0.24	0.30	0.36
构造物Ⅰ	0.06	0.12	0.19	0.28	0.36	0.46	0.56
构造物Ⅱ	0.06	0.13	0.20	0.30	0.41	0.51	0.62
构造物Ⅲ	0.11	0.23	0.37	0.56	0.74	0.93	1.13
技术复杂大桥	0.05	0.10	0.17	0.26	0.34	0.42	0.51
隧道	0.04	0.08	0.14	0.22	0.28	0.36	0.43
钢材及钢结构	0.04	0.07	0.12	0.19	0.25	0.31	0.37

5)财务费用

财务费用,系指施工企业为筹集资金而发生的各项费用,包括企业经营期间发生的短期贷款利息净支出、汇兑净损失、调剂外汇手续费、金融机构手续费,以及企业筹集资金发生的其他财务费用。财务费用以各类工程的直接费之和为基数,按表1-14的费率计算。

3.辅助生产间接费

辅助生产间接费系指由施工单位自行开采加工的砂、石等材料及施工单位自办的人工装卸和运输的间接费。

辅助生产间接费按人工费的5%计。该项费用并入材料预算单价内构成材料费,不直接出现在概(预)算中。

高原地区施工单位的辅助生产,可按其他工程费中高原地区施工增加费费率,以直接工程费为基数计算高原地区施工增加费(其中:人工采集、加工材料,人工装卸、运输材料按人工土方费率计算;机械采集、加工材料按机械石方费率计算;机械装、运输材料按汽车运输费率计算)。辅助生产高原地区施工增加费不作为辅助生产间接费的计算基数。

四、利润及税金

1.利润

利润,系指施工企业完成所承包工程应取得的盈利。

利润按直接费与间接费之和扣除规费的7%计算。

$$利润=(直接费+间接费-规费)\times 7\% \quad (1\text{-}10)$$

2.税金

税金,系指按国家税法规定应计入建筑安装工程造价内的营业税、城市维护建设税及教育费附加等。

$$综合税金额=(直接费+间接费+利润)\times 综合税率 \quad (1\text{-}11)$$

(1)纳税地点在市区的企业,综合税率为:

$$综合税率(\%)=\left(\frac{1}{1-3\%-3\%\times 7\%-3\%\times 3\%}-1\right)\times 100=3.41\%$$

(2)纳税地点在县城、乡镇的企业,综合税率为:

$$综合税率(\%)=\left(\frac{1}{1-3\%-3\%\times5\%-3\%\times3\%}-1\right)\times100=3.35\%$$

(3)纳税地点不在市区、县城、乡镇的企业,综合税率为:

$$综合税率(\%)=\left(\frac{1}{1-3\%-3\%\times1\%-3\%\times3\%}-1\right)\times100=3.22\%$$

•第三节　设备及工、器具购置费用的构成•

一、设备购置费的构成及计算

设备购置费系指为满足公路的营运、管理、养护需要,购置的达到固定资产标准的设备或虽低于固定资产标准但属于设计明确列入设备清单的设备的费用,包括渡口设备,隧道照明、消防、通风的动力设备,高等级公路的收费、监控、通信、供电设备,养护用的机械、设备和工具、器具等的购置费用。

所谓固定资产标准,是指使用年限在一年以上,单位价值在国家或各主管部门规定的限额以上。新建项目和扩建项目的新建车间购置或自制的全部设备、工具、器具,不论是否达到固定资产标准,均计入设备、工器具购置费中。设备购置费包括设备原价和设备运杂费。

设备购置费应由设计单位列出计划购置的清单(包括设备的规格、型号、数量),以设备原价加综合业务费和运杂费按以下公式计算:

设备购置费 = 设备原价 + 运杂费(运输费 + 装卸费 + 搬运费) + 运输保险费 + 采购及保管费　　(1-12)

需要安装的设备,应在第一部分建筑安装工程费的有关项目内另计设备的安装工程费。

1. 国产设备原价的构成及计算

国产标准设备的原价,一般是指设备制造厂的交货价/出厂价(有备件),即出厂价或订货合同价。它一般根据生产厂或供应商的询价、报价、合同价确定,或采用一定的方法计算确定。其内容包括:按专业标准规定的在运输过程中不受损失的一般包装费,及按产品设计规定配带的工具、附件和易损件的费用。国产非标准设备原价,常用成本计算估价法、系列设备插入估价法、分部组合估价法、定额估价法等来确定。

设备原价 = 出厂价(或供货地点价) + 包装费 + 手续费　　(1-13)

2. 进口设备原价的构成及计算

进口设备的原价是指进口设备的抵岸价,即抵达买方边境港口或边境车站,且交完关税为止形成的价格。即:

进口设备原价 = 货价 + 国际运费 + 运输保险费 + 银行财务费 + 外贸手续费 + 关税 + 增值税 + 消费税 + 商检费 + 检疫费 + 车辆购置附加费　　(1-14)

(1)货价

进口设备的交货方式可分为:内陆交货类、目的地交货类、装运港交货类。

①内陆交货类。在交货地点,卖方及时提交合同规定的货物和有关凭证,并承担交货前的

一切费用和风险;买方按时接收货物,交付货款,承担接货后的一切费用和风险,并自行办理出口手续和装运出口。货物的所有权也在交货后由卖方转移给买方。

②目的地交货类。包括目的港船上交货价,目的港船边交货价(FOS)和目的港码头交货价(关税已付)及完税后交货价(进口国目的地的指定地点)。主要特点是买卖双方承担的责任、费用和风险是以目的地约定交货点为分界线,只有当卖方在交货点将货物置于买方控制下方算交货,方能向买方收取货款。这类交货价对卖方来说承担的风险较大,在国际贸易中卖方一般不愿意采用这类交货方式。

③装运港交货类。即卖方在出口国装运港完成交货任务,主要有装运港船上交货价(FOB),运费在内价(CFR)和运费、保险费在内价(CIF)。主要特点是卖方按照约定的时间在装运港交货,只要卖方把合同规定的货物装船后提供货运单据便完成交货任务,并可凭单据收回货款。

进口设备采用最多的是装运港船上交货价(FOB,习惯称离岸价)。设备货价分为原币货价和人民币货价。原币货价一律折算为美元表示,人民币货价按原币货价乘以外汇市场美元兑换人民币的中间价确定。进口设备货价按有关生产厂商询价、报价、订货合同价计算。

(2)国际运费

国际运费即从装运港(站)到达我国抵达港(站)的运费。即:

$$国际运费 = 原币货价(FOB价) \times 运费费率$$

或

$$国际运费 = 运量 \times 单位运价 \tag{1-15}$$

我国进口设备大多采用海洋运输,小部分采用铁路运输,个别采用航空运输。运费费率参照有关部门或进出口公司的规定执行,海运费费率一般为6%。

(3)运输保险费

对外贸易货物运输保险是由保险人(保险公司)与被保险人(出口人或进口人)订立保险契约,在被保险人交付议定的保险费后,保险人根据保险契约的规定对货物在运输过程中发生的承保责任范围内的损失给予经济上的补偿。这是一种财产保险。

$$运输保险费 = [原币货价(FOB价) + 国际运费] \div (1 - 保险费费率) \times 保险费费率 \tag{1-16}$$

保险费费率按保险公司规定的进口货物保险费费率计算,一般为0.35%。

(4)银行财务费

银行财务费一般指中国银行手续费。

$$银行财务费 = 人民币货价(FOB价) \times 银行财务费费率 \tag{1-17}$$

$$人民币货价(FOB价) = 原币货价(FOB价) \times 人民币外汇牌价$$

银行财务费费率一般为0.4%~0.5%。

(5)外贸手续费

外贸手续费指按规定计取的外贸手续费。

$$外贸手续费 = [人民币货价(FOB价) + 国际运费 + 运输保险费] \times 外贸手续费费率 \tag{1-18}$$

$$进口设备到岸价(CIF) = 原币货价(FOB价) + 国外运费 + 国外运输保险费$$

外贸手续费费率一般为1%~1.5%。

(6)关税

关税是由海关对进出国境的货物和物品征收的一种税,属于流转性课税。

关税=[人民币货价(FOB 价)+国际运费+运输保险费]× 进口关税税率 (1-19)

进口关税税率按我国海关总署发布的进口关税税率计算。

(7)增值税

增值税是对从事进口贸易的单位和个人,在进口商品报关进口后征收的税种。按《中华人民共和国增值税条例》的规定,进口应税产品均按组成计税价格和增值税税率直接计算应纳税额。

增值税=[人民币货价(FOB 价)+国际运费+运输保险费+关税+消费税]×增值税税率 (1-20)

增值税税率根据规定的税率计算,目前进口设备适用的税率为 17 %。

(8)消费税

消费税对部分进口设备(如轿车、摩托车等)征收。

消费税=[人民币货价(FOB 价)+国际运费+运输保险费+关税]÷(1-消费税税率)×消费税税率 (1-21)

消费税税率根据规定的税率计算。

(9)商检费

商检费指进口设备按规定付给商品检查部门的进口设备检验鉴定费。

商检费=[人民币货价(FOB 价)+国际运费+运输保险费]× 商检费费率 (1-22)

商检费费率一般为 0.8 %。

(10)检疫费

检疫费指进口设备按规定付给商品检疫部门的进口设备检验鉴定费。

检疫费=[人民币货价(FOB 价)+国际运费+运输保险费]× 检疫费费率 (1-23)

检疫费费率一般为 0.17 %。

(11)车辆购置附加费

车辆购置附加费指进口车辆需缴纳的进口车辆购置附加费。

车辆购置附加费=[人民币货价(FOB 价)+国际运费+运输保险费+关税+消费税+增值税]×车辆购置附加费费率 (1-24)

在计算进口设备原价时,应注意工程项目的性质,有无按国家有关规定减免进口环节税的可能。

(12)海关监管手续费

海关监管手续费是指海关对发生减免进口税或实行保税的进口设备,实施监管和提供服务收取的手续费。

海关监管手续费=[人民币货价(FOB 价)+国际运费+运输保险费]×海关监管手续费费率 (1-25)

全额收取关税的设备,不收取海关监管手续费。

3. 设备运杂费的构成及计算

国产设备运杂费指由设备制造厂交货地点起至工地仓库(或施工组织设计指定的需要安

装设备的堆放地点）止所发生的运费和装卸费；进口设备运杂费指由我国到岸港口或边境车站起至工地仓库（或施工组织设计指定的需要安装设备的堆放地点）止所发生的运费和装卸费。设备运杂费费率见表1-17。

运杂费＝设备原价×运杂费费率 (1-26)

设备运杂费费率表

表1-17

运输距离（km）	100以内	101～200	201～300	301～400	401～500	501～750	751～1000	1001～1250	1251～1500	1501～1750	1751～2000	2000以上每增加250
费率（%）	0.8	0.9	1.0	1.1	1.2	1.5	1.7	2.0	2.2	2.4	2.6	0.2

4. 设备运输保险费的构成及计算

设备运输保险费指国内运输保险费。

运输保险费＝设备原价×保险费费率 (1-27)

设备运输保险费费率一般为1%。

5. 设备采购及保管费的构成及计算

设备采购及保管费指采购、验收、保管和收发设备所发生的各种费用，包括设备采购人员、保管人员和管理人员的工资、工资附加费、办公费、差旅交通费，设备供应部门办公和仓库所占固定资产使用费、工具用具使用费、劳动保护费、检验试验费等。

采购及保管费＝设备原价×采购及保管费费率 (1-28)

需要安装的设备的采购及保管费费率为2.4%，不需要安装的设备的采购及保管费费率为1.2%。

【例1-3】 设备及工器具购置费的计算。

某项目由国外引进工艺设备和技术，硬件费600万美元，软件费60万美元，其中计算关税的项目有45万美元，不计算关税的15万美元；外汇牌价是：1美元＝8.3元人民币；海运费费率6%；海运保险费费率0.35%；外贸手续费费率1.5%；中国银行财务手续费费率0.5%；增值税税率和关税税率均为17%；国内供销手续费费率0.4%；运输、装卸和包装费费率0.1%；采购及保管费费率1%。

1. 问题

(1)引进工艺设备和技术的价格由哪些费用组成？

(2)计算该案例工艺设备和技术投资的估算价格。

2. 分析与解答

(1) 引进工艺设备和技术的抵岸价包括以下费用：货价、从属费用（含国外运输费、国外运输保险费、外贸手续费、银行财务费、关税、增值税）。全部投资的估算价格还包括设备运杂费。

(2)引进工艺设备和技术抵岸价的计算规定见例表1。

引进工艺设备和技术抵岸价的计算规定　　例表1

费用名称	计算公式	备注
货价	货价＝合同中硬、软件的离岸价外币金额×外汇牌价	合同生效，第一次付款日期的外汇牌价
国外运输费	国外运输费＝合同中硬件货价×国外运输费费率	海运费费率6%，空运费费率8.5%，铁路运输费费率1%
国外运输保险费	国外运输保险费＝(合同中硬件货价＋国外运费)×运输保险费费率÷(1－运输保险费费率)	海运保险费费率0.35%，空运保险费费率4.55%，路运保险费费率2.66%
关税	硬件关税＝(合同中硬件货价＋国外运费＋国外运输保险费)×关税税率＝合同中硬件到岸价×关税税率 软件关税＝合同中应计关税软件的货价×关税税率	计关税的软件指设计费、技术秘密、专利许可证、专利技术等
增值税	增值税＝(硬件到岸价＋应计关税软件的货价＋关税)×增值税税率	增值税税率取17%
消费税	消费税＝[(到岸价＋关税)÷(1－消费税税率)]×消费税税率(进口车辆才有此税)	越野车、小汽车取5%，小轿车取8%，轮胎取10%
银行财务费	合同中硬、软件的货价×银行财务费费率	银行财务费费率取0.4%～0.5%
外贸手续费	(合同中硬件到岸价＋完关税软件的货价)×外贸手续费费率	外贸手续费费率取1.5%
海关监管手续费	减免关税部分的到岸价×海关监管手续费费率	海关监管手续费费率取0.3%

(3)引进工艺设备和技术抵岸价的计算见例表2。

引进工艺设备和技术抵岸价的计算(单位:万元)　　例表2

费用名称	计算公式	费用
货价	货价＝600×8.3＋60×8.3＝4980＋498＝5478	5478
国外运输费	海运费＝4980×6%＝298.8	298.8
国外运输保险费	海运保险费＝(4980＋298.8)×0.35%/(1－0.35%)＝18.54	18.54
关税	硬件关税＝(4980＋298.8＋18.54)×17%＝5297.34×17%＝900.55 软件关税＝45×8.3×17%＝373.5×17%＝63.50	964.05
增值税	增值税＝(5297.34＋373.5＋964.05)×17%＝1127.93	1127.93
银行财务费	银行财务费＝5478×0.5%＝27.39	27.39
外贸手续费	外贸手续费＝(5297.34＋373.5)×1.5%＝85.06	85.06
引进设备和技术的抵岸价		7999.77

国内运杂费＝7999.77×(0.4%＋0.1%＋1%)＝120.00(万元)

引进设备购置和技术投资＝7999.77＋120.00＝8119.77(万元)

二、工具、器具及生产家具(简称工器具)购置费的构成及计算

工器具购置费系指建设项目交付使用后为满足初期正常营运必须购置的第一套不构成固定资产的设备、仪器、仪表、工卡模具、器具、工作台(框、架、柜)等的费用。该费用不包括构成固定资产的设备、工器具和备品、备件以及已列入设备购置费中的专用工具和备品、备件。

对于工器具购置,应由设计单位列出计划购置的清单(包括规格、型号、数量),购置费的计算方法同设备购置费。

三、办公和生活用家具购置费

办公和生活用家具购置费系指为保证新建、改建项目初期正常生产、使用和管理所必须购置的办公和生活用家具、用具的费用。范围包括:行政、生产部门的办公室、会议室、资料档案室、阅览室、单身宿舍及生活福利设施等的家具、用具。办公和生活用家具购置费按表1-17的规定计算。改建工程按表1-18列数的80%计算。

办公和生活用家具购置费标准表 表1-18

工程所在地	路线(元/公路公里)				有看桥房的独立大桥(元/座)	
	高速公路	一级公路	二级公路	三、四级公路	一般大桥	技术复杂大桥
内蒙古、黑龙江、青海、新疆、西藏	21500	15600	7800	4000	24000	60000
其他省、自治区、直辖市	17500	14600	5800	2900	19800	49000

•第四节 工程建设其他费用组成•

工程建设其他费用包括土地征用及拆迁补偿费、建设项目管理费、研究试验费、前期工作费、专项评价(估)费、施工机构迁移费、供电贴费、联合试运转费、生产人员培训费、固定资产投资方向调节税、建设期贷款利息等,其组成见图1-6。

一、土地征用及拆迁补偿费

土地征用及拆迁补偿费系指按照《中华人民共和国土地管理法》及《中华人民共和国土地管理法实施条例》、《中华人民共和国基本农田保护条例》等法律、法规的规定,为进行公路建设需征用土地所支付的土地征用及拆迁补偿费等费用。

1.费用内容

(1)土地补偿费:指被征用土地地上、地下附着物及青苗补偿费,征用城市郊区的菜地等缴纳的菜地开发建设基金,租用土地费,耕地占用税,用地图编制费及勘界费,征地管理费等。

(2)征用耕地安置补助费:指征用耕地需要安置农业人口的补助费。

(3)拆迁补偿费:指被征用或占用土地上的房屋及附属构筑物、城市公用设施等拆除、迁建补偿费,拆迁管理费等。

(4)复耕费:指临时占用的耕地、鱼塘等,待工程竣工后将其恢复到原有标准所发生的费用。

(5)耕地开垦费:指公路建设项目占用耕地的,应由建设项目法人(业主)负责补充耕地所发生的费用;没有条件开垦或者开垦的耕地不符合要求的,按规定缴纳的耕地开垦费。

(6)森林植被恢复费:指公路建设项目需要占用、征用或者临时占用林地的,经县级以上林业主管部门审核同意或批准,建设项目法人(业主)单位按照有关规定向县级以上林业主管部门预缴的森林植被恢复费。

2. 计算方法

土地征用及拆迁补偿费应根据审批单位批准的建设工程用地和临时用地面积及其附着物的情况,以及实际发生的费用项目,按国家有关规定及工程所在地的省(自治区、直辖市)人民政府颁发的有关规定和标准计算。

森林植被恢复费应根据审批单位批准的建设工程占用林地的类型及面积,按国家有关规定及工程所在地的省(自治区、直辖市)人民政府颁发的有关规定和标准计算。

当与原有的电力电信设施、水利工程、铁路及铁路设施互相干扰时,应与有关部门联系,商定合理的解决方案和补偿金额,也可由这些部门按规定编制费用以确定补偿金额。

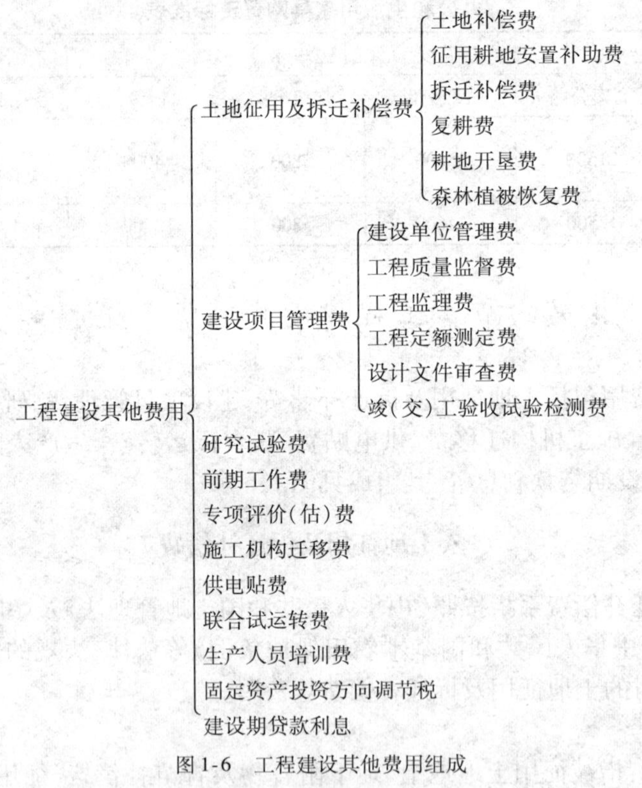

图 1-6　工程建设其他费用组成

二、建设项目管理费

建设项目管理费包括建设单位(业主)管理费、工程质量监督费、工程监理费、工程定额测定费、设计文件审查费和竣(交)工验收试验检测费。

1. 建设单位(业主)管理费

建设单位(业主)管理费系指建设单位(业主)为建设项目的立项、筹建、建设、竣(交)工

验收、总结等工作所发生的费用,不包括应计入设备、材料预算价格的建设单位采购及保管设备、材料所需的费用。

费用内容包括:工作人员的工资、工资性补贴、施工现场津贴、社会保障费用(基本养老、基本医疗、失业、工伤保险)、住房公积金、职工福利费、工会经费、劳动保护费;办公费、会议费、差旅交通费、固定资产使用费(包括办公及生活房屋折旧、维修或租赁费,车辆折旧、维修、使用或租赁费,通信设备购置、使用费,测量、试验设备仪器折旧、维修或租赁费,其他设备折旧、维修或租赁费等)、零星固定资产购置费、招募生产工人费;技术图书资料费、职工教育经费、工程招标费(不含招标文件及标底或造价控制值编制费);合同契约公证费、法律顾问费、咨询费;建设单位的临时设施费、完工清理费、竣(交)工验收费(含其他行业或部门要求的竣工验收费用)、各种税费(包括房产税、车船使用税、印花税等);建设项目审计费、境内外融资费用(不含建设期贷款利息)、业务招待费、安全生产管理费和其他管理性开支。

由施工企业代建设单位(业主)办理"土地、青苗等补偿费"的工作人员所发生的费用,应在建设单位(业主)管理费项目中支付。当建设单位(业主)委托有资质的单位代理招标时,其代理费应在建设单位(业主)管理费中支出。

建设单位(业主)管理费以建筑安装工程费总额为基数,按表1-19的费率,以累进办法计算。

建设单位管理费费率表 表1-19

第一部分 建筑安装工程费(万元)	费率(%)	算例(万元)	
		建筑安装工程费	建设单位(业主)管理费
500以下	3.48	500	500×3.48% =17.4
501~1000	2.73	1000	17.4+500×2.73% =31.05
1001~5000	2.18	5000	31.05+4000×2.18% =118.25
5001~10000	1.84	10000	118.25+5000×1.84% =210.25
10001~30000	1.52	30000	210.25+20000×1.52% =514.25
30001~50000	1.27	50000	514.25+20000×1.27% =768.25
50001~100000	0.94	100000	768.25+50000×0.94% =1238.25
100001~150000	0.76	150000	1238.25+50000×0.76% =1618.25
150001~200000	0.59	200000	1618.25+50000×0.59% =1913.25
200001~300000	0.43	300000	1913.25+100000×0.43% =2343.25
300000以上	0.32	310000	2343.25+10000×0.32% =2375.25

水深>15m、跨度≥400m的斜拉桥和跨度≥800m的悬索桥等独立特大型桥梁工程的建设单位(业主)管理费按表1-19中的费率乘以1.0~1.2的系数计算。

由于风浪影响,工程施工期(不包括封冻期)全年月平均工作日少于15d的海上工程的建设单位(业主)管理费按表1-19中的费率乘以1.0~1.3的系数计算。

2. 工程质量监督费

工程质量监督费系指根据国家有关部门规定,各级公路工程质量监督机构对工程建设质量和安全生产实施监督应收取的管理费用。

工程质量监督费以建筑安装工程费总额为基数,按0.15%计算。

3. 工程监理费

工程监理费系指建设单位(业主)委托具有公路工程监理资格的单位,按施工监理规范进行全面的监督和管理所发生的费用。

费用内容包括:工作人员的基本工资、工资性津贴、社会保障费用(基本养老、基本医疗、失业、工伤保险)、住房公积金、职工福利费、工会经费、劳动保护费;办公费、会议费、差旅交通费、固定资产使用费(包括办公及生活房屋折旧、维修或租赁费,车辆折旧、维修、使用或租赁费,通信设备购置、使用费,测量、试验、检测设备仪器折旧、维修或租赁费,其他设备折旧、维修或租赁费等)、零星固定资产购置费、招募生产工人费;技术图书资料费、职工教育经费、投标费用;合同契约公证费、咨询费、业务招待费;财务费用、监理单位的临时设施费、各种税费和其他管理性开支。

工程监理费以建筑安装工程费总额为基数,按表1-20的费率计算。

工程监理费费率表 表1-20

工程类别	高速公路	一级及二级公路	三级及四级公路	桥梁及隧道
费率(%)	2.0	2.5	3.0	2.5

表1-20中的桥梁指水深大于15m、斜拉桥和悬索桥等独立特大型桥梁工程;隧道指水下隧道工程。

建设单位(业主)管理费和工程监理费均为实施建设项目管理的费用,执行时根据建设单位(业主)和施工监理单位所实际承担的工作内容和工作量,在保证监理费用的前提下,可统筹使用。

4. 工程定额测定费

工程定额测定费系指各级公路(交通)工程定额(造价管理)站为测定劳动定额、搜集定额资料、编制工程定额及定额管理所需要的工作经费。

工程定额测定费以建筑安装工程费总额为基数,按0.12%计算。

5. 设计文件审查费

设计文件审查费系指国家和省级交通主管部门在项目审批前,为保证勘察设计工作的质量,组织有关专家或委托有资质的单位,对设计单位提交的建设项目可行性研究报告和勘察设计文件以及对设计变更、调整概算进行审查所需要的相关费用。

设计文件审查费以建筑安装工程费总额为基数,按0.1%计算。

6. 竣(交)工验收试验检测费

竣(交)工验收试验检测费系指在公路建设项目交工验收和竣工验收前,由建设单位(业主)或工程质量监督机构委托有资质的公路工程质量检测单位按照有关规定对建设项目的工程质量进行检测,并出具检测意见所需要的相关费用。竣(交)工验收试验检测费按表1-21的规定计算。

竣(交)工验收试验检测费标准表 表1-21

项目	路线(元/公路公里)				独立大桥(元/座)	
	高速公路	一级公路	二级公路	三、四级公路	一般大桥	技术复杂大桥
试验检测费	15000	12000	10000	5000	30000	100000

关于竣(交)工验收试验检测费,高速公路、一级公路按四车道计算,二级及以下等级公路按双车道计算,每增加一条车道,按表 1-21 的费用增加 10 %。

三、研究试验费

研究试验费,系指为本建设项目提供或验证设计数据、资料而进行必要的研究试验和按照设计规定在施工过程中必须进行的试验、验证所需的费用,以及支付科技成果、先进技术的一次性技术转让费。

该费用不包括:

(1)应由科技三项费用(即新产品试制费、中间试验费和重要科学研究补助费)开支的项目。

(2)应由施工辅助费开支的施工企业对建筑材料、构件和建筑物进行一般鉴定、检查所发生的费用及技术革新研究试验费。

(3)应由勘察设计费或建筑安装工程费用中开支的项目。

计算方法:按照设计提出的研究试验内容和要求进行编制,不需验证设计基础资料的不计本项费用。

四、建设项目前期工作费

建设项目前期工作费,系指委托勘察设计、咨询单位对建设项目进行可行性研究、工程勘察设计,以及设计、监理、施工招标文件及招标标底或造价控制值文件编制时,按规定应支付的费用。该费用包括:

(1)编制项目建议书(或预可行性研究报告)、可行性研究报告、投资估算,以及相应的勘察、设计、专题研究等所需的费用。

(2)初步设计和施工图设计的勘察费(包括测量、水文调查、地质勘探等)、设计费、概(预)算及调整概算编制费等。

(3)设计、监理、施工招标文件及招标标底(或造价控制值或清单预算)文件编制费等。

计算方法:依据委托合同计列,或按国家颁发的收费标准和有关规定进行编制。

五、专项评价(估)费

专项评价(估)费,系指依据国家法律、法规规定须进行评价(评估)、咨询,按规定应支付的费用。

该费用包括:环境影响评价费、水土保持评估费、地震安全性评价费、地质灾害危险性评价费、压覆重要矿床评估费、文物勘察费、通航论证费、行洪论证(评估)费、使用林地可行性研究报告编制费、用地预审报告编制费等费用。

计算方法:按国家颁发的收费标准和有关规定进行编制。

六、施工机构迁移费

施工机构迁移费,系指施工机构根据建设任务的需要,经有关部门决定成建制地(指工程处等)由原驻地迁移到另一地区所发生的一次性搬迁费用。

该费用不包括：

(1)应由施工企业自行负担的，在规定距离范围内调动施工力量以及内部平衡施工力量所发生的迁移费用。

(2)由于违反基建程序，盲目调迁队伍所发生的迁移费。

(3)因中标而引起施工机构迁移所发生的迁移费。

费用内容包括：职工及随同家属的差旅费，调迁期间的工资，施工机械、设备、工具、用具和周转性材料的搬运费。

计算方法：施工机构迁移费应经建设项目的主管部门同意按实计算。但计算施工机构迁移费后，如迁移地点即新工地地点(如独立大桥)，则其他工程费内的工地转移费应不再计算；如施工机构迁移地点至新工地地点尚有部分距离，则工地转移费的距离，应以施工机构新地点为计算起点。

七、供电贴费

供电贴费系指按照国家规定，建设项目应交付的供电工程贴费、施工临时用电贴费。

计算方法：按国家有关规定计列(目前停止征收)。

八、联合试运转费

联合试运转费系指新建、改(扩)建工程项目，在竣工验收前按照设计规定的工程质量标准，进行动(静)载荷载试验所需的费用，或进行整套设备带负荷联合试运转期间所需的全部费用抵扣试车期间收入的差额。该费用不包括应由设备安装工程项下开支的调试费的费用。

费用内容包括：联合试运转期间所需的材料、油燃料和动力的消耗，机械和检测设备使用费，工具用具和低值易耗品费，参加联合试运转人员工资及其他费用等。

联合试运转费以建筑安装工程费总额为基数，独立特大型桥梁按 0.075%、其他工程按 0.05 %计算。

九、生产人员培训费

生产人员培训费系指新建、改(扩)建公路工程项目，为保证生产的正常运行，在工程竣工验收交付使用前对运营部门生产人员和管理人员进行培训所必需的费用。

费用内容包括：培训人员的工资、工资性补贴、职工福利费、差旅交通费、劳动保护费、培训及教学实习费等。

生产人员培训费按设计定员和 2000 元/人的标准计算。

十、固定资产投资方向调节税

固定资产投资方向调节税，系指为了贯彻国家产业政策，控制投资规模，引导投资方向，调整投资结构，加强重点建设，促进国民经济持续稳定协调发展，依照《中华人民共和国固定资产投资方向调节税暂行条例》规定，公路建设项目应缴纳固定资产投资方向调节税。

计算方法：按国家有关规定计算(目前暂停征收)。

十一、建设期贷款利息

建设期贷款利息,系指建设项目中分年度使用国内贷款或国外贷款部分,在建设期内应归还的贷款利息。费用内容包括各种金融机构贷款、企业集资、建设债券和外汇贷款等利息。

计算方法:根据不同的资金来源按需付息的分年度投资计算。

建设期贷款利息 = ∑(上年末付息贷款本息累计 + 本年度付息贷款额 ÷2) × 年利率　(1-29)

即

$$S=\sum_{n=1}^{N}(F_{n-1}+b_n/2)\cdot i$$

式中:S——建设期贷款利息(元);

N——项目建设期(年);

n——施工年度;

F_{n-1}——建设期第($n-1$)年末需付息贷款本息累计(元);

b_n——建设期第 n 年度付息贷款额(元);

i——建设期贷款年利率(%)。

【例1-4】 某建设项目贷款5000万元,分三年均衡发放,第一年贷款1000万元,第二年贷款3000万元,第三年贷款1000万元,贷款年利率为7%。问:该项目建设期贷款利息为多少?

解:第一年利息:1000 ÷2 ×7% =35 万元

第二年利息:(1000 +35 +3000 ÷2) ×7% =177.45 万元

第三年利息:(1000 +35 +3000 +177.45 +1000 ÷2) ×7% =329.87 万元

建设期贷款利息:35 +177.45 +329.87 =542.32 万元

•第五节　预　备　费•

预备费由价差预备费及基本预备费两部分组成。在公路工程建设期限内,凡需动用预备费时,属于公路交通部门投资的项目,需经建设单位提出,按建设项目隶属关系,报交通部或交通厅(局、委)基建主管部门核定批准;属于其他部门投资的建设项目,按其隶属关系报有关部门核定批准。

一、价差预备费

价差预备费系指设计文件编制年至工程竣工年期间,第一部分费用的人工费、材料费、机械使用费、其他工程费、间接费等及第二、三部分费用,由于政策、价格变化可能发生上浮而预留的费用,以及外资贷款汇率变动部分的费用。

计算方法:价差预备费以概(预)算或修正概算第一部分建筑安装工程费总额为基数,按设计文件编制年始至建设项目工程竣工年终的年数和年工程造价增涨率计算。

$$价差预备费=P\cdot[(1+i)^{n-1}-1]\qquad(1\text{-}30)$$

式中：P——建筑安装工程费总额(元)；

i——年工程造价增涨率(%)；

n——设计文件编制年至建设项目开工年+建设项目建设期限(年)。

年工程造价增涨率按有关部门公布的工程投资价格指数计算，或由设计单位会同建设单位根据该工程人工费、材料费、施工机械使用费、其他工程费、间接费及第二、三部分费用可能发生的上浮等因素，以第一部分建筑安装工程费为基数进行综合分析预测。

设计文件编制至工程完工在一年以内的工程，不列此项费用。

二、基本预备费

基本预备费系指在初步设计和概算中难以预料的工程和费用。其用途如下：

(1)在进行技术设计、施工图设计和施工过程中，在批准的初步设计和概算范围内所增加的工程费用。

(2)在设备订货时，由于规格、型号改变的价差；材料货源变更、运输距离或方式的改变以及因规格不同而代换使用等原因发生的价差。

(3)由于一般自然灾害所造成的损失和预防自然灾害所采取的措施费用。

(4)在项目主管部门组织竣(交)工验收时，验收委员会(或小组)为鉴定工程质量必须开挖和修复隐蔽工程的费用。

(5)投保的工程根据工程特点和保险合同发生的工程保险费用。

计算方法：以第一、二、三部分费用之和(扣除固定资产投资方向调节税和建设期贷款利息两项费用)为基数按下列费率计算：

设计概算按5%计列；

修正概算按4%计列；

施工图预算按3%计列。

采用施工图预算加系数包干承包的工程，包干系数为施工图预算中直接费与间接费之和的3%。施工图预算包干费用由施工单位包干使用。该包干费用的内容为：

(1)在施工过程中，设计单位对分部分项工程修改设计而增加的费用，但不包括因水文地质条件变化造成的基础变更、结构变更、标准提高、工程规模改变而增加的费用。

(2)预算审定后，施工单位负责采购的材料由于货源变更、运输距离或方式的改变以及因规格不同而代换使用等原因发生的价差。

(3)由于一般自然灾害所造成的损失和预防自然灾害所采取的措施的费用(例如一般防台风、防洪的费用)等。

•第六节　回收金额•

概(预)算定额所列材料一般不计回收，只对按全部材料计价的一些临时工程项目和由于工程规模或工期限制达不到规定周转次数的拱盔、支架及施工金属设备的材料计算回收金额。回收率见表1-22。

回 收 率 表

表 1-22

回收项目	使用年限或周转次数				计算基数
	一年或一次	两年或两次	三年或三次	四年或四次	
临时电力、电信线路	50%	30%	10%	—	材料原价
拱盔、支架	60%	45%	30%	15%	
施工金属设备	65%	65%	50%	30%	

思考练习题

1. 某公司拟从国外进口一套设备，质量 110t，装运港船上交货价，即离岸价（FOB 价）为 150 万美元。其他有关费用参数为：海上运输费费率为 7%；海上运输保险费费率为 0.265%；中国银行财务费费率为 0.5%；外贸手续费费率为 1.5%；关税税率为 20%；增值税税率为 17%；美元的银行牌价为 8.3 元人民币；到货口岸至安装现场 500km，运输费为 0.5 元/(t·km)，装卸费均为 50 元/t；现场保管费费率为 0.3%；请对该套设备进行估价。

2. 某项目静态投资 250000 万元，按本项目进度计划，项目建设期为 5 年，5 年的投资分年度使用比例为第一年 10%，第二年 20%，第三年 30%，第四年 30%，第五年 10%，建设期内年平均价格变动率为 6%。试估计该项目建设期的涨价预备费。

3. 某路面工程，用桶装石油沥青，调查价格 1800 元/t，运价 0.75 元/t·km，装卸费为 2.6 元/t，运距 80km，摊销回收沥青桶 55 元/t。试确定其预算价格。

4. 某省某地区当地最低工资标准为 265 元/月，该地区的生活补贴 30 元/月，副食及粮油价格补贴 60 元/月，交通补贴 10 元/月。试确定公路工程生产工人每工日工资单价。

5. 请调查你所在地区的养路费标准，计算自卸汽车、汽车吊等机械设备的台班费用。

6. 请调查你所在地区政府主管部门发布的最低工资标准，计算你所在地区的公路工程生产工人每工日工资单价。

第二章

公路工程计价依据

知识目标

1. 描述公路工程计价的具体依据；
2. 描述定额体系的具体分类；
3. 描述人工、材料、机械定额的基础；
4. 描述估算、概算、预算定额的内容。

能力目标

实际运用人工、材料及机械定额。

•第一节　概　　述•

工程计价是工程成本规划和控制的重要组成部分。它的科学含义是:在工程项目实施建设的各个阶段,根据不同的目的,综合运用技术、经济、管理等手段,对特定工程项目的造价进行全过程、全方位的预测、优化、计算、分析等一系列活动的总和。

1. 公路工程技术文件

工程技术文件包括:设计图纸、标准、规范等内容。它是反映工程估计对象——建设工程的规模、内容、标准与功能等情况的综合文件。根据工程技术文件,可以对工程的分部组合(即工程结构)作出分解,得到计价的基本项目。依据工程技术文件及其反映的工程内容和尺寸,才能测算或计算出工程实体数量,得到分部分项工程的工程量。工程建设的不同阶段产生不同的工程技术文件,也依据不同的技术文件进行计价。

(1)项目决策阶段,包括项目意向书、项目建议书、可行性研究等阶段,工程技术文件表现为项目策划文件、功能描述书、项目建议书、可行性研究报告等。此阶段的工程计价,主要依据上述工程技术文件进行编制。

(2)初步设计阶段,工程技术文件主要表现为初步设计图纸及相关设计资料。此阶段的工程计价,主要以初步设计图纸等有关设计资料作为依据。

(3)施工图设计阶段,随着工程设计的深入,工程技术文件又表现为施工图设计资料,包括建筑施工图纸、结构施工图纸、设备施工图纸和其他施工图纸和设计资料。因此,在施工图设计阶段的工程计价,即施工图预算的编制必须以施工图纸等有关设计资料为依据。

(4)工程招标阶段,工程技术文件表现为招标文件、建设单位的特殊要求以及相应的工程设计文件等内容，此阶段的工程计价包括投标报价等。

2. 公路工程定额

在建筑工程施工活动中，完成任何一件产品，都需要消耗一定数量的人工、材料和机械。而这些资源是随着生产过程中各种因素的不同而变化的。公路工程定额就是在正常的生产条件下，合理地组织施工、合理地使用材料和机械的情况下，完成单位合格产品所必需的人工、材料、机械设备及资金消耗的限额标准。同时在定额中还规定了相应的工作内容和要达到的质量标准及安全要求。

公路工程定额主要是指工程计价时用于构成工程实体和有助于工程实体形成的各种资源消耗的数量标准，也包括工程建设管理方面的费用标准等，是公路工程计价的重要依据。在建设工程的不同阶段，工程估价采用不同的定额。

(1)投资决策阶段，编制投资估算时只能采用估算指标、历史数据、类似工程数据资料等作为计价依据。

(2)初步设计阶段，编制设计概算的依据是概算定额或概算指标。

(3)施工图设计阶段，编制施工图预算时采用的是预算定额。

(4)工程招投标阶段，工程承包人编制和确定投标报价的基础和依据是本企业的企业定额、施工定额等。

3. 市场价格信息

市场价格信息指一定时间一定地区内人工、材料和机械等生产要素的价格信息。生产要素价格是影响工程造价的关键因素之一。工程估价时选用的生产要素价格来自市场，随着市场的变化，生产要素价格亦随之发生变化。因此，工程估价必须随时掌握市场价格信息，了解市场价格行情，熟悉市场上各类生产要素的供求变化及价格动态。

4. 工程量计算规则

工程量计算规则是规定各个分部分项工程实体数量计算的法则，据此可以统一完整地反映分部分项工程的实物量大小，进而计算相应费用。工程量计算规则一般在工程定额或招标文件中有详细说明，具体计算时必须严格执行相应规定。工程量计算规则是进行工程量计算的重要依据，工程计价时必须按照工程量的计算规则来计取每一分部分项工程在设计图纸中的尺寸数值。

定额中的各种消耗量数据是按定额中所附的工程量计算规则测定的，工程定额不同，相应的工程量计算规则可能也不同。因此，在计算工程量时，必须按照所采用的定额及其规定的计算规则进行计算，才能套用该定额中的定额消耗量数据，正确进行工程计价。

5. 其他

国家对建设工程费用计算的有关规定，以及按国家税法规定须计取的相关税费标准等。

第二节 工程定额体系

工程建设定额是一个综合概念，是工程建设中各类定额的总称，见图2-1。它包括许多种类的定额。可以按照不同的原则和方法对它们进行科学的分类。

1. 按定额反映的物质消耗内容(生产要素)分类

按定额反映的物质消耗内容可以把工程建设定额分为劳动消耗定额、机械消耗定额和材料消耗定额三种。

1)劳动消耗定额

简称劳动定额。劳动消耗定额是完成一定的合格产品(工程实体或劳务)规定活劳动消耗的数量标准。劳动定额由于其表述形式的不同,分为时间定额和产量定额,二者之间互为倒数关系。为了便于综合和核算,劳动定额主要表现形式是时间定额,但同时也表现为产量定额。

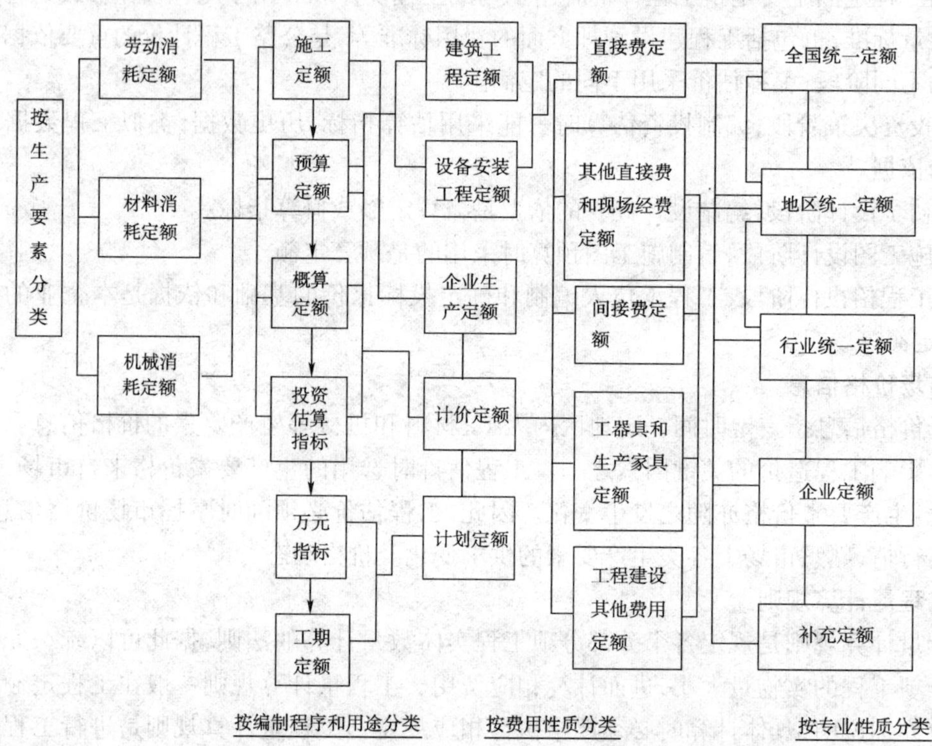

图 2-1 工程建设定额体系示意图

2)材料消耗定额

简称材料定额,它是指完成一定合格产品所需要消耗材料的数量标准。

材料是指工程建设中使用的原材料、成品、半成品、构配件、燃料以及水、电等动力资源。材料消耗是否合理,不仅关系到资源的有效利用、影响市场供求状况,而且对建设工程的项目投资、建筑产品的成本控制都起着决定性影响。

材料消耗定额在很大程度上可以影响材料的合理调配和使用。在产品生产数量和材料质量一定的情况下,材料的供应计划和需求都会受材料定额的影响。重视和加强材料定额管理,制订合理的材料消耗定额,是组织材料的正常供应,保证生产顺利进行,以及合理使用资源,减少积压、浪费的必要前提。

3)机械消耗定额

简称机械定额。由于我国机械消耗定额是以一台机械一个工作班为计量单位,所以又称

为机械台班定额。机械消耗定额是指为完成一定合格产品(工程实体或劳务)所规定的施工机械消耗的数量标准。按其表现形式的不同,也可分为时间定额和产量定额。机械消耗定额的主要表现形式是机械时间定额,但同时也表现为产量定额。

2. 按照定额的编制程序和用途分类

按照定额的编制程序和用途可以把工程建设定额分为施工定额、预算定额、概算定额、投资估算指标、万元指标和工期定额等六种。

1)施工定额

这是施工企业(建筑安装企业)组织生产和加强管理在企业内部使用的一种定额,属于企业生产定额的性质。它由劳动定额、机械定额和材料定额三个相对独立的部分组成。为了适应组织生产和管理的需要,施工定额的项目划分很细,是工程建设定额中分项最细、定额子目最多的一种定额,也是工程建设定额中的基础性定额。在预算定额的编制过程中,施工定额的劳动、机械、材料消耗的数量标准,是计算预算定额中劳动、机械、材料消耗数量标准的重要依据。

2)预算定额

这是在编制施工图预算时,计算工程造价和计算工程中人工、材料、机械台班数量的一种定额。预算定额是一种计价性的定额。在工程委托承包的情况下,它是确定工程造价的主要依据。在招标承包的情况下,它是计算标底和确定报价的主要依据。所以,预算定额在工程建设定额中占有很重要的地位。从编制程序看,施工定额是预算定额的编制基础,而预算定额则是概算定额或估算指标的编制基础。

3)概算定额

这是编制初步设计或技术设计概算时,计算和确定工程概算造价,计算劳动、材料、机械台班需要量所使用的定额。它的项目划分粗细,与扩大初步设计的深度相适应。它一般是在预算定额基础上编制的,比预算定额综合扩大。概算定额是控制项目投资的重要依据,在工程建设投资管理中有重要的作用。

4)投资估算指标

它是在项目建议书和可行性研究报告阶段编制投资估算、计算投资需要量时使用的一种定额。它非常概略,往往以独立单项工程或完整的工程项目为计算对象。它的概略程度与可行性研究相适应。它的主要作用是为项目决策和投资控制提供依据。投资估算指标虽然往往根据历史的预、决算资料和价格变动等资料编制,但其编制基础仍然离不开预算定额、概算定额。

5)万元指标

它是以万元建筑安装工作量为单位制订的人工、材料和机械台班消耗数量的标准。它是以实物量指标表示的。万元指标是一种计划定额。主要是为国家综合部门、主管部门和地方提供编制长期计划和年度计划的依据。在编制计划时,按照计划期的建筑安装工作量用万元指标来计算人工工日、主要材料和主要机械(台班)的需要量,以便做好资源的平衡和分配。建设单位和施工企业也可以据此为拟建工程和在建工程组织资源供应。在计划定额中,还有单位生产能力(使用面积或建筑面积)造价指标。它们都是以金额表示,作为计划工作的依据。

6）工期定额

它是为各类工程规定的施工期限的定额天数，包括建设工期定额和施工工期定额两个层次。

建设工期是指建设项目或独立的单项工程在建设过程中所耗用的时间总量，一般以月数或天数表示。它从开工建设时起，到全部建成投产或交付使用时止所经历的时间。但不包括由于计划调整而停缓建所延误的时间。施工工期一般是指单项工程或单位工程从开工到完工所经历的时间。施工工期是建设工期的一部分。如单位工程施工工期，是指从正式开工起至完成承包工程全部设计内容并达到国家验收标准的全部有效天数。

3. 按照投资的费用性质分类

按照投资的费用性质可以把工程建设定额分为建筑工程定额、设备安装工程定额、其他直接费定额和现场经费定额、间接费定额、工器具和生产家具定额，以及工程建设其他费用定额等。

1）建筑工程定额

它是建筑工程施工定额、建筑工程预算定额、建筑工程概算定额和建筑工程投资估算指标的统称。

2）设备安装工程定额

它是安装工程施工定额、安装工程预算定额、安装工程概算定额和安装工程投资估算指标的统称，设备安装工程是对需要安装的设备工程进行定位、组合、调试等工作的工程。

设备安装工程和建筑工程在工艺上有很大的差别，施工方法也很不相同，所完成的是不同类型的施工产品。但设备安装工程和建筑工程是一项工程的两个有机组成部分，在施工中有时间连续性，也有作业的搭接和交叉，需要统一安排，相互协调，在这个意义上通常把建筑和安装工程作为一个施工过程来看待，即建筑安装工程。所以在通用定额中建筑工程定额和安装工程定额合二为一，称为建筑安装定额。

3）其他直接费定额

它是指预算定额分项内容以外，而与建筑安装施工生产直接有关的各项费用开支标准。列入其他直接费用的项目主要有冬季施工增加费、雨季施工增加费、夜间施工增加费、高原地区施工增加费、沿海地区工程施工增加费、行车干扰工程费等。其他直接费定额是预算定额以外的直接费定额。由于其费用发生的特点不同，只能独立于预算定额之外，它也是编制施工图预算、设计概算、投资估算以及招标工程标底的依据。

4）现场经费定额

它是指与现场施工直接有关，而又未包括在直接费定额内的某些费用的定额，包括临时设施费和现场管理费两项。它是施工准备、组织施工生产和管理所需要的费用定额。

5）间接费定额

它是指为企业生产全部产品所必需，为维持企业的经营管理活动，所必需发生的各项费用开支的标准。间接费包括企业管理费和财务费两类费用。

6）工器具和生产家具费用定额

它是为新建或扩建项目投资运转首次配置的工、器具数量标准。工具和器具，是指按照有关规定不够固定资产标准的工具、器具和生产用家具，如工具台、工具箱、计量器、容器、仪器等。

7)工程建设其他费用定额

它是独立于建筑安装工程、设备和工器具购置之外的其他费用开支的标准。工程建设其他费用主要包括土地征购费、拆迁安置费、建设单位管理费等。这些费用的发生和整个项目的建设密切相关。其他费用定额是按各项独立费用分别制定的,以便合理控制这些费用的开支。

4. 按照专业性质分类

按照专业性质可以把工程建设定额分为全国通用定额、行业通用定额和专业通用定额三种。

全国通用定额是指在部门间和地区间都可以使用的定额;行业通用定额是指具有专业特点在行业部门内可以通用的定额;专业通用定额是指特殊专业的定额,只能在指定的范围内使用。

5. 按主编单位和管理权限分类

工程建设定额按照主编单位和管理权限可分为全国统一定额、行业统一定额、地区统一定额、企业统一定额和补充定额。

1)全国统一定额

它是由国家建设行政主管部门,综合全国工程建设中技术和施工组织管理的情况编制,并在全国范围内执行的定额,如全国统一安装工程定额。

2)行业统一定额

它是考虑到各行业部门专业工程技术特点,以及施工生产和管理水平编制的。一般只在本行业和相同专业性质的范围内使用的专业定额。如铁路建设工程定额、公路工程定额等。

3)地区统一定额

地区统一定额主要是考虑到地区性特点,和全国统一定额水平做适当调整补充编制的。由于各地区不同的气候条件、经济技术条件、物质资源条件和交通运输条件等,构成对定额项目、内容和水平的影响,是地区统一定额存在的客观依据。

4)企业定额

它是指由施工企业考虑本企业具体情况,参照国家、部门或地区定额的水平制订的定额。企业定额只在企业内部使用,是企业素质的一个标志。企业定额水平一般应高于国家现行定额,才能满足生产技术发展、企业管理和市场竞争的需要。

5)补充定额

它是指随着设计、施工技术的发展,现行定额不能满足需要的情况下,为了补充缺项所编制的定额。补充定额只能在指定的范围内使用。可以作为修订定额的基础。

第三节 建筑安装工程人工、材料、机械定额基础

1. 人工定额

人工定额,也称劳动定额。人工定额是在正常的施工技术组织条件下,完成单位合格产品所必需的人工消耗量标准。人工定额反映生产工人在正常施工条件下的劳动效率,表示每个工人在单位时间内为生产合格产品所必须消耗的劳动时间,或者在一定的劳动时间中所生产

的合格产品数量。人工定额分为时间定额和产量定额。

1)时间定额

时间定额,就是某种专业,某种技术等级工人班组或个人,在合理的生产组织和合理使用材料的条件下,完成单位合格产品所必需的工作时间,包括准备与结束时间、基本生产时间,辅助生产时间、不可避免的中断时间及工人必需的休息时间,工人工作时间分解如图 2-2 所示。时间定额以工日为单位,每一工日按 8h 计算。其计算方法如下:

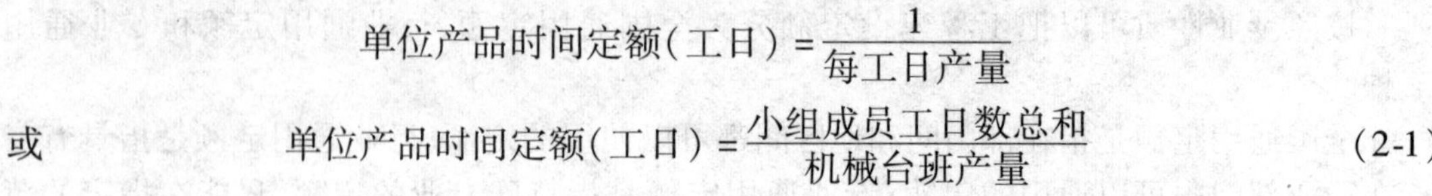

$$单位产品时间定额(工日)=\frac{1}{每工日产量}$$

或 $$单位产品时间定额(工日)=\frac{小组成员工日数总和}{机械台班产量} \tag{2-1}$$

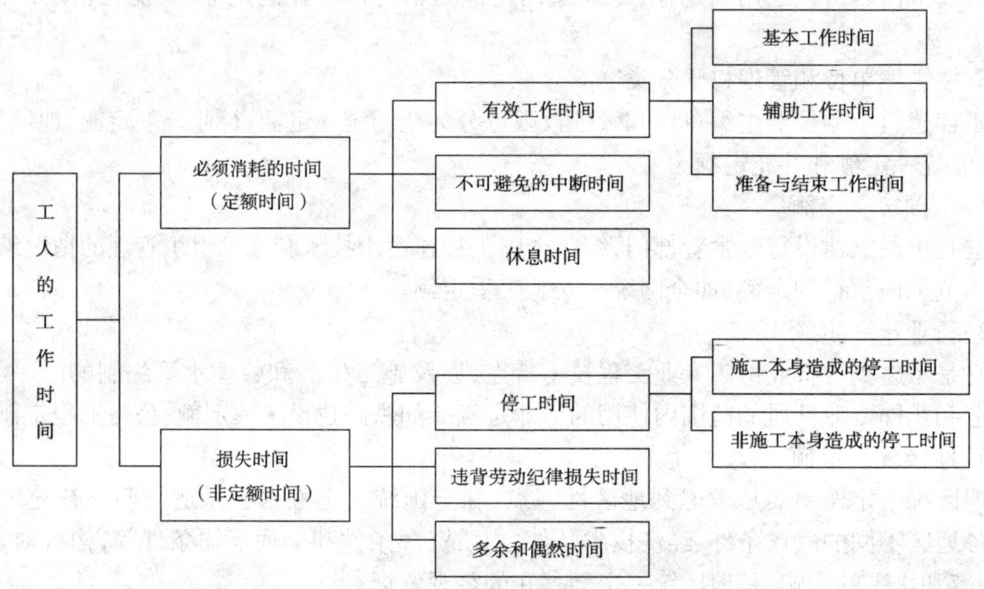

图 2-2　工人工作时间的分类

2)产量定额

产量定额,是在合理的生产组织和合理使用材料的条件下,某种专业,某种技术等级的工人班组或个人在单位工日中所应完成的合格产品的数量。其计算方法如下:

$$每工日产量=\frac{1}{单位产品时间定额(工日)} \tag{2-2}$$

产量定额的计量单位有:米(m)、平方米(m^2)、立方米(m^3)、吨(t)、块、根、件等。

3)时间定额与产量定额的关系

时间定额与产量定额互为倒数,即:

$$时间定额 \times 产量定额 = 1 \tag{2-3}$$

4)预算定额

$$人工幅度差=(基本用工+超运距用工)\times 人工幅度差系数 \tag{2-4}$$

人工工日消耗量的确定:基本用工,其他用工(包括超运距用工、辅助用工、人工幅度差)。

【例 2-1】 人工挖土方,土壤系潮湿的黏性土,按土壤分类属二类土(普通土),测时资料表明,挖1m^3需消耗基本工作时间60min,辅助工作时间占工作延续时间2%,准备与结束工作时间占工作延续时间2%,不可避免的中断时间占1%,休息时间占20%,可计算出各项时间定额之和为:

$$\frac{60\times100}{100-(2+2+1+20)}=\frac{6000}{75}=80(\text{min})$$

$$80\div60\div8=0.166\ \text{工日}/\text{m}^3$$

根据时间定额可以计算出产量定额:$1/0.166=6.02\text{m}^3\approx6\text{m}^3$/工日

2. 材料定额

1)材料消耗定额的概念

(1)定义

在我国建筑产品直接费中,材料费平均约占60%~70%。因此,材料的利用、运输、储存和管理在工程施工中占有极其重要的地位。材料消耗定额是指在合理使用材料的条件下,生产单位合格产品所必需消耗的一定品种、规格的原材料、燃料、半成品、配件和水、电等资源的数量标准。

(2)材料消耗定额的组成

完成单位合格建筑产品所必需的材料消耗量由两部分组成:单位合格产品生产中所必需的净用量和合理损耗量。

净用量是指用于合格产品上的实际数量,合理损耗量是指材料从现场仓库领出到完成产品的过程中的合理损耗数量。

用公式表示为:

$$\text{材料总耗用量}=\text{材料净用量}+\text{材料合理损耗量} \tag{2-5}$$

材料合理损耗量可用下式计算:

$$\text{材料合理损耗量}=\text{材料净用量}\times\text{材料合理损耗率}(\%) \tag{2-6}$$

综合上述两式则:

$$\text{材料总耗用量}=\text{材料净用量}\times(1+\text{材料合理损耗率}) \tag{2-7}$$

2)材料消耗定额的制定方法

(1)直接性材料消耗定额的编制

直接性消耗材料是指根据工程需要直接构成工程实体或在工程施工过程中一次性消耗的材料。

确定直接性材料消耗定额主要有以下几种方法:

①现场测定法

现场测定法是在施工现场,对在合理使用材料的情况下,完成某一产品的材料消耗进行实际测算的一种方法,这种方法又叫施工试验法。

现场测定法的关键是对象选择。观测对象应符合下列条件:工程项目是典型的,施工技术组织及产品质量均要符合技术规范的要求,材料的品种、型号、质量应符合设计要求。所有这些均是现场测定法的前提条件,并且应该以先进合理水平为原则。

在观测前,要充分做好准备工作,如选用标准的衡器、运输工具,采取减少材料损耗的措施等。

现场观测法主要适用于编制材料损耗定额，因为只有通过现场观察，才有可能测定出材料损耗的数量。另外也可提供编制材料净用量定额的参考数据。

②试验室试验法

试验室试验法是在试验室内进行观察和测定。这种方法主要用于研究材料强度与各种材料消耗的数量关系，以获得多种配合比。以此为基础计算出各种材料的消耗数量。例如，根据每立方米不同强度等级的混凝土、砂浆的配合比，从而计算出各种材料如水泥、碎石、砂、水等的消耗量。

试验室试验法主要是编制材料净用量定额。

③统计法

统计法是通过对现场进料、用料的大量统计资料进行分析计算，获得材料消耗的数据。这种方法由于不能分清材料消耗的性质，因而不能作为确定材料净用量定额和材料损耗定额的依据。

④理论计算法

理论计算法是根据施工图纸直接计算材料耗用量的方法。它只能算出单位产品的材料净用量。材料的损耗量仍要在现场通过试验测得。

【例 2-2】 计算按每 1m^3 标准砖砌体，一砖厚墙体材料净用量。

解：(1)计算标准砖净用量

$$标准砖净用量=\frac{1}{砖长(砖宽+灰缝)(砖厚+灰缝)}$$

标准砖尺寸为(长、宽、高)240mm、115mm、53mm。

砌体厚：半砖墙为0.115m，一砖墙为0.24m，一砖半墙为0.365m(标准砖长加宽，再加灰缝厚，即 $0.24+0.115+0.010=0.365\text{m}$)

灰缝厚：0.01m

故一砖墙的标准砖净用量为：

$$标准砖净用量=\frac{1}{0.24\times(0.115+0.01)\times(0.053+0.010)}=529(块)$$

(2)计算砂浆净用量

$$砂浆净用量=1-529\times0.24\times0.115\times0.053=0.227\text{m}^3$$

(2)周转性材料消耗定额的编制

周转材料，顾名思义，就是多次周而复始的重复进行使用的材料，如工程中的模板、脚手架等，它只在施工生产过程中参与工程的修建，而不构成工程的主要实体。由于公路工程的结构形式不一，情况各异，所以能充分周转使用的次数也不尽相同，这是在实际工作中比较难以确定的一个参数。因此，通常是以实际施工生产经验资料，结合工程的具体情况，在适当留有余地的基础上，分别测定各种材料的周转及摊销次数，一般通过施工实践测定。

综上所述，各种材料的周转及摊销定额可按下式进行计算：

$$Q=\frac{A(1+K)}{nV} \tag{2-8}$$

式中：Q——周转材料的单位定额用量(m^3 或 kg/m^3)；

A——周转材料的图纸总用量,如一套模板等的总用量(kg 或 m^3);

K——场内运输及操作损耗(%),可通过施工实践测定;

n——周转及摊销次数;

V——工程设计实体(m^3)。

编制周转材料的消耗定额,基本上是以设计图纸或施工图纸为依据的。首先计算出建筑工程的体积和各种周转材料的图纸一次使用量,然后按实测的周转及摊销次数进行计算。

【例 2-3】 根据选定的现浇基础梁模板设计图纸,基础梁每 $10m^3$ 接触面积 $77m^2$,每 $10m^2$ 接触面积需板材 $0.0752m^3$,损耗率为 5%,周转 8 次,计算每 $10m^3$ 基础梁模板的摊销量。

解:每 $10m^3$ 基础梁模板的摊销量 $=77\times0.0752\times(1+5\%)/8=0.760(m^3)$

3. 机械台班定额

机械台班定额也称机械台班使用定额或机械台班消耗定额,是指施工机械在正常施工条件下完成单位合格产品所必需的工作时间。它反映了合理地、均衡地组织劳动和使用机械时该机械在单位时间内的生产效率。

1)机械工作时间

(1)定额时间(必须消耗的时间)

机械定额时间包括有效工作、不可避免的无负荷工作和不可避免的中断三项时间消耗。机械台班时间分解如图 2-3 所示。

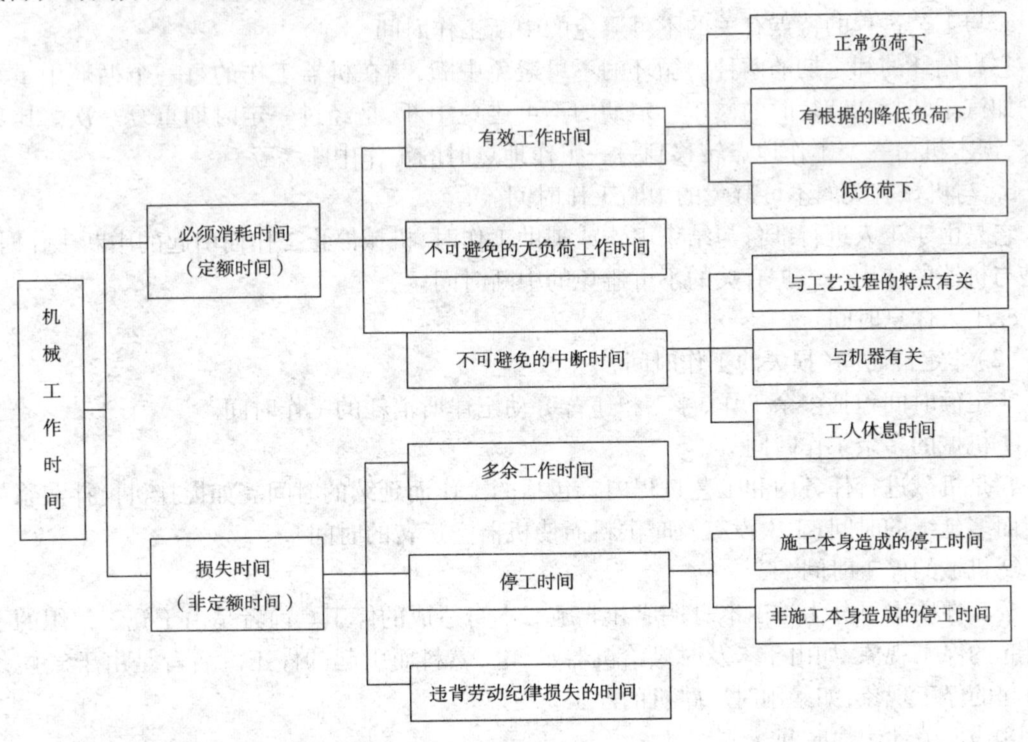

图 2-3 机械工作时间的分类

①有效工作时间

有效工作的时间消耗中包括正常负荷下、有根据的降低负荷下和低负荷下工作的工时消耗。

a. 正常负荷下的工作时间

它是机械与机械说明书规定的计算负荷相符的情况下进行的工作时间。

b. 有根据的降低负荷下的工作时间

它是在个别情况下由于技术上的原因，机械在低于其计算负荷下工作的时间。例如，汽车运输质量小而体积大的货物时，不能充分利用汽车的载货吨位；起重机吊装轻型结构时，不能充分利用其起重能力，因而不得不降低其计算负荷。

c. 低负荷下的工作时间

由于工人或技术人员的过错所造成的施工机械在降低负荷的情况下工作的时间。例如，工人装车的砂石数量不足，工人装入碎石机轧料口中的石块数量不够引起的汽车和碎石机在降低负荷的情况下的工作时间。

②不可避免的无负荷工作时间

它是由于施工过程的特点和机械结构的特点造成的机械无负荷工作时间。例如，载货汽车在工作班时间的单程“放空车”；筑路机械在工作区末端调头等，都属于此项工作时间的消耗。

③不可避免的中断工作时间

它是与工艺过程的特点、机械的使用和维护、工人休息有关，所以它又可以分为：

a. 与工艺过程的特点有关的不可避免的中断工作时间。

它有循环的和定期的两种。循环的不可避免中断，是在机器工作的每一个循环中重复一次。如汽车装货和卸货时的停车。定期的不可避免中断，是经过一定时期重复一次。比如把灰浆、锯木机由一个工作地点转移到另一工作地点时的工作中断。

b. 与机械有关的不可避免的中断工作时间。

它是由于工人进行准备与结束工作或辅助工作时，机械停止工作而引起的中断工作时间。它是与机器的使用与维护有关的不可避免的中断时间。

c. 工人休息时间。

(2)非定额时间(损失的工作时间)

非定额时间包括多余工作、停工和违背劳动纪律所消耗的工作时间。

①机械的多余工作时间

它是机械进行任务内和工艺过程内未包括的工作而延续的时间。如搅拌机搅拌灰浆超过规定而多延续的时间；工人没有及时供料而使机器空运转的时间。

②机械的停工时间

按其性质也可分为施工本身造成和非施工本身造成的停工。前者是由于施工组织的不好而引起的停工现象，如由于未及时供给机器水、电、燃料而引起的停工。后者是由于气候条件所引起的停工现象，如暴雨时压路机的停工。

③违反劳动纪律时间

由于违反劳动纪律或操作规程而引起的机械停工时间。

2)机械定额

机械定额是机械台班使用定额的简称。机械定额也有两种表现形式：时间定额和产量定

额。它是在正常施工条件下,使用施工机械生产单位合格产品所必需的机械工作时间(即时间定额),或在单位时间内,完成合格产品的数量(即产量定额)。其计算方法如下:

$$时间定额 = \frac{1}{每台班产量} \tag{2-9}$$

$$产量定额 = \frac{1}{单位产品时间定额} \tag{2-10}$$

施工机械消耗定额,是施工机械生产率的反映。高质量的施工机械定额,是合理组织机械化施工,有效利用施工机械,进一步提高机械生产率的必备条件。

编制施工机械定额,主要包括以下内容:

(1)拟定机械工作的正常条件

机械工作和人工操作相比,劳动生产率在更大程度上要受到施工条件的影响。所以编制施工定额时更应重视确定出机械工作的正常条件,主要是拟定工作地点的合理组织和合理的工人编制。

工作地点的合理组织,就是对施工地点机械和材料的放置位置、工人从事操作的场所,作出科学合理的平面布置和空间安排。它要求施工机械和操纵机械的工人在最小范围内移动,但又不阻碍机械运转和工人操作;应使机械的开关和操纵装置尽可能集中地装置在操纵工人的近旁,以节省工作时间和减轻劳动强度;应最大限度发挥机械的效能,减少工人的手工操作。

拟定合理的工人编制,就是根据施工机械的性能和设计能力,工人的专业分工和劳动工效,合理确定操纵机器的工人和直接参加机械化施工过程的工人的编制人数。确定操纵和维护机械的工人编制人数及配合机械施工的工人编制,如配合吊装机械工作的工人等。工人的编制往往要通过计时观察、理论计算和经验资料来合理确定。

拟定合理的工人编制,应要求保持机械的正常生产率和工人正常的劳动工效。

(2)确定机械 1h 纯工作正常生产率

确定机械正常生产率时,必须首先确定出机械纯工作 1h 的正常生产效率。

机械纯工作时间,就是指机械的必须消耗时间。包括在满载和有根据的降低负荷下的工作时间,不可避免的无负荷工作时间和必要的中断时间。机械 1h 纯工作正常生产率,就是在正常施工组织条件下,有具有必需的知识和技能的技术工人操纵机械 1h 的生产率。根据机械工作特点的不同,机械 1h 纯工作正常生产率的确定方法也有所不同。

①循环作业机械小时生产率的确定

对于按照同样次序,定期重复者固定的工作与非工作组成部分的循环机动机械,确定纯工作 1h 正常生产率的计算公式如下:

$$\begin{matrix}机械一次循环的\\正常延续时间\end{matrix} = \Sigma\left(\begin{matrix}循环各组成部分\\正常延续时间\end{matrix}\right) - 交叠时间 \tag{2-11}$$

$$\begin{matrix}机械纯工作\\1h\ 循环次数\end{matrix} = \frac{60 \times 60(s)}{一次循环的正常延续时间} \tag{2-12}$$

$$\begin{matrix}机械纯工作\\1h\ 正常生产率\end{matrix} = \begin{matrix}机械纯工作\ 1h\\正常循环次数\end{matrix} \times \begin{matrix}一次循环生产\\的产品数量\end{matrix} \tag{2-13}$$

②连续作业小时生产率的确定

$$\frac{\text{连续作业机械纯工作}}{\text{1h 生产率}} = \frac{60 \times 60(\mathrm{s})}{\text{完成单位产品的净工作时间}} \tag{2-14}$$

(3)确定施工机械的正常利用系数(K)

施工机械的正常利用系数,是指机械在工作班内对工作时间的利用率。即:

$$K = \frac{\text{机械的净工作时间}}{\text{机械的工作班延续时间}} \tag{2-15}$$

(4)施工机械定额的制定

在确定了机械 1h 纯工作生产率和机械正常利用系数后,即可确定施工机械的产量定额。

$$\text{施工机械台班产量定额} = \text{机械 1h 生产率} \times \text{工作班延续时间(8h)} \times \text{时间利用系数}(K) \tag{2-16}$$

根据施工机械台班产量定额,可以计算出施工机械时间定额。

$$\text{施工机械时间定额} = \frac{1}{\text{施工机械产量定额}} \tag{2-17}$$

【技能训练】

砌筑 1 砖砖墙工程,技术测定资料如下:

(1)完成 $1\mathrm{m}^3$ 砌体的基本工作时间为 16.6h(折算成 1 人工作):

辅助工作时间为工作班的 3%;准备与结束时间为工作班的 2%;不可避免的中断时间为工作班的 2%;休息时间为工作班的 18%;超距离运输每千块砖需耗时 2h;人工幅度差系数为 10%。

(2)砌墙采用 M5 水泥砂浆,其实体积折算虚体积系数为 1.07,砖和砂浆的损耗率分别为 3%和 8%,完成 $1\mathrm{m}^3$ 砌体需耗水 $0.8\mathrm{m}^3$,其他材料占上述材料的 2%。

(3)砂浆用 400L 搅拌机现场搅拌,其资料如下:运料 200s,装料 40s,搅拌 80s,卸料 30s,正常中断 10s,机械利用系数 0.8,幅度差系数为 15%。

(4)已知人工工日单价:26.5 元/工日;M5 水泥砂浆:135 元/ m^3;机砖:190 元/千块;水:0.8 元/ m^3;400L 砂浆搅拌机台班单价:126 元/台班。

在不考虑题目未给出的其他条件下,试确定:

1. 砌筑每立方米 1 砖墙的施工定额。
2. 10 m^3 的 1 砖墙预算定额及其预算单价。

思考练习题

1. 在建设工程的不同阶段,工程估价如何采用定额?
2. 直接性材料消耗定额如何编制?
3. 机械定额时间包括哪些内容?

第三章

公路工程估算的编制

知识目标

1. 描述投资估算指标的内容；
2. 描述投资估算指标的编制方法。

能力目标

1. 进行综合指标的运用；
2. 进行分项指标的运用。

•第一节　概　　述•

一、估算指标的概念

建设项目决策阶段的计价，指项目建议书、可行性研究报告等前期工作阶段对建设项目所需投资的估算，它是研究项目投资行为、项目投资决策和考核投资效益的重要依据。也是国家对固定资产投资实行宏观调控的重要依据，它为设计阶段提供控制设计的经济依据。可行性研究报告的投资估算一经批准即为建设项目投资的最高限额，不得任意突破，投资估算与初步设计概算、施工图预算一样，在固定资产形成的过程中起着投资预测、投资控制、投资效益分析及确定工程造价的作用。

公路工程估算指标根据基本建设前期工作的深度和要求，分为综合指标和分项指标两类。综合指标是编制建设项目项目建议书投资估算的依据，主要用于经济上研究建设项目的选择、研究某条公路或某座桥梁建设的合理性、研究全国公路网布局的合理性以及研究建设规模和编制长远发展规划等。分项指标是编制建设项目可行性研究报告投资估算的依据，也可作为技术方案比较的参考，主要用于在经济上确定近期建设方案和建设项目的成本，以便研究经济效益是否可行。

公路工程估算指标是根据交通部对公路建设项目建议书和可行性研究报告的工作深度要求，以现行的《公路工程技术标准》、技术规范、《公路工程概算定额》、各项费用定额以及已有的公路建设项目设计和竣工资料为依据编制的，反映了我国目前公路建设的实际情况。

因此，估算指标的编制和管理，是实行全过程造价管理的“龙头”，是固定资产投资管理工作中的一项重要的基础工作，随着固定资产投资体制改革的不断深化，公路基本建设投资渠道的多元化(既有政府投资、又有集资、引进外资以及BOT投资等多种方式),项目决策的科学性以及投资包干制,设计、施工招标承包制等各项技术经济责任制的建立和完善,其重要性越来越明显。

二、估算指标的作用

(1)在编制项目建议书和可行性研究报告阶段,它是多方案比选、优化设计方案、正确编制投资估算、合理确定项目投资的重要基础。

(2)在建设项目评价、决策过程中,它是评价建设项目投资可行性、分析投资效益的主要经济指标。

(3)在实施阶段,它是限额设计和工程造价控制的依据。

三、估算指标的编制和依据

1. 估算指标的编制原则

由于估算指标要与前期估算投资的要求相适应,要从项目决策直至竣工交付使用,从项目建设的全过程出发估算全部投资额,这就要求比其他各种计价定额具有更大的综合性、概括性。由于这些特点所决定,估算指标的编制工作除遵守一般的定额编制原则外,还必须坚持以下原则:

(1)估算指标的编制要与项目建议书、可行性研究报告等前期工作各阶段的编制深度和要求相适应,为分析、评价建设项目的经济合理性,制定长期计划,编制项目建议书和可行性研究报告提供科学依据。

(2)估算指标的编制内容,典型工程的选取,必须遵循党和国家的技术经济政策,符合国家的技术发展方向,对建设项目的建设规模、工艺水平、建筑标准等的确定,既要尽可能地采用代表科技发展方向的最新成果,提高生产能力和使用功能,又要从我国的实际国情出发,同时还应充分考虑指标编制时期公路设计、施工的实际能力,坚持技术上的先进、可行和经济上的低耗、合理,力争以较少的投入求得最大的效益。

(3)估算指标的编制要充分考虑到由于建设条件、实施时间、建设期限等的不同,导致指标的量差、价差、费用差等诸多"动态"因素对投资估算的影响,对众多动态因素给予必要的调整办法和调整参数,提高估算指标的覆盖面,使其适应性更强。

(4)由于估算指标所反映的是建设项目从决策阶段直至竣工阶段交付使用全过程所需的投资,因此其编制采用的原始资料也必须是全过程所发生和实际支付的数量,也就是说应以竣工资料为主,没有竣工资料的可用设计资料来代替。但"实际支付"的不一定都是必要的、合理的。因此就要求对这些"实际"资料和数据进行必要的定性、定量分析和整理,去伪存真,通过分析加工之后,用于指导以后的同等项目。

(5)投资估算指标的编制要求能合能分、有粗有细、细算粗编,既有能反映一个建设项目的全部投资及其构造(建筑工程费、安装工程费、设备工器具购置费和其他费用),又要有组成建设项目投资的各个单位工程的数量;既能综合使用,也能个别分解使用。便于由于设计方案、地理条件、建设实施期等变化而引起的工程量的必要调整、换算。

(6)估算指标的项目划分和表现形式应准确、简化、方便使用,少留缺口。

2. 估算指标的编制依据

(1)国家对基本建设的有关方针、政策。

(2)技术标准、规范:《公路工程技术标准》,公路设计、施工及验收技术规范等。

(3)《水运、公路建设项目可行性研究报告编制办法》。

(4)《公路工程概算定额》、《公路工程基本建设项目概算预算编制办法》,以及建设项目用地定额、建设项目工期定额等。概算定额缺少的项目按《公路工程预算定额》分析计算。

(5)编制年度的各类工资标准、材料预算价格及施工机械台班单价,应以北京地区标准为准。

(6)采用的图纸或资料。

(7)施工方案。

四、估算指标的编制

1. 指标项目划分的原则

1)综合指标的项目划分

综合指标是公路建设项目建议书阶段编制投资估算的依据,根据项目建议书阶段的工作深度,仅通过踏勘和调查研究,提出建设项目的规模、技术标准。考虑到该阶段对工程部分所附图表不作详细的工程量计算,因此,综合指标的项目一般按以下原则划分:

(1)按不同的公路工程技术等级分高速公路、一级公路、二级公路、三级公路、四级公路编制。

(2)分新建工程和改建工程编制。

(3)按不同的地形分平原微丘区和山岭重丘区编制。

(4)考虑到综合指标包括的工程项目较多,具体建设项目会有不同程度的差异,因此应编制对工程造价影响较大的主要工程项目调整指标,并将指标中综合的主要工程项目的工程量作为附录列出,以供设计深度能够提出主要工程项目的工程量时,抽换指标。

2)分项指标的项目划分

分项指标是公路建设可行性研究报告阶段编制投资估算的依据,可行性研究报告阶段是通过必要的测量(高等级公路必须做)、地质勘察(大桥、隧道和不良地质地段),在认真调查研究,占有必要资料的基础上,对不同建设方案从经济上、技术上进行综合论证,提出推荐建设方案,所附图表中对主要工程项目都有工程量估算表。根据以上可行性研究报告阶段的工作深度和确保投资估算能控制投资,因此,分项指标的项目一般按以下原则划分:

(1)按不同的单项工程(路线、隧道、桥梁等工程)、单位工程(路基、路面等工程)和分部工程(路基土方、路基石方、路面垫层、路面面层等工程)编制。

(2)按不同的结构形式(空心板、T形梁、连续梁、斜拉桥等)、不同的构成材料(普通钢筋混凝土圬工、预应力混凝土圬工、砌石圬工等)编制。

(3)按不同的地形分平原微丘区和山岭重丘区编制。

2. 子目划分的允许误差

根据工程项目和工程量的计算数据,以《公路工程概算定额》基价为准,分析求得不同因素的指标基价,其各子目的算术平均综合基价与子目基价比较,一般以正负误差15%为划分子目界限。但对工程量较大的工程项目(如土、石方等),其允许误差幅度应降低一些(如10%左右),具体要求在编制指标时,应根据不同的工程项目加以规定。

3. 指标编制的方法

估算指标的编制,就是利用已完工程或在建工程的概、预、决算资料,在概算项目划分的基础上,进行适当的综合和扩大,其关键环节就是指标中综合的工程项目的工程量含量的确定,因此,指标的编制方法也就是基础资料工程量含量分析取定的方法。一般有如下三种:

1)算术平均取值法

基本做法就是根据所占有的基础资料,在"指标子目划分平衡分析表"中对每个建设项目的资料进行必要的分析,其中误差较大的建设项目属于正常情况的,根据产生误差的界定条件划分子目;属于存在不合理内容的予以剔除,最后将属于同一指标子目的各建设项目的工程细目的工程量进行算术平均,求得指标子目的工程量组合。

2)加权平均取值法

基本方法与算术平均取值法相同,区别之处是将属于同一子目的各建设项目的工程细目的工程量进行加权平均,最后求得指标子目的工程量组合。

3)典型工程取值法

基本做法就是在"指标子目划分平衡分析表"中对每个建设项目的资料进行必要的分析后,在计算出指标子目的算术平均值或加权平均值的基础上,选用某一与算术平均值或加权平均值指标子目基价接近的建设项目的工程含量,或某几个建设项目工程含量的平均值,作为取定指标子目的工程量组合的依据。

4. 估算指标的计量单位

估算指标的计量单位同样按公制或自然计量单位确定。一般来讲,结构的三个度量都经常发生变化的项目,选用"m^3"作为计量单位比较适宜,如土、石方工程,砌石工程和混凝土工程等;如结构的三个度量中有两个度量经常发生变化的项目,选用"m^2"作为计量单位比较适宜,如路面工程等;当物体截面形状基本固定,或呈规律性变化的项目,采用"km"作为计量单位比较适宜,如安全设施,服务、管理设施等。

5. 工、料、机的综合范围

估算指标中所列的工、料、机品种不像概(预)算定额那么多,主要有人工、主要材料、其他材料费、机械使用费等。

(1)主要材料指在建设项目中用量较大、单价较高,对整个建设项目的工程造价影响较大的材料,如木材、钢材、水泥、沥青、生石灰及地方材料(砂、石料)等。在建设项目中用量较少、单价较低,对整个建设项目的工程造价影响不大的材料,均归入其他材料费中,在指标中不列其消耗量,以其费用"元"的形式表现。

(2)人工消耗量与概(预)算定额相同,列直接生产工人的人工消耗。

(3)施工机械在指标中也不列具体的消耗量,而是以机械使用费"元"的形式表现。

为了适应市场变化对工程造价的影响,对指标中以费用"元"的形式出现的消耗量,规定了合理的调整方法,如年上涨率,以使其从静态转变为动态。

估算指标中工、料、机小数位的确定主要取决于指标计量单位和精确度的要求,以及材料的贵重程度。精确度要求高,材料贵重多取两位小数,如木材、钢材等;一般材料,多取一位小数，如砂、石材料等；人工和以“元”形式表现的多取整数。

五、估算指标的表现形式

1. 估算指标的内容

估算指标仅包括主要工程项目的建筑安装工程费中的人工费、材料费和机械使用费，至于其他工程和各项费用指标均不包括，其他工程的费用以主要工程费基数按规定的费率计算，不列工、料、机消耗量。各项费用项目分别按《公路基本建设工程投资估算编制办法》中的规定计算。

根据指标的适用阶段及设计深度的不同，综合指标包括建设项目的路基，路面，桥涵，交叉，安全设施，服务、管理设施等主要工程，但不包括全长1000m以上（含1000m）特大桥工程，其综合程度比分项指标要高。分项指标则分别按路基、路面、涵洞、小桥、大（中）桥、交叉工程及沿线设施等主要工程项目编制。

2. 估算指标的表现形式

估算指标与概算定额、预算定额一样，是以活劳动、物化劳动的消耗量为基础表现的，即是以人工、主要材料、其他材料费、机械使用费、基价等实物指标为表现形式。实物指标用来计算具体建设项目造价和提供人工、主要材料数量。在建设条件，工程性质、规模，工程范围，工作内容大体相近的情况下，量是稳定的，而价是可调的；在上述条件不同的情况下，主要工程量和主要材料数量也是可调的。所以在一定意义上讲，估算指标也是一种扩大的定额。

• 第二节　综合指标和分项指标的运用 •

一、综合指标的运用

1. 综合估算指标的直接套用

【例3-1】　按估算指标求在河北省境内平原微丘区修筑高速公路时，每1km所需的工、料、机械及其他各项指标。

解：由《公路工程估算指标》表1—I—3可知，每1km高速公路需要：

人工81 475工日；原木24.59 m^3；锯材70.18 m^3；I级钢筋：64.42t；II级钢筋：129.77t；钢绞线：15.97t；钢材：98.93t；波形钢板及型钢立柱：43.75t；加工钢材：15.34t；钢板标志：1.3t；铝合金标志：0.86t；钢板网及铁丝编织网：989.7m^2；水泥：2 517.76t；石油沥青：661.82t；生石灰：1 849.51t；砂、砂砾：12 828.3 m^3；片石：5 829.7 m^3；砂（砾）石：1 5151.4 m^3；块石：1 273.1 m^3；其他材料费：733 711元；设备摊销费：16 753元；机械使用费：3 896 717元；指标基价：10 243 028元。

若实际所修筑的高速公路为若干公里，则只需在上述各项指标基础上进行乘积即可，即：

$$M_i = m_i x_i \tag{3-1}$$

式中：M_i——各项指标的总数量；

m_i——各项单位数量定额指标；

x_i——实际公路公里数。

2. 关于调整指标的使用

根据《公路工程估算指标》综合指标说明中的解释(或本节中关于路线工程项目主要工程计算的规定),在编制项目建议书的投资估算时,若已知建设项目所含各类工程的工程量时,则应与本指标中附录五所列的工程量进行比较,如含量有较大出入时,可按调整指标或分项指标的相应项目增减。

【例 3-2】 仍以上题为例,若在该地区修筑 1km 高速公路时,其路基土方量为 105 000m^3/km,求每 1km 所需工、料、机及其他各项指标。

解:《公路工程估算指标》附录五规定的指标标准为 100000m^3/km,那么按规定需进行相应项目的调整。由"高速公路调整指标"1-IV 可知,在平原微丘区的路基土方每增减 1000m^3 时,则需增人工 61 工日、碎砾石 0.4m^3、其他材料费 3 元、机械使用费 21755 元,指标基价 22747 元。

本例每公里实际增加的土方量是:$105000-100000=5000m^3$

则需增加的相应指标为:

人工,$5\times61=305$(工日)

机械使用费,$5\times21755=108775$(元)

碎(砾)石,$5\times0.4=2.0(m^3)$

其他材料费,$5\times3=15$(元)

指标基价,$5\times22747=113735$(元)

二、分项指标及应用

1. 路基工程

1)土方量的计算规则

路基土方的指标单位为 1000m^3,工程量按设计断面计价方数量计算,亦即:

$$\text{计价方数量}=\text{填方数量}+\text{挖方数量}-\text{利用方数量} \tag{3-2}$$

如果在使用本指标时,设计仅提供断面方数量时,则请注意:

(1)对于平原微丘区的项目以断面方乘以 0.85 的系数折成计价方;

(2)对于山岭重丘区的项目以断面方乘以 0.75 的系数折成计价方;

(3)如断面方绝大部分是借土填方时,则不乘折减系数;

(4)使用本指标对于机械施工不分机械种类,当平均运距超过指标规定的运距时,这部分可按远运指标计算;

(5)本指标已综合了耕地填前压实、清除表土和压实、软土地段填土下沉及路基边缘加宽所需增加的土方量和洒水用量;

(6)远运指标运距的计算:不足第一个指标运距单位的均按第一个指标运距单位计算,超过第一个指标运距单位的,其运距尾数不足一个指标单位的,均按一个指标单位计算。

【例 3-3】 修筑某平原、微丘区二级公路路基,经设计所提供的断面方数量为 50000m^3,机械施工运距 3000m,求其各项目的估算指标。

解:查《公路工程估算指标》路基工程 1-1 路基土方表,根据前述的计算规则,对本指标的各项数据,既要考虑断面方的折减系数 0.85,又要考虑按远运距进行计算,不足 0.5 km 按

0.5 km计。

(1)路基的土方量为:$M = 50000 \times 0.85 = 42500(m^3)$

(2)各项指标

人工:$42.5 \times (70 + 9) = 3358$(工日)

机械使用费:$42.5 \times (11097 + 3043 + 4 \times 786) = 734570$(元)

碎(砾)石:$42.5 \times 0.6 = 25.5(m^3)$

其他材料费:$42.5 \times 5 = 212.5$(元)

指标基价:$42.5 \times (12241 + 3187 + 4 \times 786) = 789310$(元)

2)路基石方

路基石方的指标单位为1000m^3,工程量按开挖天然密实断面方计算。

2.路面工程

(1)沥青路面:沥青路面及水泥混凝土路面指标单位为100m^3,工程量按路面实体计算。

(2)垫层(基层):基层、垫层及其他路面指标单位为1000m^2,工程量按面积计算。

(3)拦水带:拦水带、沥青路面镶边及路缘石指标单位为1000m,工程量按需要设置的长度(指单边长度)计算。

(4)路面面层:稳定土基层、级配碎(砾)石基层的压实厚度在15cm以内,填隙碎石基层的压实厚度在12cm以内,垫层和其他种类基层的压实厚度在20cm以内,机械使用费按指标数量计算,如实际压实厚度超过上述压实厚度需进行分层拌和、碾压时,机械使用费按指标附录四的规定增列。挖路槽、培路肩已综合在有关指标项目中。

【例3-4】 某路面的石灰稳定土基层25cm,并进行分层拌和碾压,求其工程量$M = 2000m^2$时的估算指标。

解:查分项指标2-2表,并注意上述第(4)点计算规则,则:

人工,$2 \times (81 + 10 \times 5 + 3.2) = 268.4$(工日)

生石灰,$2 \times (31.15 + 10 \times 2.08) = 103.9$(t)

其他材料费,$2 \times (1\,003 + 10 \times 67) = 3346$(元)

机械使用费,$2 \times (2412 + 10.81 + 826) = 8096$(元)

指标基价,$2 \times (6893 + 10 \times 374 + 877) = 23020$(元)

3.涵洞工程

1)指标单位

涵洞工程的指标单位为1道。工程量不分涵洞类型,按总道数计算。

2)计算规则

(1)跨径小于0.5m的灌溉涵已综合在指标中,不得将这些灌溉涵的道数作为工程量参加计算。

(2)指标是按一定的路基宽度编制的,如设计路基宽度与指标取定值不同时,可按如下系数调整指标:

路基设计宽度大于取定值时

$$k = 1 + (r - 1) \times n \tag{3-3}$$

路基设计宽度小于限定值时

$$k = \frac{1}{1 + (r-1) \times n} \tag{3-4}$$

式中：k——指标调整系数；

r——路基宽度每增减 1m 调整系数（表 3-1）；

n——路基宽度增减幅度（m）。

路基宽度每增减 1m 调整系数　　表 3-1

公路等级	高速公路	一级公路	二级公路	三级公路	四级公路
调整系数 r	1.020	1.025	1.040	1.050	1.055

3）路基宽度的取定值见指标总说明第七条。

【例 3-5】 拟在山西省境内修筑一条一级公路，路线处于山岭重丘区，沿线有 5 道涵洞处的路基宽度为 19.5m，试按分项指标求算其工、料、机及主要估算指标。

解：（1）根据题意，并对照计算规则，可知其路基宽度与指标规定的数值不同，需进行调整（山岭重丘区一级公路其路基宽度规定值为 21.5m）。

（2）由于路基设计宽度小于取定值，则其调整系数为：

$$k = \frac{1}{1 + (r-1) \times n} = \frac{1}{1 + (1.025 - 1) \times 2} = 0.95$$

（3）求算其工、料、机指标（查分项估算指标 4—2—II—8），得：

人工，$0.95 \times 1183 \times 5 = 5619.25$（工日）

原木，$0.95 \times 1.94 \times 5 = 9.22$（$m^3$）

锯材，$0.95 \times 1.23 \times 5 = 5.84$（$m^3$）

I 级钢筋，$0.95 \times 0.2 \times 5 = 0.95$（t）

II 级钢筋，$0.95 \times 0.49 \times 5 = 2.33$（t）

钢材，$0.95 \times 0.1 \times 5 = 0.48$（t）

加工钢材，$0.95 \times 0.13 \times 5 = 0.62$（t）

水泥，$0.95 \times 36.89 \times 5 = 175.23$（t）

生石灰，$0.95 \times 1.7 \times 5 = 8.08$（t）

砂、砂砾，$0.95 \times 111.3 \times 5 = 528.68$（$m^3$）

片石，$0.95 \times 122.7 \times 5 = 582.83$（$m^3$）

碎（砾）石，$0.95 \times 60 \times 5 = 285$（$m^3$）

块石，$0.95 \times 91.4 \times 5 = 434.15$（$m^3$）

其他材料费，$0.95 \times 1945 \times 5 = 9238.75$（元）

机械使用费，$0.95 \times 3311 \times 5 = 15727.25$（元）

指标基价，$0.95 \times 55463 \times 5 = 263449.25$（元）

4. 交叉工程

1）指标内容

交叉工程指标分互通式立体交叉、分离式立体交叉、平面交叉、通道、人行天桥及渡槽等五个项目。

2)各项目的指标单位及计量规则

(1)互通式立体交叉按跨线桥、匝道、被交道分别编制。

①跨线桥:指标单位为 $100m^2$ 桥面,工程量按桥面面积计算。桥面面积和计算规定同大(中)桥。

本指标包括基础、下部、上部、桥台锥坡等全部工程。本指标适用于匝道桥。

②匝道:指标单位为1km,工程量按设计长度计算。

指标包括除匝道桥以外的路基、路面、构造物以及其他附属设施等全部工程,是按匝道路基宽度7m编制的,如设计匝道宽度与指标取定值不同时,可按如下系数调整指标:

$$k=\frac{(W_1-W_0)\times 0.8}{W_0} \tag{3-5}$$

式中:k——指标调整系数;

W_1——设计匝道路基宽度(m);

W_0——指标取定匝道路基宽度(m)。

③被交道:指标单位为1km,工程量按设计整修长度计算。

指标包括路基、路面、构造物以及其他附属设施等全部工程。

指标中路况差指被交道路面需全部重新修建或大部分路面需补强;路况好指被交道路面基本完好,只需进行小面积的处理。

指标仅指被交道的整修工程,如被交道属改线或为规划路、等级提高(改建)等情况,应根据设计数量套用相应的分项指标计算或按照相应等级的综合指标进行估算,单列工程项目。

(2)分离式立体交叉按跨线桥、被交道分别编制。

①跨线桥:指标单位为 $100m^2$ 桥面,工程量按桥面面积计算。桥面面积的计算规定同大(中)桥。其中:顶进箱涵的工程量为公路路基宽度与箱涵长度的乘积,指标包括基础、下部、上部、桥台锥坡等全部工程。

②被交道:指标单位为1km,工程量按设计整修长度计算。指标包括路基、路面构造物以及其他附属设施等全部工程。

指标仅指被交道的整修工程,如被交道属改线或为规划路、等级提高(改建)等情况,应根据设计数量套用相应的分项指标计算或按照相应等级的综合指标进行估算,单列工程项目。

(3)平面交叉:指标单位为1处,工程量按需要设置的交叉处数计算。

指标包括路基、路面、构造物以及其他附属设施等全部工程。

(4)通道:指标单位为1道,分涵洞式通道和小桥式通道编列,工程量不分涵洞或小桥的结构类型,按需要设置的总道数计算。

指标包括通道本身、通道内路面、被交道等全部工程。其仅适用于跨径为8m以内的通道工程,跨径超过8m的通道工程按分离式立体交叉指标计算。

指标是按一定的路基宽度编制的,如设计路基宽度与指标取定值不同时,涵洞式通道可按涵洞工程的调整方法调整本指标,小桥式通道可按路基宽度比例调整本指标。

(5)人行天桥及渡槽:指标单位为1座,工程量不分结构类型按需要设置的总数量计算。指标包括基础、下部、上部及其他附属设施等全部工程。

【例3-6】 拟在某平原、微丘区高速公路上设计互通式立体交叉工程一处，其跨线桥长100m，桥面宽18m，采用连续梁结构；其匝道共2km，路基宽9m；设计线从原有道路上方跨过，被交道路为三级，路况较差，路线长1.5km，试分别求出跨线桥、匝道、被交道的估算指标。

解：(1)求跨线桥的估算指标

①工程量：$100 \times 18 = 1800m^2$ 连续梁

②各项指标(查估算指标)：

人工，$1435 \times 18 = 25830$(工日)

原木，$0.14 \times 18 = 2.52(m^3)$

Ⅱ级钢筋，$14.85 \times 18 = 267.3$(t)

水泥，$69.71 \times 18 = 1254.78$(t)

砂、砂砾，$109.3 \times 18 = 1967.4(m^3)$

碎(砾)石，$126.3 \times 18 = 2273.4(m^3)$

其他材料费，$5859 \times 18 = 105462$(元)

设备摊销费，$158 \times 18 = 2844$(元)

机械使用费，$24029 \times 18 = 432522$(元)

指标基价，$140427 \times 18 = 2527686$(元)

(2)求匝道的估算指标

①根据题意，其路基宽度为9m，工程数量2km，与计算要求有别，需进行调整，其调整系数为：

$$k = \frac{(W_1 - W_0) \times 0.8}{W_0} = \frac{(9-7) \times 0.8}{7} = 1.23$$

②各项指标(查分项估算指标7—1—3)如下：

人工，$1.23 \times 10083 \times 2 = 24804.18$(工日)

原木，$1.23 \times 4.62 \times 2 = 11.37(m^3)$

Ⅱ级钢筋，$1.23 \times 1.6 \times 2 = 3.94$(t)

加工钢材，$1.23 \times 0.82 \times 2 = 2.02$(t)

石油沥青，$1.23 \times 143.26 \times 2 = 352.42$(t)

生石灰，$1.23 \times 350.48 \times 2 = 862.18$(t)

其他材料费，$1.23 \times 47561 \times 2 = 117000.06$(元)

设备摊销费，$1.23 \times 55 \times 2 = 135.3$(元)

机械使用费，$1.23 \times 709478 \times 2 = 1745315.88$(元)

指标基价，$1.23 \times 1431298 \times 2 = 3520993.08$(元)

(3)求被交道的估算指标

①工程数量：1.5km

②各项指标(查估算指标7—1—7)如下：

人工，$4984 \times 1.5 = 7476$(工日)

锯材，$0.50 \times 1.5 = 0.75(m^3)$

Ⅱ级钢筋,$0.13 \times 1.5 = 0.195$(t)

块石,$62.4 \times 1.5 = 93.6$(m^3)

片石,$537.9 \times 1.5 = 806.85$($m^3$)

生石灰,$274.08 \times 1.5 = 411.12$(t)

其他材料费,$17871 \times 1.5 = 26806.5$(元)

设备摊销费,$334 \times 1.5 = 501$(元)

机械使用费,$145909 \times 1.5 = 218\,863.5$(元)

指标基价,$403148 \times 1.5 = 604722$(元)

● 第三节　投资估算的编制 ●

一、项目建议书投资估算的编制

1. 项目建议书投资估算的文件组成

交通部颁布的《公路基本建设工程投资估算编制办法》对编制项目建议书投资估算设置了六种表格。

项目建议书总估算汇总表(01 表);

项目建议书总估算表(02 表);

项目建议书人工、主要材料数量汇总表(03 表);

项目建议书设备、工具、器具购置费与工程建设其他费用计算表(04 表);

项目建议书工程估算表(05 表);

项目建议书人工及主要材料价格计算表(06 表)。

2. 项目建议书投资估算的费用组成(表 3-1)

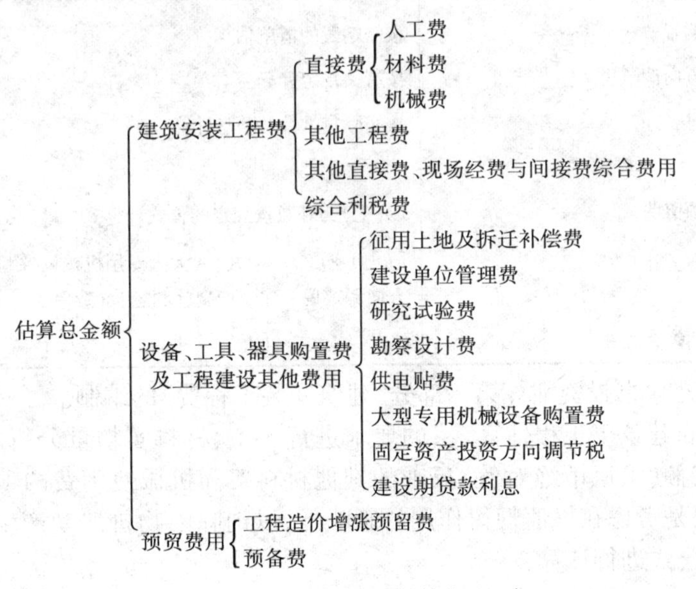

图 3-1　项目建议书投资估算费用组成

3. 项目建议书投资估算的计算程序及计算方式(表3-2)

项目建议书投资估算的计算程序及计算方式　　表3-2

代号	项　目	说明及计算式
一	指标直接费	估算指标基价
二	直接费	编制年工程所在地的人工费、材料费、机械使用费之和
三	其他工程费	(二)×《公路工程投资估算指标》规定的其他工程费费率
四	其他直接费、现场经费与间接费综合费用	[(一)+(三)]×综合费率
五	综合利税费	[(二)+(三)+(四)]×综合利税率
六	指标建筑安装工程费	(一)+(三)+(四)+(五)
七	建筑安装工程费	(二)+(三)+(四)+(五)
八	设备、工具、器具购置费	按《公路基本建设工程投资估算编制办法》附录或有关规定计算
九	工程建设其他费用	
	土地征用费	按有关规定计算
	拆迁补偿费	按有关规定计算
	建设单位管理费	(六)×费率
	工程质量监督费	(六)×费率
	工程监理费	(六)×费率
	定额编制管理费	(六)×费率
	设计文件审查费	(六)×费率
	研究试验费	按《公路基本建设工程投资估算编制办法》附录或有关规定计算
	勘察设计费	按《公路基本建设工程投资估算编制办法》附录或有关规定计算
	供电贴费	按《公路基本建设工程投资估算编制办法》附录或有关规定计算
	大型专用设备购置费	按需购置的清单估算
	固定资产投资方向调节税	按有关规定计算
	建设期贷款利息	按实际贷款数及利息计算
十	预留费用	
	工程造价增涨预留费	以(七)为基数按规定的公式计算
	预备费	[(七)+(八)+(九)-大型专用机械设备购置费-固定资产投资方向调节税-建设期贷款利息]×费率
十一	建设项目投资估算总金额	(七)+(八)+(九)+(十)

(1)关于项目建议书投资估算第一部分“建筑安装工程费”的编制。

①在按照“项目建议书工程估算表”的要求进行人工、材料实物量分析之前,要求对选用的估算指标中以费额(人民币绝对值)反映的其他材料费和机械使用费两项的消耗量进行调整。这种调整主要是考虑在价值规律作用的影响下,以消除因物价波动产生的影响而作必要的增加,可按下列公式进行计算:

$$A = B \times (1 + C)^n \qquad (3\text{-}6)$$

式中:A——投资估算编制年指标的消耗量(元);

B——各项估算指标中相应的额定消耗量(青海、新疆、西藏的机械使用费为乘以 1.15 系数后的数值)(元);

C——年物价上涨率(%),一般可按 3% ~5% 估列,亦可通过必要的测算合理取定;

n——计算年数(年),即投资估算编制年份减去估算指标编制年份的年数。

②取定人工费单价和材料预算价格,通过"项目建议书人工及主要材料价格计算表"计算。但应予注意的是,其中水泥是不分等级的,砂和砂砾、碎石与砾石是各种规格品种的综合价格。

③根据踏勘调查,在拟订方案设想的基础上,对提出的主要工程数量资料进行分析比较后,以确定是否应调整综合指标中的路基土方、路基石方、排水与防护、路面、大(中)桥、互通式或分离式立体交叉工程的含量。同时,考虑到路面的厚度对投资估算也会产生一定的影响,故将综合指标中路面的结构形式、厚度以及总厚度的取定值,分别编列在《公路工程投资估算指标》中,并规定可以进行调整。在进行上述主要工程数量差异的分析研究时,还应注意路面的厚度和结构形式是否也需要进行调整。

此外,综合估算指标是以新建工程为对象制订的,当为改建工程时,其指标应乘以 0.8 的系数;也可以将新建、改建工程合并计算,这时则可按下列调整系数调整使用指标:

$$k = \frac{L_1 + L_2 \times 0.8}{L} \tag{3-7}$$

式中:L_1——拟建项目中的新建长度(km);

L_2——拟建项目中的改建长度(km);

L——拟建项目的总长度(km)。

公路工程综合估算指标,是按一般标准路基宽度编制的,若拟建项目的路基宽度与选用指标所采用的宽度不同时,还应进行调整。不过这类调整最好采用增减主要工程含量的方法进行,这样处理较为简单易行。

当经过分析比较,确定综合指标中的主要工程数量需要进行调整时,一般应采用将其增减的主要工程数量分别套用调整指标,逐项计算工、料、机等各种费用,求出其代数和,然后进行汇总。这是一种比较合理简便的计算方法,即不对综合指标本身进行调整换算。

④按"项目建议书工程估算表"的要求填入工程量并套用指标,计算出人工、材料数量和机械使用费,以及指标直接费,然后以人工费单价、材料预算价格,分别算出人工和材料的费用。最后按照《公路工程投资估算指标》中规定的"综合指标分项指标其他工程指标表"的百分比和《公路基本建设工程投资估算编制办法》中规定的"综合费率"以及综合利税率,通过层层计算汇总后建筑安装工程费的编制最终完成。

⑤当项目建议书阶段的工作深度已达到工程可行性研究报告阶段的深度时,可提出各项主要的工程量,采用分项指标编制项目建议书的投资估算中的建筑安装工程费。

(2)关于项目建议书投资估算第二部分"设备、工具、器具购置费"的编制。这部分费用有如下两种计算方法,一般情况下最好采用第二种计算方法。

①按《公路基本建设工程投资估算编制办法》规定费率计算。

②按照与建设项目的主管部门或建设单位商定的设备购置计划清单与市场价格计算,将更加合理可靠。

(3)关于项目建议书投资估算第三部分"工程建设其他费用"的编制。《公路基本建设工程投资估算编制办法》对这部分费用,结合不同的内容,分别规定为数量(如征用土地)、费率等不同的表现形式,并要求通过"项目建议书设备、工具、器具购置费与工程建设其他费用计算表",逐项进行计算确定。

(4)在第一、二、三部分费用计算完成之后,应按项目建议书路线或独立大桥项目表序列的规定内容与要求,逐项将计算成果节录转入"项目建议书总估算表"的相应栏内,并进行汇总。同时,据以计算出预留费用。然后分别计算技术经济指标和各项费用比重。

预留费用包括工程造价增涨预留费和预备费两项,其计算方法如下:预备费以第一、二、三部分费用之和(扣除固定资产投资方向调节税、建设期贷款利息)的11%计算。工程造价增涨预留费按《公路工程基本建设项目概算预算编制办法》的规定计算。

(5)分段编制投资估算的,还应编制"项目建议书总估算汇总表",经汇总后,应再次计算出技术经济指标和各项费用比重。

(6)统计汇总建设项目所需的人工和主要材料的需要量,编制"项目建议书人工、主要材料数量汇总表"。

其他工程,即清除场地,拆除旧建筑物、构筑物,绿化工程,公路交工前养护费,临时轨道铺设,便桥,便道,临时电力线路,临时电信线路,临时码头,改河土方,其他零星工程等的费用,是以主要工程费用为基数按规定百分比计算的,所以这部分工程所需的人工和主要材料数量,以及冬雨季、夜间施工增加的人工和临时设施用工,可参照以往的工程造价历史资料予以增列。另外,凡规定可计列场外运输操作损耗的材料,其损耗亦应予以增列。

(7)编写编制说明,经过复核与审核程序,即可装订、上报。

二、工程可行性研究投资估算的编制

1. 可行性研究报告投资估算的文件组成

(1)可行性研究报告投资总估算汇总表(01 表);

(2)可行性研究报告投资总估算表(02 表);

(3)可行性研究报告人工、主要材料数量汇总表(03 表);

(4)可行性研究报告设备、工具、器具购置费计算表(04 表);

(5)可行性研究报告工程建设其他费用计算表(05 表);

(6)可行性研究报告分项工程估算表(06 表);

(7)可行性研究报告其他直接费现场经费及间接费综合费率计算表(07 表);

(8)可行性研究报告主要材料预算价格计算表(08 表)。

2. 可行性研究报告投资估算的费用组成(图 3-2)

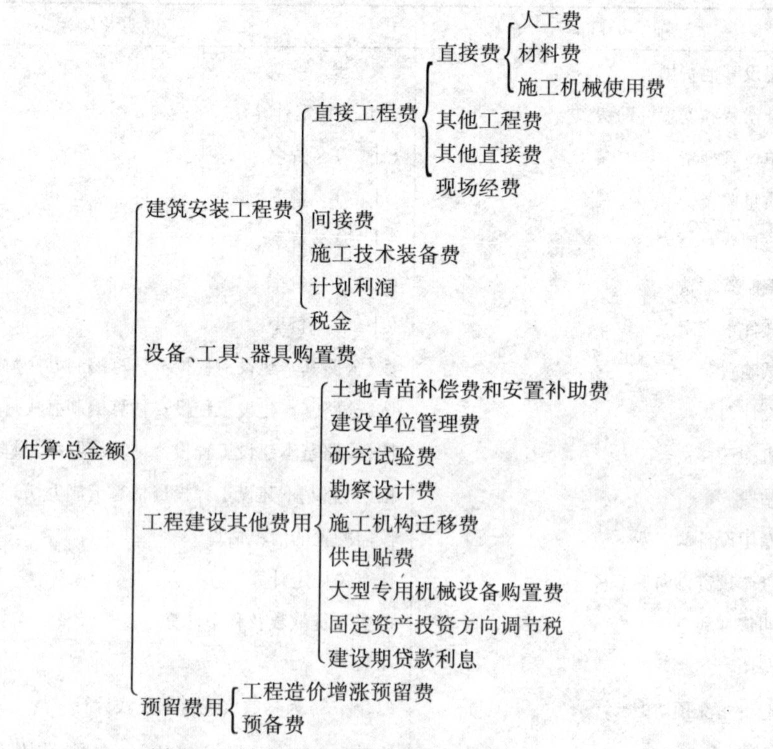

图 3-2 可行性研究投资估算他费用组成

3. 可行性研究报告估算的计算程序及计算方式(表 3-3)

可行性研究报告估算的计算程序及计算方式 表 3-3

代号	项目	说明及计算式
一	指标直接费	估算指标基价
二	直接费	编制年工程所在地的人工费、材料费、机械使用费之和
三	其他工程费	(二)×规定的其他工程费费率
四	其他直接费	[(一)+(三)]×其他直接费综合费率
五	现场经费	[(一)+(三)]×现场经费综合费率
六	指标直接工程费	(一)+(三)+(四)+(五)
七	直接工程费	(二)+(三)+(四)+(五)
八	间接费	(六)×间接费综合费率
九	施工技术装备费	[(六)+(八)]×施工技术装备费费率
十	计划利润	[(六)+(八)]×计划利润率
十一	税金	[(七)+(八)+(十)]×税率
十二	指标建筑安装工程费	(六)+(八)+(九)+(十)+(十一)
十三	建筑安装工程费	(七)+(八)+(九)+(十)+(十一)
十四	设备、工具、器具购置费 办公和生活用家具购置费	Σ(设备、工具、器具购置数量×单价+运杂费) 按《公路基本建设工程投资估算编制办法》附录或有关规定计算

续上表

代号	项　　目	说明及计算式
十五	工程建设其他费用	
	土地补偿费和安置补助费	按有关规定计算
	建设单位管理费	(十二)×费率
	工程质量监督费	(十二)×费率
	工程监理费	(十二)×费率
	定额编制管理费	(十二)×费率
	设计文件审查费	(十二)×费率
	研究试验费	按《公路基本建设工程投资估算编制办法》附录或有关规定计算
	勘察设计费	按《公路基本建设工程投资估算编制办法》附录或有关规定计算
	施工机构迁移费	按《公路基本建设工程投资估算编制办法》附录或有关规定计算
	供电贴费	按《公路基本建设工程投资估算编制办法》附录或有关规定计算
	大型专用设备购置费	按需购置的清单估算
	固定资产投资方向调节税	按有关规定计算
	建设期贷款利息	按实际贷款数及利率计算
十六	预留费用	
	工程造价增涨预留费	以(十三)为基数按规定的公式计算
	预备费	[(十三)+(十四)+(十五)-大型专用机械设备购置费-固定资产投资方向调节税-建设期贷款利息]×费率
十七	建设项目投资估算总金额	(十三)+(十四)+(十五)+(十六)

(1)编制可行性研究报告投资估算中的第一部分建筑安装工程费。

①根据摘取的工程量和选用的各种分项估算指标,按指标规定的调整计算公式,调整选定的各种分项指标中的其他材料费、机械使用费消耗量;年度物价上涨率应根据市场行情取定,一般可按5%估列。

②《公路工程投资估算指标》中的分项指标,其中以1km或1道计量单位的项目是按路基的一般标准宽度取定的,要受到路基宽度的影响。当路基的设计宽度与指标规定不同时,可以按《公路工程投资估算指标》中的规定进行调整。

③交叉工程中的匝道指标,是按匝道宽7m以km为计量单位取定的。匝道的设计宽度与指标规定不同时,亦应按《公路工程投资估算指标》中的规定进行调整。

④根据路面施工技术规范的规定,当路面面层、稳定土基层、级配碎(砾)石基层的压实厚度超过15cm,填隙碎石基层压实厚度超过12cm,垫层及其他种类基层的压实厚度超过20cm时,要分层进行铺筑。

⑤取定人工费单价。

⑥根据外业调查资料取定材料供应价格和计算平均运距,以及运价和运输方式,通过"可行性研究报告材料预算价格计算表"计算出各种材料的预算价格。自采加工材料价格可按《公路工程预算定额》及《公路工程基本建设项目概算预算编制办法》的有关规定分析计算

取定。

⑦根据《公路工程基本建设项目概算预算编制办法》所规定的其他工程费、现场经费、间接费，结合拟建项目的实际情况，编制“可行性研究报告其他工程费、现场经费、间接费综合费率计算表”。

⑧根据主要工程数量和调整好的拟选用的各种分项估算指标，以及人工、材料预算价格，综合汇总的其他工程费、现场经费、间接费综合费率，编制“可行性研究报告分项工程估算表”。首先计算出人工和材料的实物量，然后逐项计算各种费用。同时，在该表上将利润和税金一并计算完成，并按照《公路基本建设工程投资估算编制办法》所规定的可行性研究报告的路线工程或独立桥梁工程项目表序列及内容进行累计，以便据以转入总估算表汇总。

⑨当可行性研究报告的工作深度已达到初步设计的深度时，可采用《公路工程概算定额》编制可行性研究报告投资估算中的建筑安装工程费用。

(2)编制可行性研究报告投资估算中第二部分设备、工具、器具购置费。

这部分费用应以批准的项目建议书投资估算文件为依据，结合外业调查收集的市场供应价格资料，通过编制“可行性研究报告设备、工具、器具购置费计算表”，逐项列式计算出以设备购置计划清单和《公路工程基本建设项目概算预算编制办法》规定的办公和生活家具购置费标准为依据的各项费用。设备购置费应包括供应价、运杂费和采购及保管费，具体计算方法与项目建议书投资估算是一样的。

(3)编制可行性研究报告投资估算中的第三部分工程建设其他费用。

这部分费用包括的内容比较多，是为完成拟建项目必不可少的有关费用，计有土地、青苗等补偿费和安置补助费、建设项目管理费、研究试验费、勘察设计费、施工机构迁移费、供电贴费、固定资产投资方向调节税、建设期贷款利息。根据外业调查资料结合拟建项目的实际情况，按照《公路工程基本建设项目概算预算编制办法》的相应规定与要求，通过编制“可行性研究报告工程建设其他费用计算表”，逐项计算确定。

①土地、青苗等补偿费和安置补助费。根据当地人民政府颁布的征用土地的补偿费和安置补助费标准及有关规定进行计算。拆迁的电力、电信线路等设施的赔偿费用，可根据调查资料或参照工程造价历史资料计算。

②建设项目管理费。应根据所采用的招标方式和安排工程监理的要求，按照《公路工程基本建设项目概算预算编制办法》的规定，分别计算出建设单位本身的管理费、工程质量监督费、工程监理费、定额编制管理费、设计文件审查费。

③研究试验费。应根据设计提出的科研项目的任务范围分析计算确定。

④勘察设计费。应按照交通部颁布的《公路工程勘察设计收费标准》详细计算。

⑤施工机构迁移费。应经建设项目的主管部门同意按实计算。

⑥供电贴费。根据调查资料和确定计划使用电网供电量和期限，按国家计委规定的收取供电贴费标准计算。

⑦固定资产投资方向调节税。目前国家对公路基础设施建设暂不征收调节税，但公路建设工程中的服务性等房屋建筑是要征税的，故要结合拟建项目的实际情况，按税法的规定计算。

⑧建设期贷款利息。按照计划贷款额度、年度使用贷款计划和贷款的性质，计算应支付的

利息和银行的管理费。

(4)在上述第一、二、三部分费用按照一定的程序和方法，通过各种计算表格计算完成，又进行了必要的造价分析之后，就可根据《公路基本建设工程投资估算编制办法》中规定的可行性研究报告投资估算项目表序列及内容的要求，按照路基(分土方、石方、排水及防护、特殊路基处理四项)、路面、桥梁涵洞等逐项节录其数量和金额填入“可行性研究报告总估算表”的相应栏内，并进行汇总。同时，据以计算出工程造价增涨预留费和预备费，然后再分别计算技术经济指标和各项费用比重。

工程造价增涨预留费的造价增涨率一般可按5%估列，计算年限应以可行性研究报告估算编制年算起至计划竣工交验之年止为准。预备费则以第一、二、三部分费用之和的9%计算。

(5)若采用分段编制可行性研究报告投资估算时，应编制“可行性研究报告总估算汇总表”。经汇总后，计算出整个建设项目的技术经济指标和各项费用比重。

(6)根据“可行性研究报告分项工程估算表”计算的人工、主要材料数量进行统计汇总。

(7)编写编制说明，经过复核及审核程序，即可装订、上报。

思考练习题

1. 简述编制项目建议书投资估算的程序。

2. 在编制项目建议书投资估算时，如果综合指标需要调整，你认为采用哪种方法为好？

3. 在编制可行性研究报告投资估算时，有哪些分项估算指标必须结合建设项目的实际情况进行调查？为什么？

4. 简述编制可行性研究报告投资估算的一般程序。

5. 编制可行性研究报告投资估算与项目建议书投资估算有何不同的显著特点？

第四章

公路工程概算的编制

知识目标

1. 描述概算定额编制原理；
2. 描述设计概算的费用组成；
3. 描述设计概算的计价程序。

能力目标

1. 进行概算定额的套用；
2. 进行概算定额的换算；
3. 进行设计概算文件的编制。

●第一节 概算定额概述●

概算定额，是在预算定额基础上对相关分项的综合、扩大、合并定额，是按主要分项工程规定的计量单位及相关工序的劳动、材料和机械台班的消耗标准。概算定额属于计价定额。

一、概算定额的作用

(1)概算定额是初步设计阶段编制项目概算和技术设计阶段编制修正概算的依据。建设程序规定，采用两阶段设计时，其初步设计必须编制概算；采用三阶段设计时，其技术设计必须编制修正概算，以对拟订项目进行总估价。

(2)概算定额是设计方案比较的依据。

所谓设计方案比较，目的是选择出技术先进可靠、造价经济合理的方案，以满足使用功能的要求。

(3)概算定额是编制主要材料需要量的计算基础。

根据概算定额所列材料消耗指标可以计算工程用料数量，这样就可在施工图设计以前提出材料供应计划，为材料的采购、供应做好施工准备，提供前提条件。

(4)概算定额是编制建设项目投资估算指标的基础。

(5)在不具备施工图预算的情况下，概算定额还可以作为制定工程标底的基础。

(6)在实行建设项目投资包干时，其项目包干费通常也以概算定额为计算依据。

二、概算定额的编制原则和依据

1. 定额的编制原则

概算定额是编制初步设计概算和技术设计修正概算的依据,初步设计概算或技术修正概算经审批后是控制建设项目投资的依据。因此,编制概算定额应遵循以下原则:

(1)与设计深度相适应的原则。

公路初步设计和技术设计的深度是根据交通部颁发的《公路工程基本建设项目设计文件编制办法》设计的,包括设计提供的工程量深度和设计要为建设项目计划提供人工、材料和机械台班数量的规定。初步设计或技术设计提供工程量的深度,决定概算定额的项目划分和定额单位必须与之相配合;要满足提供工、料、机数量的要求,决定概算定额必须要能提供这方面的准确数值;与设计相适应还应包括与公路建设发展相适应,即应及时将公路建设中采用的新技术、新工艺、新材料、新设备编入定额。

(2)满足概算能控制工程造价的原则。

要满足初步设计概算或技术设计修正概算能起到控制建设项目工程造价作用的目的。作为概算计价依据的概算定额,要在定额项目上能覆盖建设项目的全部工程。能控制工程造价的原则,还包括用概算定额为依据编制的概算,能做到控制预算的要求。因此,概算定额的编制,要注意取定的图纸、资料要有一定的代表性,所综合的工程项目不漏项,工程数量准确、合理,分析、确定水平时,留有余地。

(3)简明适用的原则。

(4)贯彻国家政策、法规的原则。

(5)贯彻社会平均水平的原则。

2. 概算定额的编制依据

(1)国家的有关规定。

(2)技术标准和规范,与编制预算定额依据的标准、规范相同。

(3)设计、施工图纸。

以交通部批准的标准图和设计图为主,没有标准图纸的定额项目,则可选择有代表性的设计图纸或施工详图。概算定额是在预算定额的基础上进行综合,因此还要收集施工组织设计资料,以掌握常规的施工方法,合理的施工工期,以及一些附属设备的配备。

(4)交通部公布的《公路工程预算定额》。

(5)施工方法的选择。

由于概算定额是在预算定额的基础上进行综合,因此在预算定额中选择了一种或几种施工方法,一般概算定额就只选择一种技术先进、常规的施工方法和施工设备以及合理的施工安排、工期,作为编制依据。

(6)编制期人工工资标准、机械台班费用、材料预算价格等。

三、概算定额的编制

1. 概算定额的项目划分和综合范围

概算定额的项目主要是根据初步设计或技术设计所提供的工程深度加以划分,由于初步

设计或技术设计的深度与施工图设计的深度不同,所以概算定额的项目划分与预算定额的项目划分有很大不同。概算定额只编列了初步设计或技术设计所能提供的主要工程项目,在主要工程项目中综合了在初步设计或技术设计中难以提供的次要工程项目和施工现场设施,以避免漏项。但考虑到概算要控制投资的要求,对某些定额项目适当加深,以提高计算的准确性。对这些在初步设计阶段或技术设计阶段一般难以提供工程量的项目,在定额中尽可能在章、节说明或附加注中按常用量列出供编制概算时参考。现将各章、节中部分的项目划分和综合情况加以说明。

(1)路基工程

路基土石方工程,由于各等级公路,尤其高速公路,一级公路的填挖方比例、压实机械化施工程度以及零星工程的含量等差距较大,现行概算定额分别按人工和机械、填方和挖方、不同机械化施工、碾压以及零星工程划分土石类别、机械规格、公路等级编制。其中零星工程综合为一个项目,以简化计算工作。这些零星工程包括:整修路拱、整修边坡、挖截水沟、挖土质台阶、修筑盲沟、挖淤泥、填前压实、零星回填土方等。

(2)路面工程

在路面工程中主要按照路面结构类别和施工方法划分项目,在沥青混合料路面项目中,由于拌和设备和运输机的种类很多,压实厚度的档次也很多,为了简化计算,将拌和及摊铺与运输分为两个项目,并将定额计量单位由 $1000m^2$ 改为 $100m^3$,使用更方便。

(3)隧道工程

隧道工程按照开挖、衬砌、支护、防排水、通风照明等划分。其中开挖按人工开挖、机械开挖以及不同的运输方式划分;衬砌按现浇混凝土、石料、混凝土预制块划分。

(4)涵洞工程

涵洞工程在交通部颁发的设计文件编制办法中,初步设计阶段只要求列出涵洞类型、道数和涵长,但是由于地区、地形、地质及公路等级的不同,使涵洞的涵台高度、基础类型,特别是进出口的铺筑长度等的工程量差别很大。为了合理确定造价的要求,将定额计量单位采用以构成涵洞的圬工数量为计量单位,加深了对设计工程量的要求。对这种要求,涵洞主要工程可通过查阅涵洞标准图取得,次要工程量要在外业测量时注意调查和收集资料予以补充。

(5)桥梁工程

桥梁工程定额分基础工程、下部构造、上部构造,钢筋及预应力钢筋、钢丝束、钢绞线,小桥扩大定额五节。

基础工程中将钻孔灌注桩中的灌注桩工程平台单列项目编制,是由于近年来大型基础工程水上施工平台的类型多、规模大,如综合在钻孔项目中将大量增加定额子目,且使用并不方便。

在桥梁工程中将预制、安装和安装用的吊装设备都综合在预制安装的上部构造中,并选择常用的安装方法划分子目,以适应初步设计或技术设计的深度和控制造价的需要,概算定额是在许多施工方法中选择公路施工单位广泛采用且比较经济的方法和合理的工期进行编制的。

桥梁工程中单列了钢筋及预应力钢筋、钢丝束、钢绞线项目,是考虑到目前桥梁设计多样化,钢筋含量差别较大,综合在混凝土中经常需要调整,很不方便,在招标工程中钢筋都要单列项目,单列较为妥当。在初步设计或技术设计时不能提供钢筋数量的,在定额说明中列出了各种结构的钢筋含量作参考。

小桥扩大定额也是为林业和工业建设项目中配套的公路工程设置的，公路交通建设项目应按桥梁分项工程进行编制概算。

2. 概算定额的子目划分和综合范围

1）子目划分综合误差控制的规定

（1）在一个建设项目中工程量较大，对工程造价影响较大的定额项目，如：路基土石方、路面、隧道、桥梁、涵洞等工程，子目之间的基价综合误差应在10%以内。

（2）工程量不大，对工程造价影响较小的定额项目，子目之间的基价综合误差可控制在15%～20%的范围内。

（3）考虑到材料、机械台班的价格变动较大，因此在子目划分时除了按基价综合误差控制外，还考虑了主要机械台班消耗量的误差。

2）由预算定额综合为概算定额的幅度差

由预算定额综合为概算定额的幅度差主要考虑以下因素：

（1）由于概算定额是以主要工程结构部位的工程量与次要结构部位的工程量按一定的比例关系综合编制的，在工程标准、工程量、施工方法等进行综合取定时，必然有一定误差，为留有余地，需要考虑一定增加量。

（2）还有一些零星工程项目也难以一一计算，也需要适当增加一定幅度的差额。

3）幅度差系数

（1）人工幅度差系数。公路工程概算定额中，人工幅度差系数按表4-1考虑。

人工幅度差系数表　　表4-1

概算定额工程项目	系数	概算定额工程项目	系数
路基工程	1.02	涵洞工程	1.06
路面、其他工程及沿线设施、临时工程	1.04	隧道、桥梁工程	1.10

（2）材料幅度差系数：桥涵、隧道按1.02计算。

（3）机械幅度差系数一律为1.05。

3. 概算定额的编制步骤

概算定额的编制，一般分为五个阶段：即准备工作、收集资料、编制定额、报批和整理资料归档阶段。

1）准备工作阶段

准备工作阶段的主要任务是：

（1）拟订编制工作大纲。编制工作大纲的主要内容包括：

①编制定额的目的和要求；

②编制的范围和内容；

③编制的原则；

④编制定额的依据；

⑤确定编制工作的步骤和方法；

⑥拟订编制工作的组织及领导。

（2）组织编制工作班子。概算定额是综合扩大定额，根据图纸、资料结合目前及今后一段时间公路建设发展情况，以及编制工作人员的经验和阅历，来确定定额项目综合范围和施工方法，因此确定编制人员十分重要。

2）收集资料阶段

概算定额资料分两类：一类是主要工程所综合决定的次要工程的含量，主要收集工程结构图纸，特别是工程详图。另一类是施工组织设计资料，包括施工场地布置，施工方法、施工设备的配置，施工进度安排等资料。

3）编制概算定额阶段

(1)制定各项统一规定。对收集到的资料必须通过分析、整理，制定出统一规定，这对定额编制工作的标准化、规范化、系统化有着必不可少的重要作用。这些统一规定主要包括：

①概算定额材料名称的综合，其他材料费包括的材料名称，小型机具使用费包括的机械名称。

②统一的计算表格。

③桥梁工程上部构造施工方法及现场设施取定表。包括各种桥型的桥长，平整场地面积，预制场施工设备的种类、数量、使用时间，构件运输机械的种类、运距，预制模板的类型，现浇混凝土设备的配置种类、数量及使用时间，安装设备的配置种类、数量及使用时间等。

(2)确定概算定额项目。根据初步设计或技术设计能提供工程量的深度及为准确计算造价而增加深度，一般按工程类别、结构类型、主要结构部位、大型施工设施（如围堰、拱盔支架、临时工程等）分项目。

(3)计算工程量，编制出定额成果。

①根据图纸和资料计算出主要工程及所含次要工程的工程量；

②根据子目划分的原则和综合误差划分子目；

③编制成果表（包括定额基价）。

(4)编写编制说明（包括各项数据的确定依据）。

(5)编写各章、节的使用说明和各项目的工程内容、工程量计算规则。

(6)整理各种表格，装订成册。

4）报批阶段

(1)测算定额水平。测算的方法一般有两种：一种是按工程类别的权重进行测算。工程类别的权重要通过对大量的工程项目统计确定。另一种是用新规定对若干典型工程重算其造价，再与原造价比较。比较的范围包括纵向比较和横向比较。纵向比较，即与原公路定额比较，包括种类、工程水平、总水平。横向比较，即与其他部委的定额比较，同时还要与预算定额中的水平比较。

(2)编制送审报告。报送送审稿。

(3)根据审核意见修改、补充。

(4)编制报批报告，报送报批表。报批稿的内容包括对审查意见的处理情况等。

5）整理资料，立卷归档阶段

定额编制过程中收集了大量资料，填写了大量计算表格，这些都要妥善整理和立档、成卷、保管，同时也要认真总结，编制总结报告。这一阶段的工作也是非常重要的。

四、概算定额的表现形式

1. 概算定额的总说明

(1)《公路工程概算定额》(JTG/T B06-01—2007)是全国公路专业统一定额,它是编制初步设计概算的依据,也是编制建设项目投资估算指标的基础。适用于公路基本建设新建、改建工程。对于公路养护的大、中修工程,可参考使用。

(2)《公路工程概算定额》是以人工、材料、机械台班消耗量表现的工程概算定额。编制概算时,人工费、材料费、机械使用费应按《公路工程基本建设项目概算预算编制办法》(JTG B06—2007)的规定计算。

(3)《公路工程概算定额》包括:路基工程、路面工程、隧道工程、涵洞工程、桥梁工程、交通工程及沿线设施、临时工程共七章。如需使用材料采集加工、材料运输定额,可采用《公路工程预算定额》(JTG/T B06-02—2007)中的有关项目。

(4)《公路工程概算定额》是按照合理的施工组织和一般正常的施工条件编制的。定额中所采用的施工方法和工程质量标准是根据国家现行的公路工程施工技术及验收规范、质量评定标准及安全操作规程取定的,除定额中规定允许换算者外,均不得因具体工程的施工组织、操作方法和材料消耗与定额的规定不同而变更定额。

(5)《公路工程概算定额》是以部颁的现行标准设计图为依据编制的,没有标准设计图的定额项目,则选择有代表性的设计图或施工组织设计图。不同载重标准和不同桥宽均可使用概算定额。

(6)概算定额除潜水工作每工日 6h,隧道工作每工日 7h 外,其余均按每工日 8h 计算。

(7)概算定额中所列的工程内容,除扼要说明了所综合的工程项目外,均包括各项目的全部施工过程的内容和辅助工日。

(8)建筑材料、成品、半成品从现场堆放地点或场内加工地点至操作或安装地点的场内水平或垂直运输所需的人工和机械消耗,已按一般正常合理的施工组织设计计算在定额项目内,并考虑了材料发生二次倒运费用和场内运输超运距用工以及材料从工地仓库运至施工现场用工。除定额中另有说明者外,均不得另行增加。

(9)概算定额中的材料消耗量系按现行材料标准的合格料和标准规格料计算的。定额内材料、成品、半成品均已包括场内运输及操作损耗。其场外运输损耗、仓库保管损耗应在材料预算价格内考虑。

(10)概算定额中周转性的材料、模板、支撑、脚手杆、脚手板和挡土板等的数量,已考虑了材料的正常周转次数并计入定额内。其中就地浇筑钢筋混凝土梁用的支架及拱圈用的拱盔、支架,如确因施工安排达不到规定的周转次数时,可根据具体情况进行换算并按规定计算回收,其余工程一般不予抽换。

(11)定额中列有的混凝土、砂浆的强度等级和用量,其材料用量已按预算定额附录中配合比表规定的数量列入定额,不得重算。如设计采用的混凝土、砂浆强度等级或水泥强度等级与定额所列强度等级不同时,可按预算定额附录所列的配合比进行换算。但实际施工配合比材料用量与定额配合比表用量不同时,除配合比表说明中允许换算者外,均不得调整。

(12)概算定额中各类混凝土均未考虑外掺剂的费用,如设计需要添加外掺剂时,可按设计要求另行计算外掺剂的费用并适当调整定额中的水泥用量。

(13)概算定额中各类混凝土均按施工现场拌和进行编制,当采用商品混凝土时,可将相关定额中的水泥、中(粗)砂、碎石的消耗量扣除,并按定额中所列的混凝土消耗量增加商品混凝土的消耗。

(14)概算定额中只列工程所需的主要材料用量和主要机械台班数量。次要、零星材料和小型机具均未一一列出,分别列入“其他材料费”及“小型机具使用费”内,以元计,编制概算即按此计算。

(15)概算定额中各项目的施工机械种类、规格是按一般合理的施工组织确定的,如施工中实际采用的机械种类、规格与定额规定的不同时,一律不得抽换。

(16)概算定额中施工机械的台班消耗,已考虑了工地合理的停置、空转和必要的备用量等因素。

(17)概算定额未包括公路养护管理房屋等工程,如养路道班房、桥头看守房、收费站房等工程,这类工程应执行地区的建筑安装工程定额。

(18)其他未包括的项目,各省、自治区、直辖市交通厅(局)可编制补充定额在本地区执行,并报交通部备案;还缺少的项目,各设计单位可编制补充定额,随同概算文件一并送审,并将编制依据送各省、自治区、直辖市公路(交通)工程定额(造价)站备查。所有补充定额均应按照《公路工程概算定额》(JTG/T B06-01—2007)的编制原则、方法进行编制。

(19)概算定额有下列情况,可按《公路工程基本建设项目概算预算编制办法》(JTG B06-2007)中的有关规定办理。

①冬、雨季施工的工程;

②夜间施工的工程;

③高原地区施工的工程;

④边施工边维持通车的工程。

(20)定额表中注明“××以内”或“××以下”者,均包括“××”本身;而注明“××以外”或“××以上”者,则不包括“××”本身。定额内数量带“( )”者,则表示基价中未包括其价值。

(21)定额中凡定额名称带有“※”号者,均为参考定额,使用定额时,可根据情况进行调整。

(22)概算定额的基价是人工费、材料费、机械使用费的合计价值。基价中的人工费、材料费基本上是按北京市2007年的人工、材料预算价格计算的(详见《公路工程预算定额》附录),机械使用费是按2007年交通部公布的《公路工程机械台班费用定额》(JTG/T B06-03—2007)计算的。

(23)定额中的“工料机代号”系编制概算采用计算机计算时作为对工、料、机名称识别的符号,不可随意变动。编制补充定额时,遇有新增材料或机械名称,可取相近品种材料或机械代号间的空号。

2. 章、节说明

包括各章、节的内容,工程项目的规定,工程量的计算规则。

1)路基工程

(1)路基零星工程项目已根据公路工程施工的一般含量综合了整修路拱、整修路基边坡、挖土质台阶、挖截水沟、填前压实以及其他零星回填土方等工程,编制概算时,不得因具体工程的含量不同而抽换定额。

(2)排水工程。

①路基盲沟的工程量为设计设置盲沟的长度。

②轻型井点降水定额按50根井管为一套,不足50根的按一套计算。井点使用天数按日历天数计算,使用时间按施工组织设计确定。

③预制混凝土构件的工程量按预制构件的实际体积,不包括预制构件中心部分的体积。

④雨水篦子的规格与定额不同时,可按设计用量抽换定额中的铸铁篦子的消耗。

(3)防护工程。

①预应力锚索护坡定额中的脚手架系按钢管脚手架编制的,脚手架宽度按2.5m考虑。

②预应力锚索的工程量为锚索(钢绞线)长度与工作长度的重量之和。

(4)软基处理。

①粉体喷射搅拌桩和高压旋喷桩处理软土地基定额的工程量为设计桩长。

②高压旋喷桩定额中的浆液系按普通水泥浆编制的,当设计采用添加剂或水泥用量与定额不同时,可按设计要求进行抽换。

③土工布的铺设面积为锚固沟外缘所包围的面积,包括锚固沟的底面积和侧面积。定额中不包括排水内容,需要时另行计算。

④强夯定额适用于处理松、软的碎石土,砂土,低饱和度的粉土及黏性土,湿陷性黄土,杂填土和素填土等地基。定额中已综合考虑夯坑的排水费用,使用定额时不得另行增加费用。夯击遍数应根据地基土的性质由设计确定,低能量满夯不能作为夯击遍数计算。

⑤堆载预压定额中包括了堆载四面的放坡,沉降观测,修坡道增加的工、料、机消耗以及施工中测量放线,定位的工、料消耗,使用定额时不得另行计算。

2)路面工程

(1)各类稳定土基层,级配碎石、级配砾石基层的压实厚度在15cm以内,填隙碎石一层的压实厚度在12cm以内,垫层、其他种类的基层和底基层压实厚度在20cm以内,拖拉机、平地机和压路机的台班消耗按定额数量计算。如超过上述压实厚度进行分层拌和、碾压时,拖拉机、平地机和压路机的台班消耗按定额数量加倍计算,每1000m^2增加3个工日。

(2)沥青碎石混合料、沥青混凝土和沥青碎石玛蹄脂混合料路面定额中均已包括混合料拌和、运输、摊铺作业时的损耗因素,路面实体按路面设计面积乘以压实厚度计算。

(3)沥青路面定额中均未包括透层、黏层和封层,需要时可按有关定额另行计算。

(4)沥青路面定额中的乳化沥青和改性沥青均按外购成品料进行编制,如在现场自行配制时,其配制费用计入材料预算价格中。

(5)沥青玛蹄脂碎石混合料定额系按掺加木质纤维素编制的,如设计采用其他纤维作添加料时,可按其用量调整定额中纤维的消耗。

3)隧道工程

(1)洞身开挖定额中综合了出渣、施工通风及高压风水管和照明电线路的工、料、机消耗。

(2)衬砌定额中均包括拱顶、边墙衬砌,混凝土或浆砌片石回填,洞内管沟及盖板等工程

内容。当设计采用的混凝土强度等级与定额不符时或采用特殊混凝土时，可根据具体情况对混凝土配合比进行抽换。

(3)斜井、竖井开挖项目中综合了出渣、通风及管线路。

(4)斜井的相关定额项目系按斜井长度800m以内综合编制。

4)涵洞工程

定额中均未包括混凝土的拌和、运输，应根据施工组织按桥梁工程的相关定额进行计算。

5)桥梁工程

(1)定额中除注明外未包括混凝土的拌和、运输，应根据施工组织设计按相关定额另行计算。

(2)定额中混凝土工程均已包括操作范围内的混凝土运输。现浇混凝土工程的混凝土平均运距超过50m时，可根据施工组织设计的混凝土平均运距，按混凝土运输定额增列混凝土运输。

(3)大体积混凝土项目必须采用埋设冷却管来降低混凝土水化热时，可按冷却管定额另行计算。

(4)行车道部分的桥头搭板，应根据设计数量按桥头搭板定额计算。人行道部分的桥头搭板已综合在人行道定额中，编制概算时不得另行计算。

(5)桥梁定额仅为桥梁主体工程部分，至于导流工程、改河土石方工程、桥头引道工程均未包括在定额中，需要时按有关定额另行计算。

(6)沉井下沉定额中的软质岩石是指饱和单轴极限抗压强度在40MPa以下的各类松软的岩石，硬质岩石是指饱和单轴极限抗压强度在40MPa以上的各类较坚硬和坚硬的岩石。

(7)承台定额中，未包括冷却管项目，需要时按有关定额另行计算。

(8)地下连续墙定额未包括施工便道、挡水帷幕、注浆加固，需要时根据施工组织设计另行计算。挖出的土石方或凿铣的泥渣如需外运，应根据路基工程中相关定额进行计算。

(9)锚碇基坑开挖土石方的坑外运输应按自卸汽车运路基土石方定额另行计算，除放坡方式开挖石方需另计装车费用外，其他均不得再计装车费用。

(10)灌注混凝土定额中已综合检测管的制作和安装，以及检测完成后对检测管注水泥浆，编制概算时不得另行计算。

(11)方柱墩、空心墩、索塔等采用提升架施工的项目已将提升架的费用综合在定额中，编制概算时不得另行计算。

(12)索塔混凝土定额已将劲性骨架、提升模架综合在定额中，编制概算时不得另行计算。

(13)下部构造定额圆柱墩、方柱墩、空心墩和索塔等项目均按混凝土泵送和非泵送划分定额子目，编制概算时应根据实际情况选用。

(14)下部构造定额未包括高墩，索塔的施工电梯、施工塔吊安拆及使用费，编制概算时应结合上部构造施工统筹考虑计算。

(15)索塔钢锚箱的工程量为钢锚箱钢板、剪力钉、定位件的重量之和。索塔锚固套筒定额中已综合加劲钢板和钢筋的数量，其工程量以锚固套筒钢管的重量计算。

(16)砌石桥墩定额未包括粗料石镶面，需要时应根据预算定额另行计算。

(17)现浇钢筋混凝土梁、板桥，现浇钢筋混凝土拱桥和石拱桥上部构造定额中，均未包括拱盔、支架及钢拱架，编制概算时应另列项目计算。但移动模架浇筑箱梁已包括移动模架，悬浇中已包括悬浇挂篮，编制概算时不得另行计算。

(18)支架上现浇预应力混凝土箱梁定额同样适用于普通箱梁混凝土。

(19)预制安装钢筋混凝土梁、板桥等综合了吊装所需设备，预制场内龙门吊，预制构件底座、构件出坑及运输，编制概算时不得另行计算。

(20)连续刚构、T形刚构、连续梁、混凝土斜拉桥综合了0号块的托架，编制概算时不得另行计算，但未包括边跨合龙段支架，编制概算时应另行计算。

(21)主索塔定额已综合塔顶门架和鞍罩，但未包括鞍罩内防腐及抽湿系统，需要时应另行计算。牵引系统已综合塔顶平台，主缆综合了缆套和检修道，编制概算时不得另行计算。

(22)钢箱梁定额中未包括0号块托架、边跨支架、临时墩，编制概算时根据需要另行计算。自锚式悬索桥顶推钢箱梁综合了滑道、导梁，编制概算时不得另行计算。

(23)钢管拱定额是按缆索吊装工艺编制的，未包括缆索吊装的塔架、索道、扣塔、扣索、索道运输、地锚，编制概算时以上项目应按预算有关定额另行计算。

(24)上部结构定额均综合了桥面泄水管。现浇钢筋混凝土板桥，预制安装矩形板、连续板、混凝土拱桥，石拱桥综合了支座和伸缩缝，而其余项目则未包括，编制概算时应另行计算。模数式伸缩缝综合了预留槽钢纤维混凝土和钢筋，编制概算时不得另行计算。

(25)梁、板人行道及安全带考虑到混凝土数量较少，一般采用集中拌较少，因此定额按250L搅拌机拌和考虑。编制概算时，不得另套拌和定额。

(26)拱盔、支架定额除钢支架是按有效宽度12m编制外，其他均是按有效宽度8.5m编制的，若宽度不同时，可按比例换算。支架定额未综合支架基础处理，编制概算时根据需要另行计算。

(27)钢箱梁重量为钢箱梁(包括箱梁内横隔板)、桥面板(包括横肋)、横梁、钢锚箱重量之和。如为钢—混凝土混合梁结构，其结合部的剪力钉重量也应计入钢箱梁重量内。

(28)钢管支架定额指采用直径大于30cm的钢管作为立柱，在立柱上采用金属构件搭设水平支撑平台的支架，其中下部指立柱顶面以下部分，上部指立柱顶面以上部分。下部工程量按立柱重量计算，上部工程量按支架水平投影面积计算。

(29)支架预压的工程量按支架上现浇混凝土的体积计算。

(30)施工电梯和施工塔吊所需安拆数量和使用时间按施工组织设计的进度安排进行计算。在编制概算时，电梯和塔吊下部结构施工与上部施工应统筹考虑。当设计采用的施工电梯、塔吊的规格、型号与定额不同时，可以按项目情况对定额进行抽换。

3. 概算定额项目表

(1)工程项目名称及定额单位。

(2)工程项目包括的工程内容。

(3)完成定额单位工程的人工、单位、代号、数量，数量中包括预算定额综合为概算定额项目的人工幅度差。

(4)完成定额单位工程的材料名称、单位、代号、数量。其中主要材料以定额消耗量或周转使用量表示，主要材料中数量很少的材料及次要材料以其他材料费表示，吊装等金属设备的折旧费以设备摊销费表示。桥涵及隧道工程还包括预算定额综合为概算定额的材料幅度差。

(5)完成定额单位工程的机械名称、单位、代号、数量。其中主要机械以台班消耗数量表示,数量中包括预算定额综合为概算定额的机械幅度差。次要机械以小型机械使用费的形式表示。概算定额中还将机械的数量以费用的形式表示为机械使用费,以了解机械费占定额基价的比例。

(6)完成定额单位工程的定额基价。定额基价是人工费、材料费、机械使用费的合计价值。定额基价可作为各项目间技术经济比较的参考,并作为计算其他直接费和现场经费的计算依据。

(7)有些定额项目下还列有在章、节说明中未包括的使用本概算定额项目的注解。

概算定额表示例见表4-2。

2-3-3 挖路槽、培路肩、修筑泄水槽 表4-2

工程内容 挖路槽:1)挂线、挖槽;2)整平碾压路槽。

培路肩:1)挂线;2)培肩压实;3)修整路槽。

修筑泄水槽:1)放样、挖槽;2)填料、铺草皮;3)填土压实。

单位:$1000m^2$ 及10m

顺序号	项目	单位	代号	挖路槽($1000m^2$)				培路肩($1000m^2$)		修筑泄水槽(10m)
				路槽深20cm		每增减1cm		路肩厚度20cm	每增减1cm	
				土壤类别						
				土质	石质	土质	石质			
				1	2	3	4	5	6	7
1	人工	工日	1	59.8	102.0	3.0	5.0	52.9	1.9	2.1
2	钢钎	kg	211	—	5.8	—	0.3	—	—	—
3	硝铵炸药	kg	841	—	33.2	—	1.7	—	—	—
4	导火线	m	842	—	89	—	4	—	—	—
5	普通雷管	个	845	—	68	—	3	—	—	—
6	煤	t	864	—	0.040	—	0.002	—	—	—
7	碎石(8cm)	m^3	954	—	—	—	—	—	—	0.80
8	草皮	m^2	995	—	—	—	—	—	—	4.73
9	其他材料费	元	996	—	3.3	—	0.2	—	—	—
10	12~15t光轮压路机	台班	1078	0.61	—	—	—	—	—	—
11	0.6t以内手扶式振动碾	台班	1083	—	—	—	—	5.81	0.20	—
12	基价	元	1999	1393	5383	148	264	3194	114	151

注:①本定额中挖路槽按全挖路槽编制,当设计为半填半挖路槽时,人工工日乘以0.8的系数;挖除的土、石方如需远运时,另按路基土、石方运输定额计算。

②本定额中培路肩的填方数量已计入路基填方内,使用定额时,不得再计填料的开挖、远运费用。

• 第二节 概算(修正概算)的编制 •

一、设计概算的基本概念

1. 设计概算的含义

设计概算是设计文件的重要组成部分,是在投资估算控制下由设计单位根据初步设计(或扩大初步设计)图纸,《公路工程概算定额》、《公路工程基本建设项目概算预算编制办法》,建设地区人工、材料、机械台班单价和当地自然、技术经济条件等资料编制和确定的建设项目从筹建到竣工交付使用所需的全部费用文件。采用两阶段设计的建设项目,初步设计阶段必须编制设计概算,采用三阶段设计的,技术设计阶段必须编制修正概算。

2. 设计概算的作用

(1)设计概算是编制建设项目投资计划、确定和控制建设项目投资的依据。国家规定,编制年度固定资产投资计划,确定计划投资总额及构成数额,要以批准的初步设计概算为依据,没有批准的初步设计及其概算的建设工程不能列入年度固定资产投资计划。

经批准的建设项目设计总概算的投资额,是该工程建设投资的最高限额。在工程建设过程中,年度固定资产投资计划安排,银行拨款或贷款、施工图设计及预算、竣工决算等,未经按规定的程序批准,都不得突破这一限额,以确保国家固定资产投资计划严格执行和有效控制。

设计概算是签订建设工程合同和贷款合同的依据。《中华人民共和国合同法》明确规定,建设工程合同是承包人进行工程建设,发包人支付价款的合同。合同价款的多少是以设计概、预算为依据的,而且总承包合同价不得超过设计概算的投资额。

设计概算是银行拨款或签订合同的最高限额。建设项目的全部拨款或贷款以及各单项工程的拨款或贷款的累计总额,不能超过设计概算。

(2)设计概算是控制施工图设计和施工图预算的依据。经批准的设计概算是建设项目投资的最高限额。设计单位必须按照批准的初步设计及总概算进行施工图设计,施工图预算不得突破设计概算。如确需突破总概算时,应按规定程序报请审批。

(3)设计概算是衡量设计方案经济合理性和选择最佳方案的依据。设计概算是设计方案技术经济合理性的综合反映,据此可以用来对不同的设计方案进行技术经济合理性的比较,以便选择最佳的设计方案。

(4)设计概算是工程造价管理及编制招标标底和投标报价的依据。设计总概算一经批准,就作为工程造价管理的最高限额,并据此对工程造价进行严格的控制,以设计概算进行招投标的工程,招标单位编制标底是以设计概算为依据的,并以此作为评标定标的依据。投标单位为了在投标竞争中取胜,也必须以设计概算为依据,编制合理的投标报价。

(5)设计概算是考核建设项目投资效果的依据。通过设计概算与竣工决算对比,可以分析和考核投资效果的好坏,同时还可以验证设计概算的准确性,有利于加强设计概算管理和建设项目造价管理工作。

3. 设计概算的编制原则

(1)严格执行国家建设方针和经济政策的原则。设计概算是一项重要的技术经济工作,

要严格按照国家方针、政策编制,坚决执行勤俭节约的方针,严格执行规定的设计标准。

(2)完整、准确反映设计内容的原则。编制设计概算时,要认真了解设计意图,根据设计文件、图纸准确计算工程量,避免重算和漏算。设计修改后,要及时修改概算。

(3)坚持结合拟建工程的实际,反映工程所在地当时价格水平的原则。为提高设计概算的准确性,实事求是地对工程所在地的建设条件、可能影响造价的各种因素进行认真的调查研究。在此基础上正确使用定额、费率和价格等各项编制依据,按照先行工程造价的构成,根据有关部门发布的价格信息及价格调整指数,考虑建设期的价格变化因素,使概算尽可能地反映设计内容、施工条件和实际价格。

4. 设计概算的编制依据

(1)国家发布的有关法律、法规、规章、规程等。

(2)批准的可行性研究报告及投资估算、初步设计图纸等有关资料。

(3)《公路工程概算定额》(JTG/T B06-01—2007)。

(4)《公路工程基本建设项目概算预算编制办法》(JTG B06—2007)。

(5)《公路工程机械台班费用定额》(JTG/T B06-03—2007)。

(6)地方补充规定。

(7)当地材料价格。

(8)当地的自然、技术、经济条件等资料。

(9)有关合同、协议等。

二、设计概算的编制

1. 设计概算文件的组成

公路工程设计概算文件的组成与施工图预算文件的组成相同,仅注意将文件中的“预算”改为“概算”即可(详见第五章第三节)。

2. 设计概算文件之间的关系及计算顺序

公路工程设计概算应以现行的《公路工程概算定额》(JTG/T B06-01—2007)、《公路工程基本建设项目概算预算编制办法》(JTG B06—2007)为依据进行编制(详见第五章第三节)。

公路工程概算文件的编制顺序、填表方式、计算原理、计算公式与施工图预算文件完全一致(详见第五章第三节)。

三、修正概算的编制

公路工程修正概算的编制应以技术设计图纸、《公路工程概算定额》(JTG/T B06-01—2007)、《公路工程基本建设项目概算预算编制办法》(JTG B06—2007)等为依据,文件的组成与文件之间的关系和计算顺序、计算原理、填表方式及其他编制依据同设计概算(详见第五章第三节)。

四、设计概算的审查

1. 审查设计概算的意义

审查设计概算,有利于合理分配投资资金,加强投资计划管理,有利于合理确定和有效控制工程造价。设计概算编制偏高或偏低,不仅影响工程造价的控制,也会影响投资计划的真实性,影响投资资金的合理分配。

审查设计概算,有利于促进设计概算编制单位严格执行国家有关设计概算的编制规定和费用标准,从而提高设计概算的编制质量。

审查设计概算,有利于促进设计的技术先进性与经济合理性。设计概算中的技术经济指标,是设计概算的综合反映,与同类工程对比,便可看出它的先进与合理程度。

经审查的设计概算,有利于为建设项目投资的落实提供可靠的依据,打足投资,不留缺口,有助于提高建设项目的投资效益。

2. 设计概算审查的内容

1)审查设计概算的编制依据

(1)审查编制依据的合法性。采用的各种编制依据必须经过国家和授权机关的批准,符合国家的编制规定,未经批准的不能采用。不能强调情况特殊,擅自提高概算定额或费用标准。

(2)审查编制依据的时效性。各种依据,如定额、价格、取费标准等,都应根据国家有关部门的现行规定进行,注意有无调整和新的规定,如有,应按新的调整办法和规定进行。

(3)审查编制依据的使用范围。各种编制依据都有规定的使用范围,各地方补充规定等,只适用于该地区范围内,特别是地方性的材料预算价格区域性更强。

2)审查概算的编制深度

(1)审查概算编制说明。审查编制说明可以检查概算的编制方法、深度和编制依据等重大原则性问题。

(2)审查概算编制范围。审查概算编制范围及具体内容是否与主管部门批准的建设项目范围及具体工程内容一致;审查分期建设项目的建筑范围及具体工程内容有无重复交叉,是否重复计算或漏算;审查其他费用应列的项目是否符合规定。

3)审查概算的内容

(1)审查建设规模、建设标准等是否符合原批准的可行性研究报告或立项批文的标准。对总概算投资超过批准投资估算10%以上的,应查明原因,重新上报审批。

(2)审查工程量是否正确。有无多算、重算或漏算,尤其对工程量大、造价高的项目要重点审查。

(3)审查建筑安装工程费的各项费用的计取是否符合现行规定,计算程序和取费标准是否正确。

(4)审查技术经济指标。技术经济指标计算方法和程序是否正确。

4)审查设计概算的方法

采用适当的方法审查设计概算,是确保审查质量,提高审查效率的关键。常用方法有:

(1)对比分析法　主要是通过建设规模、标准和立项批文对比;工程数量与设计图纸对比;综合范围、内容与编制方法、规定对比;各项取费与规定标准对比;材料、人工单价与统一信息对比;技术经济指标与同类工程对比等。通过以上对比,容易发现设计概算存在的主要问题和偏差。

(2)查询核实法。主要是对一些关键设备和设施、重要装置、图纸不全、难以核算的较大

投资进行多方查询核对，逐项落实的方法。主要设备的市场价向设备供应部门或招标公司查询核实；重要生产装置、设施向同类企业（工程）查询了解；深度不够或不清楚的问题直接向原概算编制人员、设计单位询问清楚。

（3）联合会审法。联合会审前，可先采用多种形式分头审查，包括设计单位自审，主管、建设、承包单位初审，工程造价咨询公司评审，邀请同行专家预审，审批部门复审等，经层层审查把关后，由有关单位和专家进行联合会审。在会审大会上，由设计单位介绍概算编制情况及有关问题，各有关单位，专家汇报初审，预审意见。然后进行认真分析、讨论，结合对各专业技术方案的审查意见，核实原概算中出现的问题。经过充分协商，认真听取设计单位意见后，实事求是地处理和调整。

【技能训练1】

××高速公路路基土石方工程，有一段挖土方计普通土 3500000m^3，平均运距 50m，采用推土机推土施工。该工程地处山岭重丘区。

初步设计概算编制时工程所在地的各类材料价格按《公路工程预算定额》附录四单价增加10%计算。

根据你所在地区的情况，计算该项目的建筑安装工程费。

【技能训练2】

××高速公路路基土石方工程，计有挖土方 3000000m^3，其中松土 500000m^3、普通土 1500000m^3、硬土 1000000m^3。利用开挖土方作填方，计天然密实方松土 300000m^3、普通土 1000000m^3、硬土 500000m^3。开炸石方计 1000000m^3，利用开炸石方作填方，计天然密实方 300000m^3。填方计压实方 4000000m^3（运距 10km）。弃方运距 5 km。

1. 计算路基设计断面方数量；

2. 计算计价方数量；

3. 计算利用方数量（压实方）；

4. 计算借方数量（压实方）；

5. 计算弃方数量；

6. 各类材料价格按《公路工程预算定额》附录四单价计算，根据你所在地区的情况，计算该项目的建筑安装工程费。

思考练习题

1. 概算定额的编制依据、编制原理。

2. 设计概算的作用。

3. 审查设计概算的意义，审查内容及审查方法。

第五章

公路工程施工图预算的编制

知识目标

1. 描述预算定额编制原理；
2. 描述施工图预算的费用组成；
3. 描述施工图预算文件组成；
4. 描述施工图预算计算公式及计价程序。

能力目标

1. 进行预算定额的直接套用；
2. 进行预算定额的换算；
3. 进行补充定额编制；
4. 进行施工图预算文件的编制。

●第一节　预 算 定 额●

一、预算定额概述

1. 预算定额的概念

预算定额是用于确定一定计量单位的分项工程或结构构件的人工、材料和机械台班消耗量的标准。

预算定额是工程建设中一项重要的技术经济文件，它的各项指标，反映了在完成单位分项工程消耗的劳动和物化劳动的数量限度。这种限度最终决定着单项工程和单位工程的成本和造价。

预算定额是一种具有广泛用途的计价定额。与施工定额的性质不同，预算定额不是企业内部使用的定额，不具有企业定额的性质。工程建设的技术经济特点决定了工程计价定额存在的必要性，决定了计算工程项目投资费用，计算建筑安装工程成本，必须通过某种方法单件进行。

编制施工图预算时，需要按照施工图纸和工程量计算规则计算工程量，还需要借助预算定额计算人工、材料和机械（台班）的消耗量，并在此基础上计算出资金的需要量。

2. 预算定额的作用

（1）预算定额是编制施工图预算，确定和控制建筑安装工程造价的基础。

施工图预算是施工图设计文件之一，是控制和确定建筑安装工程造价的必要手段。编制施工图预算，除设计文件决定的建设工程的功能、规模、尺寸和文字说明是计算分部分项工程量和结构构件数量的依据外，预算定额是确定一定计量单位分项工程人工、材料、机械消耗量的依据，也是计算分项工程单价的基础。

(2)预算定额是对设计方案进行技术经济比较和技术经济分析的依据。

根据预算定额对方案进行技术经济分析和比较，是选择经济合理设计方案的重要方法。对设计方案进行比较，主要是通过定额对不同方案所需人工、材料和机械台班消耗量，材料重量、材料资源等进行比较。这种比较可以判明不同方案对工程造价的影响；材料重量对荷载及基础工程量和材料运输量的影响，因而产生的对工程造价的影响。

对于新结构、新材料的应用和推广，也需要借助于预算定额进行技术经济分析和比较，从技术和经济的结合上考虑普遍采用的可能性和效益。

(3)预算定额是编制施工组织设计的依据。

(4)预算定额是施工企业进行经济活动分析的依据。

预算定额是企业评价工作的重要标准。施工企业可根据预算定额对施工中的劳动、材料、机械的消耗情况进行具体的分析，从而找出低工效、高消耗的薄弱环节及其原因并加以改进。

(5)预算定额是编制标底、投标报价的基础。

建设单位在编制招标标底时应以预算定额为基础，施工单位投标报价应采用自己的报价定额，也可以预算定额作为投标报价的参考。

(6)预算定额是编制概算定额和估算指标的基础。

概算定额和估算指标是在预算定额基础上经综合扩大编制的，也需要利用预算定额作为编制依据，这样做不但可以节省编制工作中大量的人力、物力和时间，收到事半功倍的效果，还可以使概算定额和估算指标在水平上与预算定额一致，以避免造成执行中的不一致。

二、预算定额的编制原则和依据

1. 预算定额的编制原则

为保证预算定额的质量，充分发挥预算定额的作用，使之在实际使用中简便、合理、有效，在编制工作中应遵循以下原则：

(1)按社会平均水平确定预算定额。

预算定额的平均水平，是指在正常的施工条件，合理的施工组织和工艺条件，平均劳动熟练度和劳动强度下，完成单位分项工程所需的劳动时间。

预算定额的水平以施工定额水平为基础，二者有着密切的联系。但是，预算定额绝不是简单地套用施工定额水平，施工定额是平均先进。首先，要考虑预算定额中包含了更多的可变因素，需要保留合理的幅度差。如人工幅度差、机械幅度差及材料的超运距，辅助用工及材料堆放、运输、操作损耗和由细到粗综合后的量差等。

(2)简明适用原则。

编制预算定额贯彻简明适用原则是对执行定额的可操作性便于掌握而言的。为此，编制预算定额时，对于那些主要的、常用的、价值量大的项目，分项工程划分宜细。次要的、不常用的、价值量相对较小的项目则可以放粗一些。

(3)坚持统一性和因地制宜相结合的原则。

所谓统一性,就是从培育全国统一市场规范计价行为出发,计价定额的制定规划和组织实施由国务院建设行政主管归口,并负责全国统一定额制定或修订,颁发有关工程造价管理的规章制度、办法等。这样就有利于通过定额和工程造价的管理实现建筑安装工程价格的宏观调控。

所谓因地制宜,就是在统一性基础上,各部门和省、自治区、直辖市主管部门可以在自己的管辖范围内,根据本部门本地区的具体情况,编制部门和地区性定额、补充性制度和管理办法,以适应我国幅员辽阔,地区间、部门间发展不平衡和差异过大的实际情况。

(4)专家编审责任制原则。

首先,在定额水平的把握上,避免由于水平测算不准确而产生的定额项目时间高低不一的现象。其次,定额项目能灵敏地反映已经技术成熟并采用新工艺、新结构和新材料的项目,防止由于定额缺项,使定额适用性大大降低。再次,定额项目划分应贯彻工程实体消耗与工程施工措施性消耗的分离,以满足企业经济核算和按工程个别成本报价的需要。第四,克服以往临时抽调人员,突击培训,突击性收集、整理资料,任务完成后人员各奔东西的现象。那样既不利于按质、按时完成任务,也不利于工作经验的积累和专业人员素质的提高。

(5)与公路建设相适应的原则。

预算定额是为公路建设服务的,必须满足公路建设发展的需要。定额项目要能覆盖当前及今后一时期绝大部分工程项目,当前普遍采用或今后将普遍采用的新技术、新工艺、新材料、新设备都应在定额中得到反映,使预算定额与建设发展相适应。

(6)贯彻国家政策、法规的原则。

2. 预算定额的编制依据

(1)国家的有关规定。

(2)技术标准和规范。如《公路工程技术标准》,设计规范、施工技术及验收规范等。

(3)设计施工图纸。

(4)公路工程施工定额。

(5)施工方法的选择。

施工方法的选择要符合当前和今后一个阶段的实际施工技术状况和管理水平,鼓励先进,鞭策落后,要体现经济效益。当一种结构类型有两种以上施工方法时应进行技术、经济比较。

(6)编制期人工工资标准、机械台班费用、材料预算价格等。

三、预算定额的编制

1. 编制程序

(1)在项目批准立项后,成立编制组,确定编制人员。

(2)编制组讨论和确定定额、指标的编制原则,方案,依据,确定项目划分。

(3)确定施工定额水平,确定各项基础数据。

(4)根据各省、自治区、直辖市提供的基础资料,按照子目划分的原则进行多方案的平衡分析,最终计算出各子目所取定的工程项目的工程量。

(5)编制定额,复核无误后交各组组长及综合组审定。

(6)编写“编制说明书”。

(7)写出各章、节的使用说明,包括工程量的计算规则。

(8)整理各种表格,装订成册,编写目录,完成“初稿”。

(9)在“初稿”的基础上,通过初步的审查、测算、修改,完成“征求意见稿”,并将“征求意见稿”及其重点问题的征求意见提纲,印发各有关部门和单位,广泛征求意见。

(10)编制组将各方面对“征求意见稿”的意见和建议,逐条进行归纳整理、修改,提出“修订稿”。

(11)起草编制说明。编制说明应按照章、节顺序。

(12)选择有代表性的工程进行分析比较,写出测算报告,完成“送审稿”。

(13)编制送审报告。

(14)主编单位应将“送审稿”和送审报告,报送上级主管部门审查,并根据审查会议纪要所提出的意见,认真进行讨论、研究,并对“送审稿”进行全面修改,提出“报批稿”。

(15)预算定额的出版、发行。

(16)预算定额资料的整理、归档。

2. 预算定额的项目划分和综合范围

预算定额要根据交通部颁发的《公路工程基本建设项目设计文件编制办法》中规定的施工图设计阶段提供的工程量深度和工程招标工程量清单的深度,以及工程结算的方便和准确来划分项目,并根据各项目的工程内容将施工定额的有关项目进行综合。

1)预算定额的项目划分

预算定额的项目划分主要根据工程类别、施工图的工程构件或部位、材料类别,施工措施以及对工程造价的影响等因素予以划分。例如:

路基土石方工程按土石类别、施工方法划分项目。路面工程按工程部位、材料类别、施工方法等因素划分项目。隧道工程按开挖的土质类别、结构部位、衬砌材料类别、施工方法等因素划分项目。桥涵工程根据工程类别、结构部位、施工方法等因素划分项目。

预算定额中还列有“材料采集及加工”及“材料运输”两章,这是公路定额特有的,主要为在边远地区施工单位自行开采、加工施工材料和自办材料运输编制的。

2)预算定额目的子目划分和综合范围

定额的工程项目确定以后,对各工程项目要根据工程的难易程度,也就是人工、材料、机械消耗量的多少,按综合极限误差来确定是否划分子目。定额子目综合的极限误差应根据公路工程的特点,本着简化与准确相结合的原则,凡是因工程量大而影响工程造价的项目,误差率应取小;反之工程量小,影响工程造价不大的项目,误差率可以适当加大。一般可参照表5-1的误差率进行综合,划分子目。

3. 确定预算定额的计量单位

预算定额和施工定额计量单位往往不同。施工定额的计量单位一般按工序或工作过程,而预算定额的计量单位,主要是根据分部分项工程的形体和结构构件特征及其变化确定。预算定额的计量单位具有综合的性质,所选择的计量单位要根据工程量计算规则规定并确切反映定额项目所包含的工作内容。

预算定额允许误差率　　表 5-1

工程项目	划分子目的主要因素	误差率
人工土、石方工程	人工消耗量	±15%左右
机械土、石方工程	机械台班消耗量	±10%左右
路面工程	材料消耗量	±10%左右
打桩、造孔工程	机械台班消耗量	±10%左右
混凝土及钢筋混凝土工程	模板消耗量	±20%左右
其他构造物	子目划分起主要影响的因素	±10%左右

预算定额的计量单位按公制或自然计量单位确定。一般说来，结构的三个度量都经常发生变化时，选用米^3(m^3)作为计量单位，如砖石工程和混凝土工程；结构的三个度量中有两个度量经常发生变化，选用平方米(m^2)为计量单位，如地面、屋面工程等；当物体截面形状基本固定或无规律性变化，采用米(m)、千米(km)作为计量单位，如管道、线路安装工程等；如果工程量主要取决于设备或材料的重量时，还可以按吨(t)、千克(kg)作为计量单位。

预算定额中各项人工、机械和材料的计量单位选择，相对比较固定。人工和机械按"工日"、"台班"计量(国外多按"小时"、"台时"计量)；各种材料的计量单位应与产品计量单位一致。

4. 预算定额人工用量的确定

人工的工日数可以有两种方法选择：一种是以施工定额的劳动定额为基础确定；一种是采用计时观察法测定。完成某分项工程的各种用工包括：

(1)基本工。指完成单位合格产品所必须消耗的技术工种用工。按技术工种相应劳动定额的工时定额计算，以不同工种列出定额工日。

(2)其他工。包括：辅助工、超运距用工、人工幅度差。

①辅助工：指技术工种劳动定额内不包括而在预算定额内又必须考虑的工时。如机械土方工程配合用工，电焊着火用工等。

②超运距用工：指预算定额的平均水平运距超过劳动定额规定水平运距部分。

超运距 = 预算定额取定运距 - 劳动定额已包括的运距

③人工幅度差：指在劳动定额作业时间之外在预算应考虑的在正常施工条件下所发生的各种工时损失。

由施工定额综合为预算定额，其中人工定额考虑到一些琐碎的工作难以一一计算，而且在施工中可能出现一些事先无法估计的工作及影响效率的各种因素，因此人工工日增加一定的百分数，增加的幅度与原数之比即为幅度差。

人工幅度差主要考虑以下各种因素：

a. 工序搭接及转移工作面的间断时间；

b. 各种交叉作业相互影响；

c. 工作开始及结束时由于放样交底及任务不饱满而影响产量；

d. 配合机械施工及移动管线时发生的操作间歇；

e. 检查质量及验收隐蔽工程时影响工时利用；

f. 阴雨雪或其他原因需排除故障；

g. 其他零星工作如临时交通指挥、安全警戒、现场挖沟排水修路、场地清扫等;

h. 由于图纸或施工方法的差异需增加的工序及工作项目。

人工幅度差系数的取值因不同专业和不同分项工程而异。表5-2是《公路工程预算定额》制定时取用的人工幅度差系数。

人工幅度差系数表

表5-2

预算定额工程项目	人工幅度差系数
准备工作、土方、石方、安全设施、材料采集加工、材料运输	1.04
路面、临时工程、纵向排水、整修路基、其他零星工程	1.06
砌筑、涵管、模板制作、支拱架、混凝土及钢筋混凝土、沿线房屋	1.80
隧道、基坑、围堰、打桩、造孔、沉井、安装、预应力、钢桥	1.10

人工幅度差=(基本用工+超运距用工+辅助用工)×(人工幅度差系数-1) (5-1)

预算定额用工=(基本用工+超运距用工+辅助用工)×人工幅度差系数 (5-2)

5. 预算定额中材料消耗指标的计算方法

材料消耗量是指在正常施工条件下所用合格材料,完成单位合格产品所必须消耗的材料数。按用途划分为以下四种:

主要材料。指直接构成工程实体的材料,其中也包括成品、半成品的材料。

辅助材料。也是构成工程实体除主要材料外的其他材料,如垫木、钉子、铅丝等。

周转性材料。指脚手架、模板等多次周转使用的不构成工程实体的摊销性材料。

其他材料。指用量较少,难以计量的零星用料。其他材料的基价很小,直接综合到其他材料费中。

预算定额的材料消耗量由材料的净用量和各种合理损耗组成。即:

材料消耗量 =材料净用量 + 损耗量或材料消耗量

=材料净用量 ×(1 + 损耗率) (5-3)

特别注意:材料的损耗是指场内的运输损耗,而场外的运输损耗纳入材料的预算单价中。

6. 预算定额中机械消耗指标的计算方法

根据施工定额确定机械台班消耗量的计算。这种方法是指施工定额或劳动定额中机械台班产量加机械幅度差计算预算定额的机械台班消耗量。

(1)由施工定额综合为预算定额的机械幅度差。

机械台班幅度差包括以下各种因素:

①正常施工组织情况下不可避免的机械空转、技术中断及合理停置时间;

②必要的备用台数造成的闲置台班;

③由于气候关系或排除故障影响台时利用;

④工地范围内机械转移的台时及自行式机械转移时所需的运载牵引工具;

⑤配套机械相互影响所损失的时间及停车场至工作地点超定额运距所需的时间;

⑥施工初期限于条件所造成的效率差及结尾时工程量不饱满所损失的时间;

⑦因供电、供水故障及水电线路的移动检修而发生的运转中断;

⑧不同厂牌的效率差,机械不配套造成的效率低;

⑨工程质量检查的影响。

$$预算定额机械耗用台班 = 劳动定额机械耗用台班 \times (1 + 机械幅度差率) \tag{5-4}$$

(2)将在定额基价中占比例很小的一些机具,综合到小型机具使用费项内。

(3)将设备钢材的原值、加工费,每年油漆、修理以及正常损耗等都综合到设备摊销费内。

四、预算定额的表现形式

公路工程施工图预算的工程费用是按实物量法编制的,即按预算定额规定的人工、材料、机械的消耗量乘以工程所在地的预算单价确定的。这种计价方法具有计算准确,不受物价波动的影响,能正确地反映出工程项目在预算编制年的实际造价,便于动态管理等优点。为此,要求预算定额所列出的工、料、机的品种比较齐全,特别是单价较高,消耗量较大的材料、机械名称都要列出,这就决定了预算定额是以各工程项目工、料、机消耗量表为主的表现形式。

预算定额的内容包括:总说明,章、节说明,工程定额表及附录。

1. 预算定额的总说明

(1)《公路工程预算定额》(JTG/T B06-02—2007)(以下简称本定额)是全国公路专业定额。它是编制施工图预算的依据,也是编制工程概算定额(指标)的基础,适用于公路基本建设新建、改建工程,不适用于独立核算执行产品出厂价格的构件厂生产的构配件。对于公路养护的大、中修工程,可参考使用。

(2)预算定额包括:路基工程、路面工程、隧道工程、桥涵工程、防护工程、交通工程及沿线设施、临时工程、材料采集及加工、材料运输共九章及附录。

(3)预算定额是按照合理的施工组织和一般正常的施工条件编制的。定额中所采用的施工方法和工程质量标准,是根据国家现行的公路工程施工技术及验收规范、质量评定标准及安全操作规程取定的,除定额中规定允许换算者外,均不得因具体工程的施工组织、操作方法和材料消耗与定额的规定不同而变更定额。

(4)预算定额除潜水工作每工日 6h ,隧道工作每工日 7h 外,其余均按每工日 8h 计算。

(5)定额中的工程内容,均包括定额项目的全部施工过程。定额内除扼要说明施工的主要操作工序外,均包括准备与结束、场内操作范围内的水平与垂直运输、材料工地小搬运、辅助和零星用工、工具及机械小修、场地清理等工程内容。

(6)预算定额中的材料消耗量系按现行材料标准的合格料和标准规格料计算的。定额内材料、成品、半成品均已包括场内运输及操作损耗,编制预算时,不得另行增加。其场外运输损耗、仓库保管损耗应在材料预算价格内考虑。

(7)预算定额中周转性的材料、模板、支撑、脚手杆、脚手板和挡土板等的数量,已考虑了材料的正常周转次数并计入定额内。其中,就地浇筑钢筋混凝土梁用的支架及拱圈用的拱盔、支架,如确因施工安排达不到规定的周转次数时,可根据具体情况进行换算并按规定计算回收,其余工程一般不予抽换。

(8)定额中列有的混凝土、砂浆的强度等级和用量,其材料用量已按附录中配合比表规定的数量列入定额,不得重算。如设计采用的混凝土、砂浆强度等级或水泥强度等级与定额所列强度等级不同时,可按配合比表进行换算。但实际施工配合比材料用量与定额配合比表用量不同时,除配合比表说明中允许换算者外,均不得调整。混凝土、砂浆配合比表的水泥用量,已综合考虑了采用不同品种水泥的因素,实际施工中不论采用何种水泥,均不得调整定额用量。

(9)预算定额中各类混凝土均按施工现场拌和进行编制,当采用商品混凝土时,可将相关定额中的水泥、中(粗)砂、碎石的消耗量扣除,并按定额中所列的混凝土消耗量增加商品混凝土的消耗。

(10)预算定额中各项目的施工机械种类、规格是按一般合理的施工组织确定的,如施工中实际采用机械的种类、规格与定额规定的不同时,一律不得换算。

(11)预算定额中施工机械的台班消耗,已考虑了工地合理的停置、空转和必要的备用量等因素。编制预算的台班单价,应按《公路工程机械台班费用定额》(JTG/ T B06-03—2007)分析计算。

(12)预算定额中只列工程所需的主要材料用量和主要机械台班数量。次要、零星材料和小型施工机具均未一一列出,分别列入"其他材料费"及"小型机具使用费"内,以元计,编制预算即按此计算。

(13) 预算定额未包括公路养护管理房屋,如养路道班房、桥头看守房、收费站房等工程,这类工程应执行地区的建筑安装工程预算定额。

(14)其他未包括的项目,各省、自治区、直辖市交通厅(局、委)可编制补充定额在本地区执行,并报交通部备案;还缺少的项目,各设计单位可编制补充定额,随同预算文件一并送审,并将编制依据送各省、自治区、直辖市公路(交通)工程定额(造价管理)站备查。所有补充定额均应按照本定额的编制原则、方法进行编制。

(15) 预算定额遇有下列情况,可按《公路工程基本建设项目概算预算编制办法》(JTG B06—2007)中的有关规定办理:

①冬、雨季施工的工程;

②夜间施工的工程;

③高原地区施工的工程;

④边施工边维持通车的工程。

(16)定额表中注明"××以内"或"××以下"者,均包括"××"本身;而注明"××以外"或"××以上"者,则不包括"××"本身。定额内数量带"( )"者,则表示基价中未包括其价值。

(17)凡定额名称中带有"※"号者,均为参考定额,使用定额时,可根据情况进行调整。

(18)预算定额的基价是人工费、材料费、机械使用费的合计价值。基价中的人工费、材料费基本上是按北京市 2007 年的人工、材料预算价格计算的(详见本定额附录),机械使用费是按 2007 年交通部公布的《公路工程机械台班费用定额》(JTG/T B06-03—2007)计算的。

(19)预算定额中的"工料机代号"系编制概预算采用电子计算机计算时作为对工、料、机械名称识别的符号,不可随意变动。编制补充定额时,遇有新增材料或机械名称,可取相近品种材料或机械代号间的空号。

2. 预算定额的章、节说明(部分内容)

1)第一章　路基工程

(1)土壤岩石类别划分:本章定额按开挖的难易程度将土壤、岩石分为六类。

土壤分为三类:松土、普通土、硬土。

岩石分为三类：软石、次坚石、坚石。

本定额土、石分类与六级土、石分类和十六级土、石分类对照见表5-3。

表5-3

本定额分类	松土	普通土	硬土	软石	次坚石	坚石
六级分类	I	II	III	IV	V	VI
十六级分类	I ~ II	III	IV	V ~ VI	VII ~ IX	X ~ XVI

(2)定额工程内容除注明者外，均包括：

①各种机械1km内由停车场至工作地点的往返空驶；

②工具小修；

③钢钎淬火。

(3)“人工挖运土方”、“人工开炸石方”、“机械打眼开炸石方”、“抛坍爆破石方”等定额中，已包括开挖边沟消耗的人工、材料和机械台班数量，因此，开挖边沟的数量应合并在路基土、石方数量内计算。

各种开炸石方定额中，均已包括清理边坡工作。

(4)机械施工土、石方，挖方部分机械达不到需由人工完成的工程量由施工组织设计确定。其中，人工操作部分，按相应定额乘以1.15的系数。

抛坍爆破石方定额按地面横坡坡度划分，地面横坡变化复杂，为简化计算，凡变化长度在20m以内，以及零星变化长度累计不超过设计长度的10%时，可并入附近路段计算。抛坍爆破的石方清运及增运定额，系按设计数量乘以(1－抛坍率)编制。

(5)自卸汽车运输路基土、石方定额项目和洒水汽车洒水定额项目，仅适用于平均运距在15 km以内的土、石方或水的运输。当平均运距超过15km时，应按社会运输的有关规定计算其运输费用。当运距超过第一个定额运距单位时，其运距尾数不足一个增运定额单位的半数时不计，等于或超过半数时按一个增运定额运距单位计算。

(6)下列数量应由施工组织设计提出，并入路基填方数量内计算：

①清除表土或零填方地段的基底压实、耕地填前夯(压)实后，回填至原地面高程所需的土、石方数量。

②因路基沉陷需增加填筑的土、石方数量。

③为保证路基边缘的压实度须加宽填筑时，所需的土、石方数量。

(7)边沟、排水沟、截水沟的挖基费用按人工挖截水沟、排水沟定额计算，其他排水工程的挖基费用按土、石方工程的相关定额计算。

边沟、排水沟、截水沟、急流槽定额均未包括垫层的费用，需要时按有关定额另行计算。

(8)袋装砂井及塑料排水板处理软土地基，工程量为设计深度，定额材料消耗中已包括砂袋或塑料排水板的预留长度。

(9)振冲碎石桩定额中不包括污泥排放处理的费用，需要时另行计算。

(10)挤密砂桩和石灰砂桩处理软土地基定额的工程量为设计桩断面积乘以设计桩长。

粉体喷射搅拌桩和高压旋喷桩处理软土地基定额的工程量为设计桩长。

(11)高压旋喷桩定额中的浆液系按普通水泥浆编制的，当设计采用添加剂或水泥用量与定额不同时，可按设计要求进行抽换。

(12)土工布的铺设面积为锚固沟外边缘所包围的面积,包括锚固沟的底面积和侧面积。定额中不包括排水内容,需要时另行计算。

(13)强夯定额适用于处理松、软的碎石土,砂土,低饱和度的粉土与黏性土,湿陷性黄土,杂填土和素填土等地基。定额中已综合考虑夯坑的排水费用,使用定额时不得另行增加费用。夯击遍数应根据地基土的性质由设计确定,低能量满夯不作为夯击遍数计算。

(14)堆载预压定额中包括了堆载四面的放坡、沉降观测、修坡道增加的工,料,机消耗以及施工中测量放线、定位的工,料消耗,使用定额时均不得另行计算。

(15)工程量计算规则:

①土石方体积的计算。除定额中另有说明者外,土方挖方按天然密实体积计算,填方按压(夯)实后的体积计算,石方爆破按天然密实体积计算。当以填方压实体积为工程量,采用以天然密实方为计量单位的定额时,所采用的定额应乘以表5-4的系数。

表5-4

土类 / 公路等级	土方			石方
	松土	普通土	硬土	
二级及二级以上公路	1.23	1.16	1.09	0.92
三、四级公路	1.11	1.05	1.00	0.84

其中:推土机、铲运机施工土方的增运定额按普通土栏目的系数计算;人工挖运土方的增运定额和机械翻斗车、手扶拖拉机运输土方,自卸汽车运输土方的运输定额在上表系数的基础上增加0.03的土方运输损耗,但弃方运输不应计算运输损耗。

②零填及挖方地段基底压实面积等于路槽底面宽度(m)和长度(m)的乘积。

③抛坍爆破的工程量,按抛坍爆破设计计算。

④整修边坡的工程量,按公路路基长度计算。

⑤本章定额砌筑工程的工程量为砌体的实际体积,包括构成砌体的砂浆体积。

⑥本章定额预制混凝土构件的工程量为预制构件的实际体积,不包括预制构件中空心部分的体积。

⑦挖截水沟、排水沟的工程量为设计水沟断面积乘以水沟长度与水沟圬工体积之和。

⑧路基盲沟的工程量为设计设置盲沟的长度。

⑨轻型井点降水定额按50根井管为一套,不足50根的按一套计算。井点使用天数按日历天数计算,使用时间按施工组织设计确定。

2)第二章 路面工程

(1)本章定额包括各种类型路面以及路槽、路肩、垫层、基层等,除沥青混合料路面、厂拌基层稳定土混合料运输以1000m^{3}路面实体为计算单位外,其他均以1000m^{2}为计算单位。

路面项目中的厚度均为压实厚度,培路肩厚度为净培路肩的夯实厚度。

(2)本定额中混合料系按最佳含水量编制,定额中已包括养生用水并适当扣除材料天然含水量,但山西、青海、甘肃、宁夏、新疆、西藏等省,自治区,由于湿度偏低,用水量可根据具体情况,在定额数量的基础上酌情增加。

(3)本章定额中凡列有洒水汽车的子目,均按5km范围内洒水汽车在水源处自吸水编制,不计水费。如工地附近无天然水源可利用,必须采用供水部门供水(如自来水)时,可根据定额子目中洒水汽车的台班数量，按每台班 35m^3 计算定额用水量，乘以供水部门规定的水价增列水费。洒水汽车取水的平均运距超过 5km 时，可按路基工程的洒水汽车洒水定额中的增运定额增加洒水汽车的台班消耗，但增加的洒水汽车台班消耗量不得再计水费。

本章定额中的水泥混凝土均已包括其拌和的费用，使用定额时不得再另行计算。

(4)压路机台班按行驶速度，即两轮光轮压路机为 2.0km/h、三轮光轮压路机为 2.5km/h、轮胎式压路机为 5.0km/h、振动压路机为 3.0km/h 进行编制。如设计为单车道路面宽度时，两轮光轮压路机乘以 1.14 的系数，三轮光轮压路机乘以 1.33 的系数，轮胎式压路机和振动压路机乘以 1.29 的系数。

(5)自卸汽车运输稳定土混合料、沥青混合料和水泥混凝土定额项目，仅适用于平均运距在 15km 以内的混合料运输，当平均运距超过 15km 时，应按社会运输的有关规定计算其运输费用。当运距超过第一个定额运距单位时，其运距尾数不足一个增运定额单位的半数时不计，等于或超过半数时按一个增运定额运距单位计算。

(6)各类稳定土基层，级配碎石、级配砾石基层的压实厚度在 15cm 以内，填隙碎石一层的压实厚度在 12cm 以内，垫层、其他种类的基层和底基层压实厚度在 20cm 以内，拖拉机、平地机和压路机的台班消耗按定额数量计算。如超过上述压实厚度进行分层拌和、碾压时，拖拉机、平地机和压路机的台班消耗按定额数量加倍计算，每 1000m^2 增加 3 个工日。

(7)各类稳定土基层定额中的材料消耗系按一定配合比编制的，当设计配合比与定额标明的配合比不同时，有关材料可按下式进行换算：

$$C_{\mathrm{i}} = [C_{\mathrm{d}} + B_{\mathrm{d}} \times (H - H_0)] \times \frac{L_{\mathrm{i}}}{L_{\mathrm{d}}} \tag{5-5}$$

式中：C_{i}——按设计配合比换算后的材料数量；

C_{d}——定额中基本压实厚度的材料数量；

B_{d}——定额中压实厚度每增减 1cm 的材料数量；

H_0——定额的基本压实厚度；

H——设计的压实厚度；

L_{d}——定额中标明的材料百分率；

L_{i}——设计配合比的材料百分率。

【例 5-1】 石灰粉煤灰稳定碎石基层，定额标明的配合比为：石灰：粉煤灰：碎石 =5：15：80，基本压实厚度为 15cm；设计配合比为：石灰：粉煤灰：碎石 =4：11：85，设计压实厚度为 16cm。各种材料调整后的数量为：

生石灰，$[15.829 + 1.055 \times (16 - 15)] \times \frac{4}{5} = 13.507(\mathrm{t})$

粉煤灰，$[63.31 + 4.22 \times (16 - 15)] \times \frac{11}{15} = 49.52(\mathrm{m}^3)$

碎石，$[164.89 + 10.99 \times (16 - 15)] \times \frac{85}{80} = 186.87(\mathrm{m}^3)$

(8)人工沿路翻拌和筛拌稳定土混合料定额中均已包括土的过筛工消耗，因此，土的预算价格中不应再计算过筛费用。

本节定额中土的预算价格，按材料采集及加工和材料运输定额中的有关项目计算。

各类稳定土底基层采用稳定土基层定额时，每 $1000m^2$ 路面减少 12～15t 光轮压路机0.18台班。

(9)泥结碎石、级配碎石、级配砾石、天然砂砾、粒料改善土壤路面面层的压实厚度在15cm 以内，拖拉机、平地机和压路机的台班消耗按定额数量计算。如超过上述压实厚度进行分层拌和、碾压时，拖拉机、平地机和压路机的台班消耗按定额数量加倍计算，每 $1000m^2$ 增加3 个工日。

(10)泥结碎石及级配碎石、级配砾石面层定额中，均未包括磨耗层和保护层，需要时应按磨耗层和保护层定额另行计算。

(11)沥青表面处治路面、沥青贯入式路面和沥青上拌下贯式路面的下贯层以及透层、黏层、封层定额中已计入热化、熬制沥青用的锅，灶等设备的费用，使用定额时，不得另行计算。

(12)沥青碎石混合料、沥青混凝土和沥青碎石玛蹄脂混合料路面定额中，均已包括混合料拌和、运输、摊铺作业时的损耗因素，路面实体按路面设计面积乘以压实厚度计算。

(13)沥青路面定额中均未包括透层、黏层和封层，需要时可按有关定额另行计算。

(14)沥青路面定额中的乳化沥青和改性沥青，均按外购成品料进行编制。如在现场自行配制时，其配制费用计入材料预算价格中。

沥青路面定额中，均未考虑为保证石料与沥青的黏附性而采用的抗剥离措施的费用，需要时，应根据石料的性质，按设计提出的抗剥离措施，计算其费用。

(15)如沥青玛蹄脂碎石混合料设计采用的纤维稳定剂的掺加比例与定额不同时，可按设计用量调整定额中纤维稳定剂的消耗。

(16)在冬五区、冬六区采用层铺法施工沥青路面时，其沥青用量可按定额用量乘以下列系数计算：

沥青表面处治，1.05；沥青贯入式基层，1.02，面层，1.028；沥青上拌下贯式下贯部分，1.043。

(17)预算定额系按一定的油石比编制的。当设计采用的油石比与定额不同时，可按设计油石比调整定额中的沥青用量。换算公式如下：

$$S_i = S_d \times \frac{L_i}{L_d} \tag{5-6}$$

式中：S_i——按设计油石比换算后的沥青数量；

S_d——定额中的沥青数量；

L_d——定额中标明的油石比；

L_i——设计采用的油石比。

(18)整修旧路面定额中，砂石路面均按整修厚度 6.5cm 计算，沥青表处面层按整修厚度2cm 计算，沥青混凝土面层按整修厚度 4cm 计算，黑色路面基层的整修厚度均按 6.5cm 计算。

(19)铺砌水泥混凝土预制块人行道、路缘石、沥青路面镶边和土硬路肩加固定额中，均已包括水泥混凝土预制块的预制，使用定额时不得另行计算。

3)第三章　隧道工程

本章定额包括开挖、支护、防排水、衬砌、装饰、照明、通风及消防设施、洞门及辅助坑道等项目。本定额是按照一般凿岩机钻爆法施工的开挖方法进行编制的，适用于新建隧道工程，改

(扩)建及公路大、中修工程,可参照使用。

(1)本章定额按现行隧道设计、施工技术规范将围岩分为六级,即Ⅰ级～Ⅵ级。

(2)本章定额中混凝土工程均未考虑拌和的费用,应按桥涵工程相关定额另行计算。

(3)本章开挖定额中已综合考虑超挖及预留变形因素。

(4)洞内出渣运输定额已综合洞门外500m运距,当洞门外运距超过此运距时,可按照路基工程自卸汽车运输土石方的增运定额加计增运部分的费用。

(5)本定额中均未包括混凝土及预制块的运输,需要时应按有关定额另行计算。

(6)本定额未考虑地震、坍塌、溶洞及大量地下水处理,以及其他特殊情况所需的费用,需要时可根据设计另行计算。

(7)本定额未考虑施工时所需进行的监控量测以及超前地质预报的费用,监控量测的费用已在《公路工程基本建设项目概算预算编制办法》(JTG B06—2007)的施工辅助费中综合考虑,使用定额时不得另行计算,超前地质预报的费用可根据需要另行计算。

(8)隧道工程项目采用其他章节定额的规定:

①洞门挖基、仰坡及天沟开挖、明洞明挖土石方等,应使用其他章节有关定额计算;

②洞内工程项目如需采用其他章节的有关项目时,所采用定额的人工工日、机械台班数量及小型机具使用费,应乘1.26的系数。

(9)洞身工程说明。

①本定额人工开挖、机械开挖轻轨斗车运输项目系按上导洞、扩大、马口开挖编制的,也综合了下导洞扇形扩大开挖方法,并综合了木支撑和出渣、通风及临时管线的工、料、机消耗。

②本定额正洞机械开挖自卸汽车运输定额系按开挖、出渣运输分别编制,不分工程部位(即拱部、边墙、仰拱、底板、沟槽、洞室)均使用本定额。施工通风及高压风水管和照明电线路单独编制定额项目。

③本定额连拱隧道中导洞、侧导洞开挖和中隔墙衬砌是按连拱隧道施工方法编制的,除此以外的其他部位的开挖、衬砌、支护可套用本节其他定额。

④格栅钢架和型钢钢架均按永久性支护编制,如作为临时支护使用时,应按规定计取回收。定额中已综合连接钢筋的数量。

⑤喷射混凝土定额中已综合考虑混凝土的回弹量;钢纤维混凝土中钢纤维掺入量按喷射混凝土质量的3%掺入。当设计采用的钢纤维掺入量与本定额不同或采用其他材料时,可进行抽换。

⑥洞身衬砌项目按现浇混凝土衬砌,石料、混凝土预制块衬砌分别编制,不分工程部位(即拱部、边墙、仰拱、底板、沟槽、洞室)均使用本定额。定额中已综合考虑超挖回填因素,当设计采用的混凝土强度等级与定额采用的不符时或采用特殊混凝土时,可根据具体情况对混凝土配合比进行抽换。

⑦本定额中凡是按不同隧道长度编制的项目,均只编制到隧道长度在4000m以内。当隧道长度超过4000m时,应按以下规定计算:

a. 洞身开挖。以隧道长度4000m以内定额为基础,与隧道长度4000m以上每增加1000m定额叠加使用。

b. 正洞出渣运输。通过隧道进出口开挖正洞,以换算隧道长度套用相应的出渣定额计

算。换算隧道长度计算公式为：

换算隧道长度 = 全隧长度 - 通过辅助坑道开挖正洞的长度

当换算隧道长度超过4000m时，以隧道长度4000m以内定额为基础，与隧道长度4000m以上每增加1000m定额叠加使用。

通过斜井开挖正洞，出渣运输按正洞和斜井两段分别计算，二者叠加使用。

c. 通风、管线路定额按正洞隧道长度综合编制，当隧道长度超过4000m时，以隧道长度4000m以内定额为基础，与隧道长度4000m以上每增加1000m定额叠加使用。

⑧照明设施为隧道营运所需的洞内永久性设施。定额中的洞口段包括引入段、适应段、过渡段和出口段，其他段均为基本段。本定额中不包括洞外线路，需要时应另行计算。属于设备的变压器、发电设备等，其购置费用应列入预算第二部分“设备及工具、器具购置费”中。

⑨工程量计算规则：

a. 本定额所指隧道长度均指隧道进出口（不含与隧道相连的明洞）洞门端墙墙面之间的距离，即两端端墙面与路面的交线同路线中线交点间的距离。双线隧道按上、下行隧道长度的平均值计算。

b. 洞身开挖、出渣工程量按设计断面数量（成洞断面加衬砌断面）计算，包含洞身及所有附属洞室的数量，定额中已考虑超挖因素，不得将超挖数量计入工程量。

c. 现浇混凝土衬砌中浇筑、运输的工程数量，均按设计断面衬砌数量计算，包含洞身及所有附属洞室的衬砌数量。定额中已综合因超挖及预留变形需回填的混凝土数量，不得将上述因素的工程量计入计价工程量中。

d. 防水板、明洞防水层的工程数量按设计敷设面积计算。

止水带（条）、盲沟、透水管的工程数量，均按设计数量计算。

e. 拱顶压浆的工程数量按设计数量计算，设计时可按每延长米0.25m^3综合考虑。

f. 喷射混凝土的工程量按设计厚度乘以喷射面积计算，喷射面积按设计外轮廓线计算。

g. 砂浆锚杆工程量为锚杆、垫板及螺母等材料质量之和；中空注浆锚杆、自进式锚杆的工程量按锚杆设计长度计算。

格栅钢架、型钢钢架工程数量按钢架的设计质量计算，连接钢筋的数量不得作为工程量计算。

管棚、小导管的工程量按设计钢管长度计算，当管径与定额不同时，可调整定额中钢管的消耗量。

h. 横向塑料排水管每处为单洞两侧的工程数量；纵向弹簧管按隧道纵向每侧铺设长度之和计算；环向盲沟按隧道横断面敷设长度计算。

i. 洞内通风、风水管及照明、管线路的工程量按隧道设计长度计算。

（10）洞门墙工程量为主墙和翼墙等圬工体积之和。仰坡、截水沟等应按有关定额另行计算。

（11）辅助坑道说明。

①斜井项目按开挖、出渣、通风及管线路分别编制，竖井项目定额中已综合了出渣、通风及管线路。

②斜井相关定额项目系按斜井长度800m以内综合编制的，已含斜井建成后，通过斜井进

行正洞作业时,斜井内通风及管线路的摊销部分。

③斜井支护按正洞相关定额计算。

④工程量计算规则:

a. 开挖、出渣工程量按设计断面数量(成洞断面加衬砌断面)计算,定额中已考虑超挖因素,不得将超挖数量计入工程量。

b. 现浇混凝土衬砌工程数量均按设计断面衬砌数量计算。

c. 喷射混凝土工程量按设计厚度乘以喷射面积计算,喷射面积按设计外轮廓线计算。

d. 锚杆工程量为锚杆、垫板及螺母等材料质量之和。

e. 斜井洞内通风、风水管、照明及管线路的工程量按斜井设计长度计算。

(12)通风及消防设施安装说明。

①本定额中不含通风机、消火栓、消防水泵接合器、水流指示器、电气信号装置、气压水罐、泡沫比例混合器、自动报警系统装置、防火门等的购置费用,应按规定列入预算第二部分"设备及工具、器具购置费"中。

②通风机预埋件按设计所示为完成通风机安装而需预埋的一切金属构件的质量计算工程数量,包括钢拱架、通风机拱部钢筋、通风机支座及各部分连接件等。

③洞内预埋件工程量按设计预埋件的敷设长度计算,定额中已综合了预留导线的数量。

4)第四章　桥涵工程

本章定额包括开挖基坑,围堰、筑岛及沉井,打桩,灌注桩,砌筑,现浇混凝土及钢筋混凝土,预制、安装混凝土及钢筋混凝土构件,构件运输,拱盔、支架,钢结构和杂项工程等项目。

(1)混凝土工程。

①定额中混凝土强度等级均按一般图纸选用,其施工方法除小型构件采用人拌人捣外,其他均按机拌机捣计算。

②定额中混凝土工程除小型构件、大型预制构件底座、混凝土搅拌站安拆和钢桁架桥式码头项目中已考虑混凝土的拌和费用外,其他混凝土项目中均未考虑混凝土的拌和费用,应按有关定额另行计算。

③定额中混凝土均按露天养生考虑,如采用蒸汽养生时,应从各有关定额中扣减人工 1.5 个工日及其他材料费 4 元,并按蒸汽养生有关定额计算。

④定额中混凝土工程均已包括操作范围内的混凝土运输。现浇混凝土工程的混凝土平均运距超过 50m 时,可根据施工组织设计的混凝土平均运距,按第十一节杂项工程中混凝土运输定额增列混凝土运输。

⑤定额中采用泵送混凝土的项目均已包括水平和向上垂直泵送所消耗的人工、机械,当水平泵送距离超过定额综合范围时,可按表 5-5 增列人工及机械消耗量。向上垂直泵送不得调整。

⑥凡预埋在混凝土中的钢板、型钢、钢管等预埋件,均作为附属材料列入混凝土定额内。至于连接用的钢板、型钢等则包括在安装定额内。

⑦大体积混凝土项目必须采用埋设冷却管来降低混凝土水化热时,可根据实际需要另行计算。

⑧除另有说明外,混凝土定额中均已综合脚手架、上下架、爬梯及安全围护等搭拆及摊销

费用，使用定额时不得另行计算。

表 5-5

项目		定额综合的水平泵送距离（m）	每 $100m^3$ 混凝土每增加水平距离 50m 增列数量	
			人工（工日）	混凝土输送泵（台班）
基础	灌注桩	100	1.55	0.27
	其他	100	1.27	0.18
上、下部构造		50	2.82	0.36
桥面铺装		250	2.82	0.36

（2）钢筋工程。

①定额中凡钢筋直径在 10mm 以上的接头，除注明为钢套筒连接外，均采用电弧搭接焊或电阻对接焊。

②定额中的钢筋按选用图纸分为光圆钢筋、带肋钢筋，如设计图纸的钢筋比例与定额有出入时，可调整钢筋品种的比例关系。

③定额中的钢筋是按一般定尺长度计算的，如设计提供的钢筋连接用钢套筒数量与定额有出入时，可按设计数量调整定额中的钢套筒消耗，其他消耗不调整。

（3）模板工程。

①模板不单列项目。混凝土工程中所需的模板包括钢模板、组合钢模板、木模板，均按其周转摊销量计入混凝土定额中。

②定额中的模板均为常规模板，当设计或施工对混凝土结构的外观有特殊要求需要对模板进行特殊处理时，可根据定额中所列的混凝土模板接触面积增列相应的特殊模板材料的费用。

③定额中所列的钢模板材料指工厂加工的适用于某种构件的定型钢模板，其质量包括立模所需的钢支撑及有关配件；组合钢模板材料指市场供应的各种型号的组合钢模板，其质量仅为组合钢模板的质量，不包括立模所需的支撑、拉杆等配件，定额中已计入所需配件材料的摊销量；木模板按工地制作编制，定额中将制作所需工、料、机械台班消耗按周转摊销量计算。

④定额中均已包括各种模板的维修、保养所需的工、料及费用。

（4）设备摊销费定额中设备摊销费的设备指属于固定资产的金属设备，包括万能杆件、装配式钢桁架及有关配件拼装的金属架桥设备。设备摊销费按设备质量每吨每月 90 元计算（除设备本身折旧费用，还包括设备的维修、保养等费用）。各项目中凡注明允许调整的，可按计划使用时间调整。

（5）工程量计算一般规则：

①现浇混凝土、预制混凝土、构件安装的工程量为构筑物或预制构件的实际体积，不包括其中空心部分的体积，钢筋混凝土项目的工程量不扣除钢筋（钢丝、钢绞线）、预埋件和预留孔道所占的体积。

②构件安装定额中在括号内所列的构件体积数量，表示安装时需要备制的构件数量。

③钢筋工程量为钢筋的设计质量，定额中已计入施工操作损耗，一般钢筋因接长所需增加的钢筋质量已包括在定额中，不得将这部分质量计入钢筋设计质量内。但对于某些特殊的工程，必须在施工现场分段施工采用搭接接长时，其搭接长度的钢筋质量未包括在定额中，应在

钢筋的设计质量内计算。

(6)开挖基坑工程量计算规则:

①基坑开挖工程量按基坑容积计算。其计算公式如下:

$$V=\frac{h}{6}\times[ab+(a+a_1)(b+b_1)+a_1b_1]$$（基坑为平截方锥时,图5-1）

$$V=\frac{\pi h}{3}\times(R2+Rr+r2)$$（基坑为截头圆锥时,图5-2）

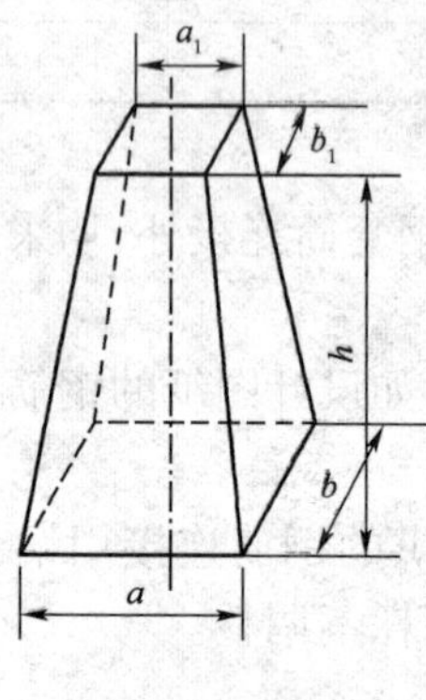

图 5-1

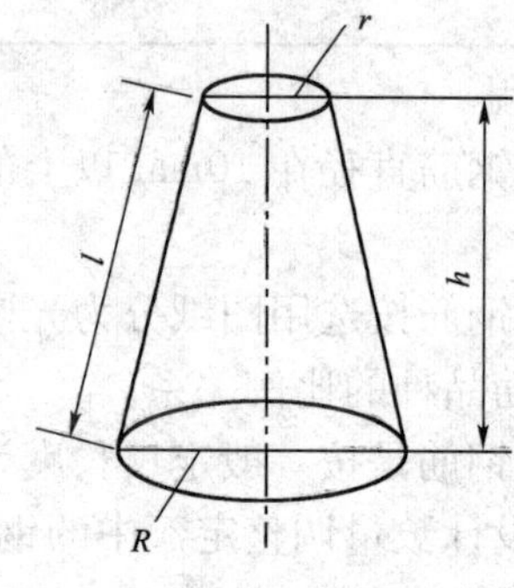

图 5-2

②基坑挡土板的支挡面积,按坑内需支挡的实际侧面积计算。

(7)筑岛、围堰及沉井工程工程量计算规则:

①草土、草(麻)袋、竹笼围堰长度按围堰中心长度计算,高度按施工水深加0.5m计算。木笼铁丝围堰实体为木笼所包围的体积。

②套箱围堰的工程量为套箱金属结构的重量。套箱整体下沉时悬吊平台的钢结构及套箱内支撑的钢结构均已综合在定额中,不得作为套箱工程量进行计算。

③沉井制作的工程量,重力式沉井为设计图纸井壁及隔墙混凝土数量;钢丝网水泥薄壁浮运沉井为刃脚及骨架钢材的重量,但不包括铁丝网的重量;钢壳沉井的工程量为钢材的总重量。

④沉井下沉定额的工程量按沉井刃脚外缘所包围的面积乘沉井刃脚下沉入土深度计算。沉井下沉按土、石所在的不同深度分别采用不同下沉深度的定额。定额中的下沉深度指沉井顶面到作业面的高度。定额中已综合了溢流(翻砂)的数量,不得另加工程量。

⑤沉井浮运、接高、定位落床定额的工程量为沉井刃脚外缘所包围的面积,分节施工的沉井接高的工程量应按各节沉井接高工程量之和计算。

⑥锚碇系统定额的工程量指锚碇的数量,按施工组织设计的需要量计算。

⑦地下连续墙导墙的工程量按设计需要设置的导墙的混凝土体积计算;成槽和墙体混凝土的工程量按地下连续墙设计长度、厚度和深度的乘积计算;锁口管吊拔和清底置换的工程量按地下连续墙的设计槽段数(指槽壁单元槽段)计算;内衬的工程量按设计需要的内衬的混凝土体积计算。

(8)打桩工程工程量计算规则:

①打预制钢筋混凝土方桩和管桩的工程量,应根据设计尺寸及长度以体积计算(管桩的

空心部分应予以扣除)。设计中规定凿去的桩头部分的数量,应计入设计工程量内。

②钢筋混凝土方桩的预制工程量,应为打桩定额中括号内的备制数量。

③拔桩工程量按实际需要数量计算。

④打钢板桩的工程量按设计需要的钢板桩重量计算。

⑤打桩用的工作平台的工程量,按施工组织设计所需的面积计算。

⑥船上打桩工作平台的工程量,根据施工组织设计,按一座桥梁实际需要打桩机的台数和每台打桩机需要的船上工作平台面积的总和计算。

(9)灌注桩工程工程量计算规则:

①灌注桩成孔工程量按设计入土深度计算。定额中的孔深指护筒顶至桩底(设计高程)的深度。造孔定额中同一孔内的不同土质,不论其所在的深度如何,均采用总孔深定额。

②人工挖孔的工程量按护筒(护壁)外缘所包围的面积乘设计孔深计算。

③浇注水下混凝土的工程量按设计桩径断面积乘设计桩长计算,不得将扩孔因素计入工程量。

④灌注桩工作平台的工程量按施工组织设计需要的面积计算。

⑤钢护筒的工程量按护筒的设计重量计算。设计重量为加工后的成品重量,包括加劲肋及连接用法兰盘等全部钢材的重量。

(10)预制、安装混凝土及钢筋混凝土工程工程量计算规则:

①预制构件的工程量为构件的实际体积(不包括空心部分的体积),但预应力构件的工程量为构件预制体积与构件端头封锚混凝土的数量之和。预制空心板的空心堵头混凝土已综合在预制定额内,计算工程量时不应再计列这部分混凝土的数量。

②使用定额时,构件的预制数量应为安装定额中括号内所列的构件备制数量。

安装的工程量为安装构件的体积。

③构件安装时现浇混凝土的工程量为现浇混凝土和砂浆的数量之和。但如在安装定额中已计列砂浆消耗的项目,则在工程量中不应再计列砂浆的数量。

④预制、悬拼预应力箱梁临时支座的工程量为临时支座中混凝土及硫磺砂浆的体积之和。

⑤移动模架的重量包括托架(牛腿)、主梁、鼻梁、横梁、吊架、工作平台及爬梯的重量,不包括液压构件和内外模板(含模板支撑系统)的重量。

⑥预应力钢绞线、预应力精轧螺纹粗钢筋及配锥形(弗氏)锚的预应力钢丝的工程量为锚固长度与工作长度的重量之和。

⑦配镦头锚的预应力钢丝的工程量为锚固长度的重量。

⑧先张钢绞线重量为设计图纸重量,定额中已包括钢绞线损耗及预制场构件间的工作长度及张拉工作长度。

⑨缆索吊装的索跨指两塔架间的距离。

(11)钢结构工程工程量计算规则:

①定位钢支架重量为定位支架型钢、钢板、钢管重量之和,以吨(t)为单位计算。

②锚固拉杆重量以拉杆、连接器、螺母(包括锁紧和球面)、垫圈(包括锁紧和球面)重量之和计算,以吨(t)为计算单位。

锚固体系环氧钢绞线重量以吨(t)为单位计算。本定额包括了钢绞线张拉的工作长度。

③塔顶门架重量按门架型钢重量,以吨(t)为单位计算。钢格栅按钢格栅和反力架重量之和,以吨(t)为单位计算。主索鞍重量包括承板、鞍体、安装板、挡块、槽盖、拉杆、隔板、锚梁、锌质填块的重量,以吨(t)为单位计算。散索鞍重量包括底板、底座、承板、鞍体、压紧梁、隔板、拉杆、锌质填块的重量,以吨(t)为单位计算。主索鞍定额按索鞍顶推6次计算,如顶推次数不同,则按人工每10t·次1.8工日,顶推设备每10t·次0.18台班进行增减。鞍罩为钢结构,以套为单位计算,1个主索鞍处为1套。鞍罩的防腐和抽湿系统费用需另行计算。

④牵引系统长度为牵引系统所需的单侧长度,以米(m)为单位计算。

猫道系统长度为猫道系统的单侧长度,以米(m)为单位计算。

⑤索夹重量包括索夹主体、螺母、螺杆、防水螺母、球面垫圈重量,以吨(t)为单位计算。

⑥缠丝以主缆长度扣除锚跨区、塔顶区、索夹处无需缠丝的主缆长度后的单侧长度,以米(m)为单位计算。

⑦缆套包括套体、锚碇处连接件、标准镀锌紧固件重量,以吨(t)为单位计算。

⑧钢箱梁重量为钢箱梁(包括箱梁内横隔板)、桥面板(包括横肋)、横梁、钢锚箱重量之和。

⑨钢拱肋的工程量以设计重量计算,包括拱肋钢管、横撑、腹板、拱脚处外侧钢板、拱脚接头钢板及各种加劲块,不包括支座和钢拱肋内的混凝土的重量。

5)第五章　防护工程

(1)本章定额中未列出的其他结构形式的砌石防护工程,需要时按“桥涵工程”项目的有关定额计算。

本章定额中除注明者外,均不包括挖基、基础垫层的工程内容,需要时按“桥涵工程”项目的有关定额计算。

本章定额中除注明者外,均已包括按设计要求需要设置的伸缩缝、沉降缝的费用。

本章定额中除注明者外,均已包括水泥混凝土的拌和费用。

(2)植草护坡定额中均已综合考虑黏结剂、保水剂、营养土、肥料、覆盖薄膜等的费用,使用定额时不得另行计算。

(3)现浇拱形骨架护坡可参考本章定额中的现浇框格(架)式护坡进行计算。

(4)预应力锚索护坡定额中的脚手架系按钢管脚手架编制的,脚手架宽度按2.5m考虑。

(5)工程量计算规则:

①铺草皮工程量按所铺边坡的坡面面积计算。

②护坡定额中以$100m^2$或$1000m^2$为计量单位的子目的工程量按设计需要防护的边坡坡面面积计算。

③木笼、竹笼、铁丝笼填石护坡的工程量按填石体积计算。

④本章定额砌筑工程的工程量为砌体的实际体积,包括构成砌体的砂浆体积。

⑤本章定额预制混凝土构件的工程量为预制构件的实际体积,不包括预制构件中空心部分的体积。

⑥预应力锚索的工程量为锚索(钢绞线)长度与工作长度的重量之和。

⑦抗滑桩挖孔工程量按护壁外缘所包围的面积乘设计孔深计算。

3. 预算定额项目表

预算定额项目表主要内容包括：

(1)工程项目名称及定额单位。

(2)工程项目包括的工程内容。

(3)完成定额单位工程的人工、材料、机械的名称、单位、代号、数量。数量中包括施工定额综合为预算定额项目的幅度差,施工过程中的场内运输及操作损耗及材料工地小搬运的人工工日。

(4)定额基价。将完成单位工程项目所需人工、材料、机械的数量以费用的形式表示,并作为计算其他直接费、现场经费和间接费的计价依据。

(5)有些定额项目下还列有在章、节说明中没有包括的,仅供本定额项目使用的注释。如路基工程洒水汽车洒水项目中注明,若水需计费时,水费另行计算。

4. 定额附录

定额附录是配合定额使用不可缺少的一个重要组成部分。定额附录的作用包括：

(1)了解定额编制时采用的各种统一规定,如路面材料计算基础数据;预制构件混凝土与模板的接触面积,每 $10m^2$ 接触面积的模板所需的人工、机械及材料的周转使用量。

(2)供抽换定额中混凝土强度等级、砂浆强度等级时使用的混凝土、砂浆配合比表。

(3)编制补充预算定额所需的统一规定,如材料周转次数、规格、单位重、代号、基价等。

(4)便于使用单位经过施工实践核定定额水平,并对定额水平提出意见,作为修订定额的重要资料。

●第二节　预算定额的应用●

一、预算定额的直接套用

当设计要求、结构形式、施工工艺、施工机械等与定额条件完全相符合时,可直接套用定额。在应用预算定额编制预算文件时,绝大多数项目属于直接套用定额的情况。

套用定额时,应根据设计图纸正确选择相应的套用定额,套用时必须从工程内容、技术特征和施工方法等方面进行一一核对,完全相符时才能套用,这是正确使用定额的关键。

【例 5-2】 某工程有 $2000m^3$ 普通土需开挖,天然密实土,选用斗容量 $1m^3$ 普挖掘机挖装,请计算工、料、机消耗量。

解:查《公路工程预算定额》(JTG/T B06-02—2007)第一章,路基工程,第一节路基土石方工程 1－1－9 挖掘机挖装土、石方(表 5-6),定额编号 1－1－9－5。

定额单位为 $1000m^3$ 天然密实方,则：

$$\frac{2000}{1000}=2\text{ 个定额单位}$$

则 $2000m^3$ 普通土开挖所消耗的工、料、机数量为：

人工, $4.5\times2=9$(工日)

$1.0m^3$ 以内履带式单斗挖掘机, $2.15\times2=4.3$(台班)

75kW 以内履带式推土机,0.46×2=0.92(台班)

1-1-9　挖掘机挖装土、石方　　表 5-6

工程内容　安设挖掘机,开辟工作面,挖土或爆破后石方,装车,移位,清理工作面。

单位:1000m^3 天然密实方

顺序号	项　目	单位	代号	挖装土方								
				斗容量(m^3)								
				0.6 以内			1.0 以内			2.0 以内		
				松土	普通土	硬土	松土	普通土	硬土	松土	普通土	硬土
				1	2	3	4	5	6	7	8	9
1	人工	工日	1	4.0	4.5	5.0	4.0	4.5	5.0	4.0	4.5	5.0
2	75kW 以内履带式推土机	台班	1003	0.62	0.72	0.83	0.40	0.46	0.53	0.22	0.25	0.28
3	0.6m^3 以内履带式单斗挖掘机	台班	1027	2.88	3.37	3.88	—	—	—	—	—	—
4	1.0m^3 以内履带式单斗挖掘机	台班	1035	—	—	—	1.85	2.15	2.46	—	—	—
5	2.0m^3 以内履带式单斗挖掘机	台班	1037	—	—	—	—	—	—	1.01	1.15	1.29
6	基价	元	1999	2017	2348	2695	1970	2279	2602	1751	1991	2231

【例 5-3】 某工程有 10000m^2 普通水泥混凝土路面需要浇筑,路面厚度为 20cm,混凝土设计强度等级为 C30,人工铺筑,请计算工、料、机消耗量。

解:查《公路工程预算定额》(JTG/T B06-02—2007)第二章,路面工程,第二节路面面层 2-2-17 水泥混凝土路面(表 5-7),定额编号 2-2-17-1。

2-2-17　水泥混凝土路面　　表 5-7

工程内容　1)模板制作,安装,拆除,修理,涂脱模剂;

2)拉杆、传力杆及补强钢筋制作、安装;

3)混凝土配运料、拌和、运输、浇筑、捣固、真空吸水、抹平、压(刻)纹、养生;

4)切缝,灌注填缝料。

Ⅰ.普通混凝土　　单位:1000m^2 路面

顺序号	项　目	单位	代号	人工铺筑		摊铺机铺筑			
						轨道式		滑模式	
				路面厚度(cm)					
				20	每增减 1	20	每增减 1	20	每增减 1
				1	2	3	4	5	6
1	人工	人工	1	290.3	12.2	82.6	2.2	50.1	1.5
2	C30 水泥混凝土	m^3	—	(204.00)	(10.2)	(204.00)	(10.2)	(204.00)	(10.2)
3	锯材	m^3	102	0.066	0.003	0.058	0.003	0.001	—
4	光圆钢筋	t	111	0.004	—	0.003	—	—	—
5	型钢	t	182	0.054	0.003	0.001	—	0.001	—
6	32.5 级水泥	t	832	76.908	3.845	76.908	3.845	76.908	3.845
7	石油沥青	t	851	0.099	0.004	0.099	0.004	0.138	0.006

续上表

顺序号	项　目	单位	代号	人工铺筑		摊铺机铺筑			
						轨道式		滑模式	
				路面厚度(cm)					
				20	每增减1	20	每增减1	20	每增减1
				1	2	3	4	5	6
8	煤	t	864	0.020	0.001	0.020	0.001	0.028	0.001
9	水	m^3	866	29	1	30	2	31	2
10	中(粗)砂	m^3	899	93.84	4.69	93.84	4.69	93.84	4.69
11	碎石	m^3	952	169.32	8.47	169.32	8.47	169.32	8.47
12	其他材料费	元	996	273	3.9	273	3.9	304.1	5.0
13	$3m^3$以内轮胎式装载机	台班	1051	—	—	1.26	0.06	0.90	0.05
14	滑模式水泥混凝土摊铺机	台班	1234	—	—	—	—	0.37	0.02
15	轨道式水泥混凝土摊铺机	台班	1235	—	—	0.47	0.02	—	—
16	水泥混凝土真空吸水机	台班	1239	3.48	—	—	—	—	—
17	混凝土刻纹机	台班	1243	—	—	8.91	—	8.91	—
18	混凝土切缝机	台班	1245	3.36	—	3.38	—	3.82	—
19	250L以内混凝土搅拌机	台班	1272	7.43	0.37	—	—	—	—
20	$6m^3$以内混凝土搅拌运输车	台班	1307	—	—	2.74	0.14	2.74	0.14
21	$40m^3/h$以内混凝土搅拌站	台班	1325	—	—	1.00	0.05	—	—
22	$60m^3/h$以内混凝土搅拌站	台班	1327	—	—	—	—	0.67	0.03
23	4000L以内洒水汽车	台班	1404	1.44	—	—	—	—	—
24	6000L以内洒水汽车	台班	1405	—	—	1.90	—	1.90	—
25	小型机具使用费	元	1998	283.2	14.1	—	—	—	—
26	基价	元	1999	57227	2663	53698	2412	52519	2403

注:1.本定额未包括混凝土拌和站的安装拆卸费用,需要时按有关定额另行计算;

2.人工铺筑定额仅适用于一般数量不大的水泥混凝土路面,二级及二级以上等级公路的水泥混凝土路面应套用摊铺机铺筑定额。摊铺机铺筑定额中仅包括定1km的水泥混凝土运输,如需要增运时,按有关定额另行增加。

定额单位为$1000m^2$路面,则

$$\frac{10000}{1000}=10\text{个定额单位}$$

则$10000m^2$普通水泥混凝土路面浇筑所消耗的工、料、机数量为:

人工　$290.3\times10=2903$(工日)

材料

锯材,$0.066\times10=0.66(m^3)$

光圆钢筋,$0.004\times10=0.04(t)$

型钢,$0.054\times10=0.54(t)$

32.5级水泥,$76.908\times10=769.08(t)$

石油沥青,0.099×10=0.99(t)

煤,0.020×10=0.2(t)

水,29×10=290(m^3)

中(粗)砂,93.84×10=938.4(m^3)

碎石,169.32×10=1693.2(m^3)

其他材料费,273×10=2730(元)

机械

水泥混凝土真空吸水机,3.48×10=34.8(台班)

混凝土切缝机,3.36×10=33.6(台班)

250L以内混凝土搅拌机,7.43×10=74.3(台班)

4000L以内洒水汽车,1.44×10=14.4(台班)

小型机具使用费,283.2×10=2832(元)

【例5-4】 基础资料同【例5-3】,路面厚度为24cm,请计算工、料、机消耗量。

解:查《公路工程预算定额》(JTG/T B06-02—2007)第二章,路面工程,第二节路面面层2-2-17水泥混凝土路面(表5-7),定额编号2-2-17-1,2-2-17-2。

定额单位为1000m^2路面,

$$\frac{10000}{1000}=10\text{ 个定额单位}$$

则10000m^2普通水泥混凝土路面浇筑所消耗的工、料、机数量为:

人工 (290.3+12.2)×10=3025(工日)

材料

锯材,(0.066+0.003)×10=0.69(m^3)

光圆钢筋,0.004×10=0.04(t)

型钢,(0.054+0.003)×10=0.57(t)

32.5级水泥,(76.908+3.845)×10=807.53(t)

石油沥青,(0.099+0.004)×10=1.03(t)

煤,(0.020+0.001)×10=0.21(t)

水,(29+1)×10=300(m^3)

中(粗)砂,(93.84+4.69)×10=985.3(m^3)

碎石,(169.32+8.47)×10=1777.9(m^3)

其他材料费,(273+3.9)×10=2769(元)

机械

水泥混凝土真空吸水机,3.48×10=34.8(台班)

混凝土切缝机,3.36×10=33.6(台班)

250L以内混凝土搅拌机,(7.43+0.37)×10=79(台班)

4000L以内洒水汽车,1.44×10=14.4(台班)

小型机具使用费,(283.2+14.1)×10=2973(元)

二、预算定额的换算

当设计要求与定额条件不完全相符时则不能直接套用定额，应根据预算定额的规定进行换算。

《公路工程预算定额》(JTG/T B06-02—2007)中规定，定额中列有的混凝土、砂浆的强度等级和用量，其材料用量已按附录中配合比表规定的数量列入定额，不得重算。如设计采用的混凝土、砂浆强度等级或水泥强度等级与定额所列强度等级不同时，可按配合比表进行换算。但实际施工配合比材料用量与定额配合比表用量不同时，除配合比表说明中允许换算者外，均不得调整。混凝土、砂浆配合比表的水泥用量，已综合考虑了采用不同品种水泥的因素，实际施工中不论采用何种水泥，均不得调整定额用量。现举例说明。

1. 砂浆强度等级换算

【例 5-5】 浆砌片石边沟，工程量 400m^3，M10 水泥砂浆砌筑，M10 水泥砂浆勾缝，请查《公路工程预算定额》，计算所需的工、料、机数量。

解: 查《公路工程预算定额》(JTG/T B06-02—2007)第一章，路基工程，第一节路基土石方工程 1－2－3 石砌边沟、排水沟、截水沟、急流槽，定额编号 1－2－3－1。定额单位为 10m^3 实体(表 5-8)。

1－2－3 石砌边沟、排水沟、截水沟、急流槽 表 5-8

工程内容 1)拌、运砂浆;2)选、修石料;3)砌筑、勾缝、养生。

单位:10m^3 实体

顺序号	项目	单位	代号	边沟、排水沟、截水沟		急流槽	
				浆砌片石	浆砌块石	浆砌片石	浆砌块石
				1	2	3	4
1	人工	工日	1	15.8	15.5	12.2	11.8
2	M5 水泥砂浆	m^3	65	(3.50)	(2.70)	(3.50)	(2.70)
3	M10 水泥砂浆	m^3	67	(0.33)	(0.20)	(0.23)	(0.14)
4	32.5 级水泥	t	832	0.869	0.653	0.837	0.630
5	水	m^3	866	18	18	17	13
6	中(粗)砂	m^3	899	4.27	3.24	4.17	3.17
7	片石	m^3	931	11.50	—	11.50	—
8	块石	m^3	981	—	10.50	—	10.50
9	其他材料费	元	996	2.4	2.4	2.4	2.4
10	基价	元	1999	1714	2070	1520	1874

查该定额可知，定额中用的是 M5 水泥砂浆和 M10 水泥砂浆。与设计要求不符，因此就需要对水泥砂浆进行换算，使之符合设计要求。查《公路工程预算定额》附录砂浆配合比表(表 5-9)。

砂浆配合比表 表 5-9

单位:1m³ 砂浆及水泥浆

顺序号	项目	单位	水泥砂浆						水泥浆
			砂浆强度等级						
			M5	M7.5	M10	M12.5	M15	M20	
1	32.5 级水泥	kg	218	266	311	345	393	448	1348
2	中(粗)砂	m³	1.12	1.09	1.07	1.07	1.07	1.06	—

注:表列用量已包括场内运输及操作损耗。

根据砂浆配合比表可以知道,不同强度的砂浆是由不同用量的水泥和中粗砂组成的(水的变化忽略不计),因此砂浆强度的改变只是影响了水泥和中粗砂的用量而已,其他工、料、机的数量不发生变化。

$$\frac{400}{10}=40\text{ 个定额单位}$$

则 400m³ 浆砌片石边沟所消耗的工、料、机数量为:

人工,15.8 ×40 =632(工日)

材料

32.5 级水泥,[(3.50 +0.33) ×311/1000] ×40 =48.27(m³)

水,18 ×40 =720(m³)

中(粗)砂,[(3.50 +0.33) ×1.07] ×40 =166.06(m³)

片石,11.50 ×40 =460(m³)

其他材料费,2.4 ×40 =96(元)

2. 混凝土强度等级的换算

【例 5-6】 同【例 5-3】,现设计要求水泥混凝土强度等级采用 C35,水泥强度等级采用 32.5。请查《公路工程预算定额》,计算所需的工、料、机数量。

解:查《公路工程预算定额》(JTG/T B06-02—2007)第二章,路面工程,第二节路面面层 2-2-17水泥混凝土路面(表 5-7),定额编号2-2-17-1。

由定额可知,定额中的混凝土为 C30,和设计要求不符,因此就需要对定额中混凝土进行换算,查《公路工程预算定额》附录水泥混凝土配合比表(表 5-10)可知,混凝土强度的变化只

混凝土配合比表 表 5-10

单位:1m³ 混凝土

顺序号	项目	单位	普通混凝土							
			碎(砾)石最大粒径(mm)40							
			混凝土强度等级							
			C25	C30		C35		C40		
			32.5	32.5	42.5	32.5	42.5	32.5	42.5	52.5
1	水泥	kg	335	377	355	418	372	461	415	359
2	中(粗)砂	m³	0.48	0.46	0.46	0.45	0.46	0.43	0.44	0.46
3	碎(砾)石	m³	0.83	0.83	0.84	0.82	0.83	0.81	0.83	0.84

是引起水泥、中粗砂、碎石的变化而已,因此,只需要对上述三种材料进行计算就可以了,其他

的材料、人工、机械都不发生变化。

水泥,$(204.00\times418/1000)\times10=852.72(t)$

中(粗)砂,$(204.00\times0.45)\times10=918(m^3)$

碎(砾)石砂,$(204.00\times0.82)\times10=1672.8(m^3)$

人工、其他材料、机械消耗量同【例 5-3】。

3. 乘系数换算

【例 5-7】 $0.6m^3$ 挖掘机挖装土方,75kW 推土机清理余土。土方工程量为 $1050m^3$,其中 $50m^3$ 机械达不到需由人工完成。土质为普通土,请计算工、料、机用量。

解:查《公路工程预算定额》第一章路基工程,第一节路基土、石方工程,说明中第三条规定"机械施工土、石方,挖方部分机械达不到需由人工完成的工程量由施工组织设计确定。其中,人工操作部分,按相应定额乘以 1.15 的系数。"则:

(1)机械完成的工程量 $1050m^3-50m^3=1000m^3$

查预算定额 1-1-9-2

人工:4.5 工日

机械:75kW 以内履带式推土机 0.72 台班;$0.6m^3$ 以内履带式单斗挖掘机 3.37 台班。

(2)人工完成部分

查预算定额 1-1-6-2

人工:$(181.1\times50/1000)\times1.15=10.41$(工日)

(3)合计

人工:$4.5+10.41=14.91$(工日)

机械:75kW 以内履带式推土机 0.72 台班;$0.6m^3$ 以内履带式单斗挖掘机 3.37 台班。

●第三节 施工图预算的编制●

一、施工图预算的基本概念

1. 施工图预算的含义

施工图预算是由设计单位在施工图设计阶段,根据施工图设计图纸、现行《公路工程预算定额》、《公路工程基本建设项目概算预算编制办法》、《公路工程机械台班费用定额》以及当地工、料、机等预算单价编制和确定的建筑安装工程造价的文件。

2. 施工图预算的作用

(1)施工图预算是设计阶段控制工程造价的重要环节,是控制施工图设计不突破设计概算的重要措施。

(2)施工图预算是编制或调整固定资产投资计划的依据。

(3)对于实行施工招标的工程,施工图预算是编制标底的依据,也是施工单位投标报价的依据。

(4)对于不宜实行施工招标的工程,施工图预算可作为确定合同价款的基础。

3. 施工图预算编制的依据

(1)施工图设计图纸及批准的设计概算等资料；

(2)《公路工程预算定额》；

(3)《公路工程基本建设项目概算预算编制办法》；

(4)《公路工程机械台班费用定额》；

(5)地方补充规定；

(6)工程所在地的材料价格信息；

(7)预算手册及工具书。

二、施工图预算(概算)的项目表划分(表5-11)

概、预算项目划分表(部分) 表5-11

项	目	节	细目	工程或费用名称	单位	备注
				第一部分 建筑安装工程费	**公路公里**	建设项目路线总长度(主线长度)
一				临时工程	公路公里	
	1			临时道路	km	新建便道与利用原有道路的总长
			1	临时便道的修建与维护	km	新建便道长度
			2	原有道路的维护与恢复	km	利用原有道路长度
				……		
	2			临时便桥	m/座	指汽车便桥
	3			临时轨道铺设	km	
	4			临时电力线路	km	
	5			临时电信线路	km	不包括广播线
	6			临时码头	座	按不同的形式划分节或细目
二				路基工程	km	扣除桥梁、隧道和互通立交的主线长度，独立桥梁或隧道为引道或接线长度
	1			场地清理	km	
		1		清理与掘除	m^2	按清除内容的不同划分细目
			1	清除表土	m^3	
			2	伐树、挖根、除草	m^2	
				……		
		2		挖除旧路面	m^2	按不同的路面类型和厚度划分细目
			1	挖除水泥混凝土路面	m^2	
			2	挖除沥青混凝土路面	m^2	
			3	挖除碎(砾)石路面	m^2	
				……		
		3		拆除旧建筑物、构筑物	m^3	按不同的构筑材料划分细目
			1	拆除钢筋混凝土结构	m^3	
			2	拆除混凝土结构	m^3	
			3	拆除砖石及其他砌体	m^3	
				……		
	2			挖方	m^3	
		1		挖土方	m^3	按不同的地点划分细目
			1	挖路基土方	m^3	
			2	挖改路、改河、改渠土方	m^3	
				……		
		2		挖石方	m^3	按不同的地点划分细目

续上表

项	目	节	细目	工程或费用名称	单位	备　注
			1	挖路基石方	m^3	
			2	挖改路、改河、改渠石方	m^3	
				……		
		3		挖非适用材料	m^3	
		4		弃方运输	m^3	
	3			填方	m^3	
		1		路基填方	m^3	按不同的填筑材料划分细目
				……		
		3		坡面喷浆防护	m^2	按不同的材料划分细目
			1	抹面、捶面护坡	m^2	
			2	喷浆护坡	m^2	
			3	喷射混凝土护坡	m^3/m^2	
				……		
		4		坡面加固	m^2	按不同的材料划分细目
			1	预应力锚索	t/m	
			2	锚杆、锚钉	t/m	
			3	锚固板	m^3	
				……		
		5		挡土墙	m^3/m	按不同的材料和形式划分细目
			1	现浇混凝土挡土墙	m^3/m	
			2	锚杆挡土墙	m^3/m	
			3	锚碇板挡土墙	m^3/m	
			4	加筋土挡土墙	m^3/m	
			5	扶壁式、悬臂式挡土墙	m^3/m	
			6	桩板墙	m^3/m	
			7	浆砌片石挡土墙	m^3/m	
			8	浆砌块石挡土墙	m^3/m	
			9	浆砌护肩墙	m^3/m	
			10	浆砌(干砌)护脚	m^3/m	
				……		
		6		抗滑桩	m^3	按不同的规格划分细目
				……		
		7		冲刷防护	m^3	按不同的材料和形式划分细目
			1	浆砌片石河床铺砌	m^3	
			2	导流坝	m^3/处	
			3	驳岸	m^3/m	
			4	石笼	m^3/处	
				……		
		8		其他工程	km	根据具体情况划分细目
				……		
三				路面工程	km	
	1			路面垫层	m^2	按不同的材料分节
		1		碎石垫层	m^2	按不同的厚度划分细目
		2		砂砾垫层	m^2	按不同的厚度划分细目
				……		
	2			路面底基层	m^2	按不同的材料分节
		1		石灰稳定类底基层	m^2	按不同的厚度划分细目
		2		水泥稳定类底基层	m^2	按不同的厚度划分细目

续上表

项	目	节	细目	工程或费用名称	单位	备　注
		3		石灰粉煤灰稳定类底基层	m^2	按不同的厚度划分细目
		4		级配碎(砾)石底基层	m^2	按不同的厚度划分细目
				……		
	3			路面基层	m^2	按不同的材料分节
		1		石灰稳定类基层	m^2	按不同的厚度划分细目
		2		水泥稳定类基层	m^2	按不同的厚度划分细目
		3		石灰粉煤灰稳定类基层	m^2	按不同的厚度划分细目
		4		级配碎(砾)石基层	m^2	按不同的厚度划分细目
		5		水泥混凝土基层	m^2	按不同的厚度划分细目
		6		沥青碎石混合料基层	m^2	按不同的厚度划分细目
				……		
	4			透层、黏层、封层	m^2	按不同的形式分节
		1		透层	m^2	
		2		黏层	m^2	
		3		封层	m^2	按不同的材料划分细目
			1	沥青表处封层	m^2	
			2	稀浆封层	m^2	
				……		
		4		单面烧毛纤维土工布	m^2	
		5		玻璃纤维格栅	m^2	
				……		
	5			沥青混凝土面层	m^2	指上面层面积
		1		粗粒式沥青混凝土面层	m^2	按不同的厚度划分细目
		2		中粒式沥青混凝土面层	m^2	按不同的厚度划分细目
		3		细粒式沥青混凝土面层	m^2	按不同的厚度划分细目
		4		改性沥青混凝土面层	m^2	按不同的厚度划分细目
		5		沥青玛蹄脂碎石混合料面层	m^2	按不同的厚度划分细目
				……		
	6			水泥混凝土面层	m^2	按不同的材料分节
		1		水泥混凝土面层	m^2	按不同的厚度划分细目
		2		连续配筋混凝土面层	m^2	按不同的厚度划分细目
		3		钢筋	t	
	7			其他面层	m^2	按不同的类型分节
		1		沥青表面处治面层	m^2	按不同的厚度划分细目
		2		沥青贯入式面层	m^2	按不同的厚度划分细目
		3		沥青上拌下贯式面层	m^2	按不同的厚度划分细目
		4		泥结碎石面层	m^2	按不同的厚度划分细目
		5		级配碎(砾)石面层	m^2	按不同的厚度划分细目
		6		天然砂砾面层	m^2	按不同的厚度划分细目
				……		
	8			路槽、路肩及中央分隔带	km	
		1		挖路槽	m^2	按不同的土质划分细目
			1	土质路槽	m^2	
			2	石质路槽	m^2	
		2		培路肩	m^2	按不同的厚度划分细目
		3		土路肩加固	m^2	按不同的加固方式划分细目
			1	现浇混凝土	m^2	
			2	铺砌混凝土预制块	m^2	

续上表

项	目	节	细目	工程或费用名称	单位	备　注
			3	浆砌片石	m^2	
				……		
		4		中央分隔带回填土	m^3	
		5		路缘石	m^3	按现浇和预制安装划分细目
				……		
	9			路面排水	km	按不同的类型分节
		1		拦水带	m	按不同的材料划分细目
		3		收费系统设备	公路公里	按不同设备分别计算
		4		供电照明系统设备	公路公里	按不同设备分别计算
		5		养护设备	公路公里	按不同设备分别计算
二				工具、器具购置	公路公里	
三				办公及生活用家具购置	公路公里	
				第三部分　工程建设其他费用	**公路公里**	
一				土地征用及拆迁补偿费	公路公里	
二				建设项目管理费	公路公里	
	1			建设单位(业主)管理费	公路公里	
	2			工程质量监督费	公路公里	
	3			工程监理费	公路公里	
	4			工程定额测定费	公路公里	
	5			设计文件审查费	公路公里	
	6			竣(交)工验收试验检测费	公路公里	
三				研究试验费	公路公里	
四				建设项目前期工作费	公路公里	
五				专项评价(估)费	公路公里	
六				施工机构迁移费	公路公里	
七				供电贴费	公路公里	
八				联合试运转费	公路公里	
九				生产人员培训费	公路公里	
十				固定资产投资方向调节税	公路公里	
十一				建设期贷款利息	公路公里	
				第一、二、三部分费用合计	**公路公里**	
				预备费	元	
				1. 价差预备费	元	
				2. 基本预备费	元	预算实行包干时列系数包干费
				概(预)算总金额	**元**	
				其中:回收金额	元	
				公路基本造价	公路公里	

公路工程概(预)算的编制必须严格按照概(预)算项目表的序列及内容进行,如实际出现的工程和费用项目与项目表的内容不完全相符时,“一、二、三部分”和项的序号应保留不变,“目”、“节”、“细目”可随需要增减,并按项目表的顺序以实际出现的“目”、“节”、“细目”依次排列,不保留缺少的“目”、“节”、“细目”序号。如第二部分设备工具器具购置费在该工程中

不发生时,第三部分工程建设其他费用仍为第三部分。

三、施工图预算(概算)文件组成

概(预)算文件由封面及目录,概(预)算编制说明及全部概(预)算计算表格组成。

1. 封面及目录

概(预)算文件的封面和扉页应按《公路工程基本建设项目设计文件编制办法》中的规定制作,扉页的次页应有建设项目名称,编制单位,编制、复核人员姓名并加盖资格印章,编制日期及第几册共几册等内容。目录应按概(预)算表的表号顺序编排。

2. 概、预算编制说明

概(预)算编制完成后,应写出编制说明,文字力求简明扼要。应叙述的内容一般有:

(1)建设项目设计资料的依据及有关文号,如建设项目可行性研究报告批准文件号,初步设计和概算批准文号(编修正概算及预算时),以及根据何时的测设资料及比选方案进行编制的等。

(2)采用的定额、费用标准,人工、材料、机械台班单价的依据或来源,补充定额及编制依据的详细说明。

(3)与概(预)算有关的委托书,协议书,会议纪要的主要内容(或将抄件附后)。

(4)总概(预)算金额,人工、钢材、水泥、木料、沥青的总需要量情况,各设计方案的经济比较,以及编制中存在的问题。

(5)其他与概(预)算有关但不能在表格中反映的事项。

3. 概(预)算表格

公路工程概(预)算应按统一的概(预)算表格计算(表格式样见本书附录),其中概(预)算相同的表式,在印制表格时,应将概算表与预算表分别印制。

4. 甲组文件与乙组文件

概(预)算文件是设计文件的组成部分,按不同的需要分为两组,甲组文件为各项费用计算表,乙组文件为建筑安装工程费各项基础数据计算表(只供审批使用),(乙组文件表式征得省、自治区、直辖市交通厅同意后,结合实际情况允许变动或增加某些计算过渡表式)。甲、乙组文件应按《公路工程基本建设项目设计文件编制办法》关于设计文件报送份数,随设计文件一并报送。报送乙组文件时,还应提供"建筑安装工程费各项基础数据计算表"的电子文档和编制补充定额的详细资料,并随同概(预)算文件一并报送。

1)甲组文件

编制说明;

总概(预)算汇总表(01-1 表);

总概(预)算表(01 表);

总概(预)算人工、主要材料、机械台班数量汇总表(02-1 表);

人工、主要材料、机械台班数量汇总表(02 表);

建筑安装工程费计算表(03 表);

其他直接费、现场经费及间接费综合费率计算表(04 表);

设备、工具、器具购置费计算表(05 表);

工程建设其他费用及回收金额计算表(06 表);

人工、材料、机械台班单价汇总表(07 表)。

乙组文件中的“建筑安装工程费计算数据表”(08-1 表)和“分项工程概(预)算表”(08-2 表)应根据审批部门或建设项目业主单位的要求全部提供或仅提供其中的一种。

概(预)算应按一个建设项目(如一条路线或一座独立大、中桥)进行编制。当一个编制项目需要分段或分部编制时,应根据需要分别编制,但必须汇总编制“总概(预)算汇总表”。

2)乙组文件

建筑安装工程费计算数据表(08-1 表);

分项工程概(预)算表(08-2 表);

材料预算单价计算表(09 表);

自采材料料场价格计算表(10 表);

机械台班单价计算表(11 表);

辅助生产工、料、机械台班单位数量表(12 表)。

四、施工图预算(概算)文件表格之间的关系及计算顺序(图 5-3)

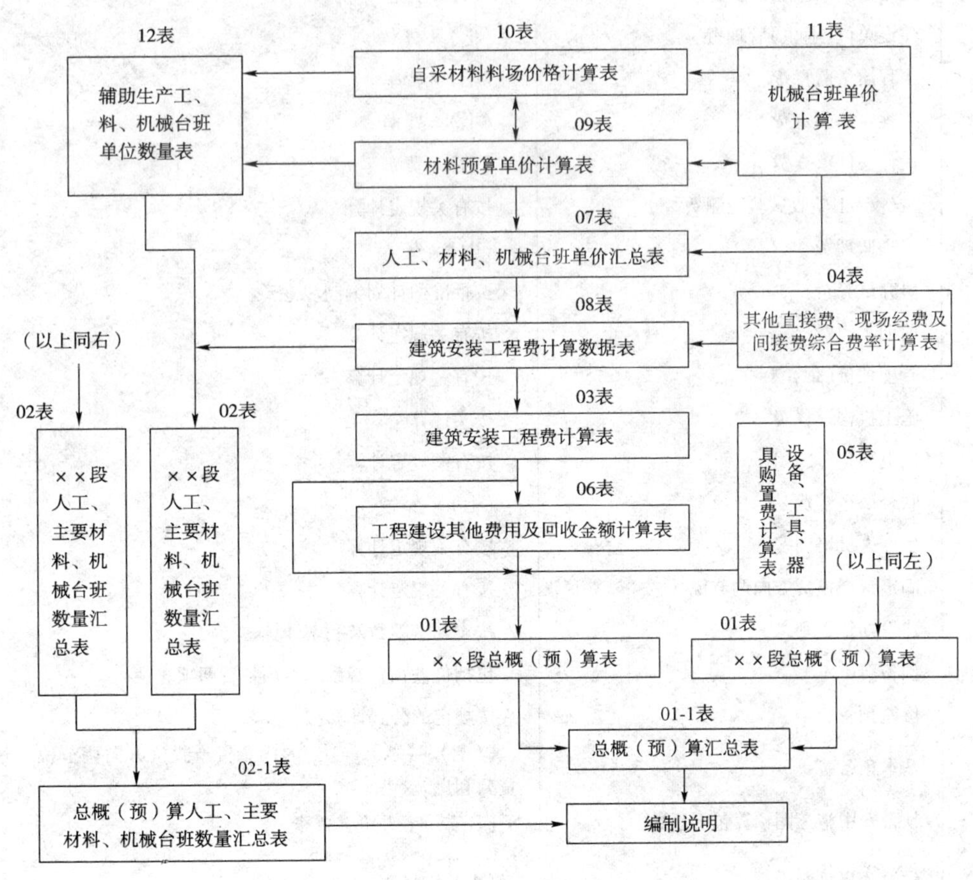

图 5-3 各种表格的计算顺序和相互关系

五、施工图预算(概算)计算程序(表5-12)

公路工程建设各项费用的计算程序及计算方式　　表5-12

代号	项目	说明及计算式
(一)	直接工程费(即工、料、机费)	按编制年工程所在地的预算价格计算
(二)	其他工程费	(一)×其他工程费综合费率或各类工程人工费和机械费之和×其他工程费综合费率
(三)	直接费	(一)+(二)
(四)	间接费	各类工程人工费×规费综合费率+(三)×企业管理费综合费率
(五)	利润	[(三)+(四)-规费]×利润率
(六)	税金	[(三)+(四)+(五)]×综合税率
(七)	建筑安装工程费	(三)+(四)+(五)+(六)
(八)	设备、工具、器具购置费(包括备品备件)	Σ(设备、工具、器具购置数量×单价+运杂费)×(1+采购保管费费率)
	办公和生活用家具购置费	按有关规定计算
(九)	工程建设其他费用	
	土地征用及拆迁补偿费	按有关规定计算
	建设单位(业主)管理费	(七)×费率
	工程质量监督费	(七)×费率
	工程定额测定费	(七)×费率
	设计文件审查费	(七)×费率
	竣(交)工验收试验检测费	按有关规定计算
	工程监理费	(七)×费率
	研究试验费	按批准的计划编制
	前期工作费	按有关规定计算
	专项评价(估)费	按有关规定计算
	施工机构迁移费	按实计算
	供电贴费	按有关规定计算
	联合试运转费	(七)×费率
	生产人员培训费	按有关规定计算
	固定资产投资方向调节税	按有关规定计算
	建设期贷款利息	按实际贷款数及利率计算
(十)	预备费	包括价差预备费和基本预备费两项
	价差预备费	按规定的公式计算
	基本预备费	[(七)+(八)+(九)-固定资产投资方向调节税-建设期贷款利息]×费率
	预备费中施工图预算包干系数	[(三)+(四)]×费率
(十一)	建设项目总费用	(七)+(八)+(九)+(十)

【技能训练】

请根据下列资料编制施工图预算。

项目名称：××高速公路 K5+000~K10+000 段

(1)主要工程量(表 5-13)

表 5-13

工程项目	定额细目	定额单位	实际工程量
临时工程(5km)	汽车便道(路基宽 7m,无路面)	km	5
	输电线路(三线裸铝线)	100m	800
挖土方($50000m^3$)	$2m^3$ 挖掘机挖装松土	$1000m^3$	50000
	8t 自卸车运土方 5km	$1000m^3$	50000
路基填方($50000m^3$)	高速 15t 振动压路机碾压路基	$1000m^3$	50000
	购土方(数量单价)	m^3	20000
防护工程(5km)	花格式草皮护坡	$100m^2$	15000
	浆砌片石挡墙基础,M5 砂浆	$10m^3$	3000
	浆砌片石挡墙身,M7.5 砂浆	$10m^3$	3000
水泥稳定土基层($76000m^2$)	水泥石屑基层,厚 20cm,水泥 4%	$1000m^2$	76000
	8t 车运基层混合料 5km	$1000m^2$	76000
	90kW 平地机铺筑	$1000m^2$	76000
	稳定土拌和设备安拆(250t/h)	座	1
水泥混凝土路面($70000m^2$)	摊铺机铺轨道式路面厚 25cm	$1000m^2$	70000
	自卸车 6t 内运 6km	$1000m^3$	70000
	拉杆及传力杆人工及轨道摊铺机摊铺	$1000m^3$	11
	路面钢筋	t	11
	混凝土搅拌站安拆($25m^3/h$)	座	1
预制预应力空心板桥(1 座)	预制预应力空心板(使用商品混凝土)	$10m^3$	120
	预应力混凝土空心板钢筋	t	11
	预应力钢绞线	10t	5
	龙门架装车构件质量 15t 内 3km	$10m^3$	120
	起重机安装预应力空心板 10m	$10m^3$	120

(2)工程建设其他费用

①土地、青苗等补偿和安置补助费(数量单价)：

果树 230 棵×500 元/棵；

耕地 70 亩×10000 元/亩。

②建设单位管理费按累进办法计算建管费。

③工程质量监督费按建安费×0.15%计算。

④工程监理费按建安费×2.5%计算。

⑤工程定额测定费按建安费×0.12%计算。

(3)工、料、机的预算单价

①人工、机械工 53 元/工日；商品混凝土 395 元/m^3；汽油 6.0 元/kg，柴油 5.4 元/kg。

②计算碎石(2cm、4cm、8cm)单价(表 5-14)。

表 5-14

名称	起讫地点	原价	运价	运距	装卸费	装卸次数	预算价(元/m^3)
碎石(2cm)	料场—工地	50	0.5	10	6	1	47.88
碎石(4cm)	料场—工地	50	0.5	10	6	1	47.88
碎石(8cm)	料场—工地	45	0.5	10	6	1	46.85

③机械台班单价采用所在地区养路费车船使用税标准计算。

④其他材料、机械采用部颁定额单价。

(4)项目其他基本资料(表 5-15)

表 5-15

工程所在地	×××	工程所在地	×××
费率标准	部颁费率标准(2007)	失业保险(%)	1
冬季施工	准一区	医疗保险(%)	1
雨季施工	Ⅱ区 6 个月	住房公积金(%)	1
夜间施工	计	工伤保险(%)	1
高原施工	不计	基本费用	计
风沙施工	不计	综合里程(km)	4
沿海地区	不计	粮食	6
行车干扰	次数 501~1000	燃料	6
安全施工	计	蔬菜	6
临时设施	计	水	6
施工辅助	计	职工探亲	一般
工地转移(km)	50	职工取暖	不计
养老保险(%)	5	财务费用	计

思考练习题

1. 某工程有 100000m^2 普通水泥混凝土路面需要浇筑，路面厚度为 24cm，混凝土设计强度等级为 C35，水泥强度等级为 42.5，滑模铺筑，请计算工、料、机消耗量。

2. 某二级公路第×合同段长 15km，路基宽度 12m，其中挖方路段长 4.5km，填方路段长 10.5km，施工图设计图纸提供的路基土石方数量如下：

挖方(m^3)，普通土，150000，软石，75000；

本桩利用(m^3)，土方，35000，石方，15000；

远运利用(m^3)，土方，115000，石方，50000；

填方(m^3)，550000。

注：以上挖方、利用方均指天然密实方，填方指压实方。

已知：远运利用土、石方的平均运距为 400m，借方、弃方的平均运距为 3km。

(1) 请列出该土石方工程造价所涉及的相关定额的名称、单位、定额代号、数量等内容；

(2) 材料单价按预算定额附录四的单价计算，结合你所在地区的情况，计算该项目的施工图预算。

3. ××公路工程中路面基层为 30cm 厚的水泥稳定碎石，计 300000m^2，采用厂拌法施工，120kW 平地机铺筑，15t 自卸汽车运 5km，水泥含量为 5%。

请列出该路面基层的工程细目、工程量、定额表号、定额基价。

4. ××公路工程采用沥青混凝土路面。施工图设计的路面面层为中粒式沥青混合料，厚度为 15cm(4+5+6)。其中某标段路线长度 30km，面层数量为 650000m^2，要求采用集中拌和施工。在施工过程中，由于某种原因造成中面层施工结束后相隔较长的时间才铺筑上面层。根据施工组织设计资料，在距路线两端 1/3 处各有一块比较平坦的场地，且与路线间约有 2km 的土质机耕道相接。路面施工工期为 12 个月。

请列出本标段路面工程造价的相关定额的名称、单位、定额代号、数量等内容。

5. 某六车道高速公路，路基宽 26.00m，设计若干座 C25 钢筋混凝土盖板涵，其中一座标准跨径为 4.00m，涵高 3.00m，C25 矩形板混凝土 71.7m^3，钢筋 6.02t，10 座盖板涵设一处预制场地，计 10000m^2，场地需平整碾压，30% 的面积需铺砂砾垫层，厚 15cm，20% 的面积用 2cm 厚的水泥砂浆进行抹面，作为构件预制底板。预制场至涵址平均运距 10km，用汽车运输。涵洞有浅水 0.30m 深，须用草袋围堰，适当平整，用砂砾垫层加固后才能架设涵洞支架，以便现浇上部矩形板混凝土。

请分别确定采用预制安装和现浇矩形板两种施工方法时，计算造价所涉及的工程细目、预算定额表号、工程量。

6. 某隧道工程全长 1360m，主要工程量为：设计开挖断面积为 150m^2，开挖土石方数量为 210780m^3，其中 II 类围岩 10%、III 类围岩 70%、IV 类围岩 20%；洞外除渣运距为 1200m。

请列出隧道洞身开挖及回填工程施工图预算所涉及的相关定额的名称、单位、定额代号、数量等内容。

7. 某山岭重丘区二级公路，有两座钢筋混凝土拱涵，标准跨径4m，涵高2.5m，洞口为八字墙，涵洞长度为40m，拱部的断面为半圆形。其施工图设计主要工程量如表5-16。

表5-16

序号	项目	单位	工程量
1	挖基坑土方(干处)	m^3	2078
2	挖基坑石方(干处)	m^3	2267
3	浆砌片石基础	m^3	410
4	浆砌片石涵底和洞口铺砌	m^3	76.2
5	浆砌片石截水墙	m^3	21.7
6	浆砌片石台、墙	m^3	640.9
7	混凝土帽石	m^3	3.24
8	拱混凝土	m^3	86.31
9	拱钢筋	t	3.341

请列出编制施工图预算所涉及的相关定额的名称、单位、定额代号、数量等内容。

第六章

公路工程造价工程量清单计价方法

知识目标

1. 描述工程量清单的内容；
2. 解释工程量清单报价的含义。

能力目标

1. 进行工程量清单的编制；
2. 进行清单报价编制。

• 第一节　工程量清单的概念和内容 •

1. 工程量清单的概念

工程量清单，又叫工程数量清单，它是工程招标及实施工程时的计量与支付的重要依据，在工程施工期间，对工程费用起着控制作用。

工程量清单是招标单位（业主）将要招标的工程按一定的原则（如按工程部位、性质等）进行分解，以明确工程的内容和范围，并将这些内容数量化而得到的一套工程项目表。每个表中既有工程部位和该部位需实施的各个子项目（工程细目），又有每个子项目的工程量和计价要求（单价或包干价）以及总计金额，单价与总价两个栏目由投标单位填写。可见，工程量清单反映的是每个相对独立的个体项目的主要内容和预算数量以及完成的价格。

我国的公路工程项目招标，一般均由招标单位提供工程量清单。招标单位在编制工程量清单时可参考《公路工程国际招标文件范本》和《公路工程国内招标文件范本》，这两个范本都有工程量清单的专门介绍，并在这两个范本的第四篇和第五篇的“技术规范”中给出了按章、节、目排列的工程细目表。

2. 工程量清单的作用

（1）为投标人的公平竞争提供基础。

工程量清单是按照招标文件中技术规范的规定和要求的分项原则及工程量计算方法编制的，是招标单位计算标底、投标单位计算报价的依据。一方面招标单位的标底是按这些分项进行计算而编制；另一方面各投标单位也是以工程量清单为依据，参照招标文件中的其他合同文件，结合本单位以往的施工经验，对工程量清单中所列各项分别进行报价，然后汇总，从而完成对整个工程的报价，这样为所有投标单位提供了一个报价计算的共同基础，使之能有效而精确地编写报价单,合理地进行投标报价,充分体现了公平竞争原则,同时由于标底也是在此基础上计算出来的,这为在评标时对报价进行比较提供方便。

(2)中标后的工程量清单为实施工程计量和办理中期支付提供依据。

工程量清单描述了工程项目的范围、内容及计量方式和方法,在工程实施期间对工程的计量与支付必须以工程量清单为依据,即使发生工程变更及费用索赔时,其参考作用也很明显,直接影响监理工程师对单价的确定。因此,工程量清单必须做到分项清楚明了,各种工作内容不重不漏,报价时工程数量的计算应尽可能准确。

(3)促使投标人提高技术水平及管理水平。

由于各个投标单位是在同一个基础上进行报价,为了中标,投标单位必须不断提高管理水平和技术水平来降低投标报价。这样有利于促进施工单位改进施工方法,优化施工方案,加强项目管理,采用自己掌握的先进施工技术、设备,最大限度地提高劳动生产率,最终降低生产成本。

(4)为业主选择合适的承包人提供重要参考。

鉴于投标人受工程量清单制约,主要的竞争变为价格竞争,而这一竞争有利于业主费用的降低,因此,它是业主选择中标者的最重要的参考依据。一般业主会选择报价低者中标,但他同时要兼顾施工组织以及承包人低价完成的可能性,故他以为有疑问时会倾向于适当抬高预计支付标准。另外,他也会在报价后的清单中分析投标人是否使用不平衡报价,作为他选择中标的参考。

(5)为费用监理提供依据。

由于工程量清单是合同文件的组成部分,也是在发生工程变更、价格调整、工程索赔中业主与承包人都比较易于接受的价格基础,因此无论是总价合同、单价合同还是成本加酬金合同,它都是费用监理中应最优先考虑到的价格。

3. 工程量清单的内容

编制工程量清单应遵循以下原则:

①与技术规范保持一致;

②便于计量支付;

③便于合同管理及处理工程变更;

④保持合同的公平性。

按上述原则编制的工程量清单,其内容分为前言、工程细目、计日工明细表和清单汇总表四部分。

1)前言

前言,在许多合同文件中又被称为清单序言,它主要对工程项目的工作范围和内容、计量方法和方式、费用计算的依据、在工程实施期间如何对工程进行计量和支付进行说明。当工程发生变更或费用索赔时,监理工程师将根据它来确定单价。概括起来,前言应强调以下几个方面的说明:

(1)工程量清单应与投标人须知、合同条款、技术规范及图纸等文件结合起来查阅与理解。

(2)工程量清单中所列工程数量是估算的或设计的预计数量,仅作为投标的共同基础,不

能作为最终结算与支付的依据。实际支付应按实际完成的工程量，由承包人按技术规范规定的计量方法，以监理工程师认可的尺寸、断面计量，按工程量清单的单价和总额价计算支付金额；或者，根据具体情况，按《公路工程国内招标文件范本》(2003 年版)合同条款第 52 条的规定，由监理工程师确定的单价或总额价计算支付额。

(3)除非合同另有规定，工程量清单中有标价的单价和总额价均已包括了为实施和完成合同工程所需的劳务、材料、机械、质检(自检)、安装、缺陷修复、管理、保险(工程一切险和第三方责任险除外)、税费、利润等费用，以及合同明示或暗示的所有责任、义务和一般风险。

(4)工程一切险的投保金额为工程量清单第 100 章(不含工程一切险及第三方责任险的保险费)至第 700 章的合计金额，明确规定保险费率。工程量清单第 100 章内列有上述保险费的支付细目，投标人根据上述保险费率计算出保险费，填入工程量清单。除上述工程一切险及第三方责任险以外，所投其他保险的保险费均由承包人承担并支付，不在报价中单列。

(5)工程量清单中本合同工程的每一个细目，都需填入单价；对于没有填入单价或总额价的细目，其费用应视为已包括在工程量清单的其他单价或总额价中，承包人必须按监理工程师指令完成工程量清单中未填入单价或总额价的工程细目，但不能得到结算与支付。

(6)符合合同条款规定的全部费用应认为已被计入有标价的工程量清单所列各细目之中，未列细目不予计量的工作，其费用应视为已分摊在本合同工程的有关细目的单价或总额价之中。

(7)工程量清单各章是按技术规范相应章次编号的，因此工程量清单中各章的工程细目的范围与计量等应与技术规范相应章节的范围、计量与支付条款结合起来理解或解释。

(8)对作业和材料的一般说明或规定，未重复写入工程量清单内，在给工程量清单各细目标价前，应参阅招标文件中技术规范的有关部分。

(9)对于符合要求的投标文件，在签订合同协议前，如发现工程量清单中有计算方面的算术性差错，按招标文件中投标须知第 23 条规定修正。

(10)工程量清单中所列工程量的变动，丝毫不会降低或影响合同条款的效力，也不免除承包人按规定的标准进行施工和修复缺陷的责任。

(11)承包人对用于本合同工程的各类装备的提供、运输、维护、拆卸、拼装等支付的费用，已包括在工程量清单的单价与总额价之中。

(12)在工程量清单中标明的暂定金额，除合同另有规定外，应由监理工程师按合同条款第 52 条和 58 条的规定，结合工程具体情况，报经业主批准后指令全部或部分地使用，或者根本不予动用。

工程量清单中的暂定金额一般有三种方式：计日工、专项暂定金额与一定百分率的不可预见因素的预备金，都是可能发生、也可能不发生的且招标时难以确定的金额，均按合同通用条款第 58 条规定办理。投标价中包括三项暂定金额是表明承包人对此有合同义务。不可预见费，含工程地质与自然条件的意外费和价格意外费，视具体项目情况应不超过 10%；专项暂定金额控制在 2% 左右。

(13)计量方法。

①用于支付已完工程的计量方法，应符合技术规范中相应章节的“计量与支付”条款的规定。

②图纸中所列的工程数量表及数量汇总表仅是提供资料，不是工程量清单的外延。当图纸与工程量清单所列数量不一致时，以工程量清单所列数量作为报价的依据。

(14)工程量清单中各项金额均以人民币(元)结算。

2)工程细目

工程细目又叫分项清单表，是招标工程中按章的顺序排列的各个项目表。表中有项目编号、项目名称、工程数量、单位、单价及金额栏目，其格式见表6-1。其中单价或金额栏的数字一般由承包人投标时填写，而其他部分一般由业主或者招标单位在编制工程量清单时确定。

工程量细目分章排列有利于将不同性质、不同部位、不同施工阶段或其他特性不同的工程区别开来，同时也有利于将那些需要采用不同施工方法或不同施工阶段或成本不一样的工程区别开来。

工程细目格式　表6-1

清单　第200章　路基					
细目号	细目名称	单位	数量	单价	合价
212-2	挂网锚喷混凝土防护边坡(全坡面)				
-a	厚…mm喷混凝土防护边坡	m^2			
-b	钢筋网	kg			
-c	铁丝网	kg			
-d	土工格栅	m^2			
-e	锚杆	m			
212-3	坡面防护				
-a	喷射混凝土(厚…mm)	m^2			
-b	喷射水泥砂浆(厚…mm)	m^2			
213-1	预应力锚索(钢绞线规格)	m			
213-2	混凝土锚固板(C…)	m^3			
214-1	混凝土抗滑桩				
-a	…m×…m,…级混凝土抗滑桩	m			
-b	…m×…m,…级混凝土抗滑桩	m			
-a	钢筋(带肋钢筋)	kg			
清单　第200章合计　人民币________					

工程细目按项、目、节、细目的形式设置，根据实际情况可按厚度、强度等级、规格等增列细目或子细目。

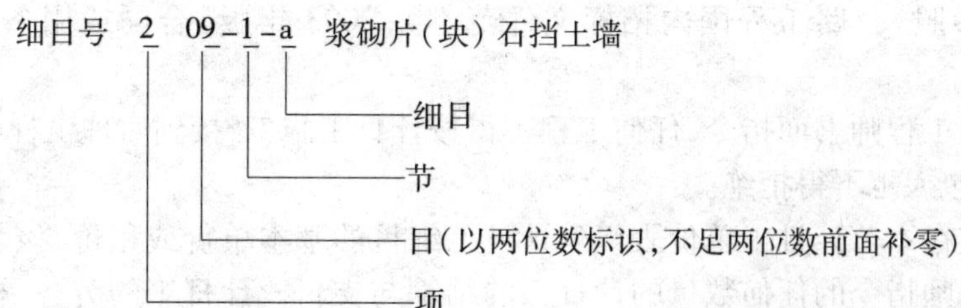

《公路工程国内招标文件范本》(2003 年版)分为 7 章,第 100 章总则(表 6-2),第 200 章路基,第 300 章路面,第 400 章桥梁、涵洞,第 500 章隧道,第 600 章安全设施及预埋管线,第 700 章绿化及环境保护;《公路工程工程量清单计量规则》分为 8 章,第一章总则,第二章路基工程,第三章路面工程,第四章桥梁涵洞工程,第五章隧道工程,第六章安全设施及预埋管线工程,第七章绿化及环境保护工程,新增第八章房建工程是依据公路建设项目房建工程内容增编。

工程量清单 表 6-2

清单 第 100 章 总则					
细目号	细目名称	单位	数量	单价	合价
101-1	保险费				
-a	按合同条款规定,提供建筑工程一切险	总额			
-b	按合同条款规定,提供第三方责任险	总额			
102-1	竣工文件	总额			
102-2	施工环保费	总额			
103-1	临时道路修建、养护与拆除(包括原道路的养护费)	总额			
103-2	临时工程用地	m^2			
103-3	临时供电设施	m^2			
-a	设施架设、拆除	总额			
-b	设施维修	月			
103-4	电信设施的提供、维修与拆除	总额			
103-5	供水与排污设施	总额			
104-1	承包人驻地建设	总额			
清单 第 100 章合计 人民币________					

应当注意,技术规范每一节的最后一目就与这一节工作内容的计量与支付规定对应,尽管工程细目表中未将此规定列出,但投标人报价或监理工程师在进行计量支付时必须仔细阅读。

3)计日工明细表

(1)总则。

①本节应参照《公路工程国内招标文件范本》(2003 年版)合同通用条款第 52.4 款一并理解。

②未经监理工程师书面指令,任何工程不得按计日工施工;接到监理工程师按计日工施工的书面指令,承包人也不得拒绝。

③投标人应在本节计日工单价表填列计日工细目的基本单价或租价,该基本单价或租价适用于监理工程师指令的任何数量的计日工的结算与支付。计日工的劳务、材料和施工机械由招标人(或业主)列出正常的估计数量,投标人报出单价,计算出计日工总额后列入工程量清单汇总表中并进入评标价。

④计日工不调价。

(2)计日工劳务(表 6-3)

计日工劳务单价表 表 6-3

合同段:

细目号	名称	估计数量(h)	单价(元/h)	合价(元)
101	班长			
102	普通工			
103	焊工			
104	电工			
105	混凝土工			
106	木工			
107	钢筋工			
	……			
计日工劳务(结转计日工汇总表,表 6-6)				

注:根据具体工程情况,也可用天数作为计日工劳务单位。

①在计算应付给承包人的计日工工资时,工时应从工人到达施工现场,并开始从事指定的工作算起,到返回原出发地点为止,扣去用餐和休息的时间。只有直接从事指定的工作,且能胜任该工作的工人才能计工,随同工人一起做工的班长应计算在内,但不包括领工(工长)和其他质检管理人员。

②承包人可以得到用于计日工劳务的全部工时的支付,此支付按承包人填报的"计日工劳务单价表"所列单价计算,该单价应包括基本单价及承包人的管理费、税费、利润等所有附加费。

a. 劳务基本单价包括:承包人劳务的全部直接费用,如:工资、加班费、津贴、福利费及劳动保护费等。

b. 承包人的利润、管理费、质检费、保险费、税费;易耗品的使用费,水、电及照明费,工作台、脚手架、临时设施费,手动机具与工具的使用及维修费,以及上述各项伴随而来的费用。

(3)计日工材料(表 6-4)。

承包人可以得到计日工使用的材料费用的支付,此费用按承包人"计日工材料单价表"中所填报的单价计算,该单价应包括基本单价及承包人的管理费、税费、利润等所有附加费。

a. 材料基本单价按供货价加运杂费(到达承包人现场仓库)、保险费、仓库管理费以及运

输损耗等计算。

b. 承包人的利润、管理费、质检费、保险费、税费及其他附加费。

c. 从现场运至使用地点的人工费和施工机械使用费不包括在上述基本单价内。

(4)计日工施工机械(表6-5)。

①承包人可以得到用于计日工作业的施工机械费用的支付,该费用按承包人填报的“计日工施工机械单价表”中的租价计算。该租价应包括施工机械的折旧、利息、维修、保养、零配件、油燃料、保险和其他消耗品的费用以及全部有关使用这些机械的管理费、税费、利润以及驾驶员与助手的劳务费等费用。

②在计日工作业中,承包人计算所用的施工机械费用时,应按实际工作小时支付。除非监理工程师同意,计算的工作小时才能将施工机械从现场某处运到监理工程师指令的计日工作业的另一现场往返运送时间包括在内。

计日工材料单价表

表6-4

合同段:

细目号	名称	单位	估计数量	单价(元)	合价(元)
201	水泥	t			
202	钢筋	t			
203	钢绞线	t			
204	沥青	t			
205	木材	m^3			
206	砂	m^3			
207	碎石	m^3			
208	片石	m^3			
	……				
计日工材料小计(结转计日工汇总表,表6-6)					

计日工施工机械单价表

表6-5

合同段:

细目号	名称	估计数量(h)	租价(元/h)	合价(元)
301	装载机			
301-1	1.5m^3 以下			
301-2	1.5~2.5m^3			
301-3	2.5m^3 以上			
302	推土机			
302-1	90kW 以下			
	……			
计日工施工机械小计(结转计日工汇总表,表6-6)				

计日工汇总表　　表 6-6

合同段：

名　　称	金额(元)
计日工：	
1. 劳务	
2. 材料	
3. 施工机械	
计日工合计(结转工程量清单汇总表)	

4)工程量清单汇总表

工程量清单汇总表(表 6-7)是将各章的工程细目表及计日工明细表进行汇总,再加上一定比例或数量(按招标文件规定)的暂定金额而得出该项目的总报价,该报价与投标书中填写的投标总价是一致的。

工程量清单汇总表　　表 6-7

合同段：

序号	章次	科目名称	金额(元)
1	100	总则	
2	200	路基	
3	300	路面	
4	400	桥梁、涵洞	
5	500	隧道	
6	600	安全设施及预埋管线	
7	700	绿化及环境保护	
8	第 100 章至 700 章清单合计		
9	已包含在清单合计中的专项暂定金额小计		
10	清单合计减去专项暂定金额(即 8－9)＝10		
11	计日工合计		
12	不可预见费(暂定金额)		总额
13	投标价(8＋11＋12)＝13		

●第二节　工程量清单的编制●

1. 编写工程量清单注意事项

工程量清单包括的内容很多,也很细,稍不留神,就有可能出错,给计量支付、合同管理带来麻烦,可能给承包人造成有的项目费用无处可摊或是可乘之机,甚至给业主带来不可弥补的损失。因此在编写时要注意以下几点：

(1)将开办项目作为独立的工程细目单列。

开办项目往往是一些一开工就要发生或开工前就要发生的项目,如工程保险、承包人的驻

地建设等。如果将这些项目包含在其他项目的单价中,到承包人在开工时上述各种款项将得不到及时支付,这不仅影响合同的公平性和承包人的资金周转,而且会增加招标中预付款的数量。

(2)合理划分工程项目。

在工程细目划分时,要注意将不同等级要求的工程区分开;将同一性质但不属于同一部位的工程区分开;将情况不同,可能要进行不同报价的项目分开。这一做法主要是为了强化工程投标中的竞争性,使投标人报价更加具体,针对不同情况可以采用不同的单价,便于降低总造价。

(3)工程细目的划分要大小合适。

工程细目的划分可大可小,工程细目大,可减少计算工作量,但太大就难以发挥单价合同的优势,不便于工程变更的处理;另外,工程细目太大也会使支付周期延长,影响承包人的资金周转,最终影响合同的正常履行。工程细目相对较小,虽会增加计算工作量,但对处理工程变更和合同管理是有利的。

工程细目的划分不是绝对的,既要简单明了,高度概括,又不能漏掉项目和应计价的内容,要结合工程实际,具体问题具体对待,灵活掌握。

(4)工程量的计算整理要细致准确。

计算和整理工程量的依据是设计图纸和技术规范,这是一项严谨的技术工作,绝不是简单地罗列设计文件中的工程量。要认真阅读技术规范中的计量和支付方法,仔细核查设计文件中工程量所对应计量方法与技术规范中的计量方法是否一致,如不一致,则需在整理工程量时进行技术处理。此外,在工程量的计算过程中,要做到不重不漏,更不能发生计算错误,否则,会带来一系列问题。

比如:工程量计算不准,投标人会利用此机会进行不平衡报价,当实际工程量较多地大于清单工程量时,承包人可报较高的单价,这样对投标总价影响不大,但在施工时是按实际工程量进行支付,则该项目的费用会增加很多,业主很难控制工程总费用。

(5)计日工清单不可缺少。

计日工清单是用来处理一些附加的或小型的变更工程计价用的,清单中计日工的数量完全是由业主虚拟的,用以避免承包人在投标时计日工的单价报得太离谱,有了计日工清单会使合同管理很方便。

(6)应与技术规范一致。

工程量清单的编号、项目、单位等要与技术规范中的计量支付相统一,从而保证整个合同的严密性和前后一致性。

2. 工程量清单编写案例

【例6-1】 某省拟修建一座预应力混凝土连续刚构大桥,桥跨组合为:3×30m+60m+2×100m+60m+3×30m,桥梁全长505.50m,桥梁宽度为12.50m。其中:30m跨径为现浇预应力混凝土连续箱梁。基础为钻孔灌注桩,采用回旋钻机施工,连续刚构桥主墩(单墩)为每排三根共6根1.50m的桩,过渡墩(单墩)为每排两根共4根1.20m的桩,桥台及现浇箱梁段均为2根1.20m的桩,1.50m的桩平均设计桩长为63.00m,1.20m的桩平均设计桩长为28.00m。主墩承台尺寸为7.50m×11.50m×3m。除连续刚构主墩为水中施工(水深5m以内)外,其他均为干处施工。连续刚构上部构造采用悬臂浇筑法施工,最大块件的混凝土数量为50m^3。混凝土均采用泵送施工,水上混凝土施工考虑搭便桥的方法,便桥费用不计入本工程造价中。连续刚构上部构造边跨现浇段长度均为10.00m,两岸过渡墩高度均为10.00m,两岸桥台的高度均为6.00m。本工程计划工期为18个月。其主要工程项目的工程量如表6-8。桥梁工程桩基清单分解见表6-9。

工 程 数 量 表　　表6-8

部位	序号	工程项目名称	单位	工程量
基础	1	Φ1.50m 桩径钻孔深度		
	(1)	砂、黏土	m	69
	(2)	砂砾	m	871.4
	(3)	软石	m	175.5
	(4)	次坚石	m	26.9
	2	Φ1.20m 桩径钻孔深度		
	(1)	砂、黏土	m	66.8
	(2)	砂砾	m	333.2
	(3)	软石	m	160
	3	灌注桩混凝土	m^3	2637.3
	4	灌注桩钢筋(I/II)	t	118.423
	5	承台封底混凝土	m^3	341
	6	承台混凝土	m^3	1376.3
	7	承台钢筋(I/II)	t	34.067
上部	1	悬浇100m连续刚构		
	(1)	墩顶0号块混凝土	m^3	537
	(2)	0号块钢筋	t	66.237
	(3)	箱梁混凝土	m^3	2621.4
	(4)	箱梁钢筋	t	310.897
	2	现浇30m箱梁		
	(1)	箱梁混凝土		1176.8
	(2)	箱梁钢筋	t	207.25
	3	钢绞线		
	(1)	束长80m内19孔锚具束数	t/束	91.097/76
	(2)	束长40m内19孔锚具束数	t/束	39.46/68
	(3)	束长20m内3锚具束数(单锚)	t/束	14.64/338
	(4)	束长20m内19孔锚具束数	t/束	11.184/40
	4	预应力粗钢筋(660根)	t	25.76
	5	人行道混凝土预制块	m^3	161
	6	人行道混凝土钢筋	t	12.411
	7	现浇搭板混凝土	m^3	96.3
	8	现浇搭板钢筋(I/II)	t	5.204

工 程 量 清 单 表 6-9

清单 第 400 章 桥梁、涵洞					
细目号	细 目 名 称	单位	数量	单价	合价
405-1	钻孔灌注桩				
-a	桩径 1.2m	m	560		
-b	桩径 1.5m	m	1134		

•第三节 工程量清单计价方法•

1. 工程量清单计价的基本过程

工程量清单计价的基本过程如图 6-1 所示。从计价过程的示意图中可以看出,工程量清单计价过程可以分为两个阶段:工程量清单编制和利用工程量清单投标报价两个阶段。

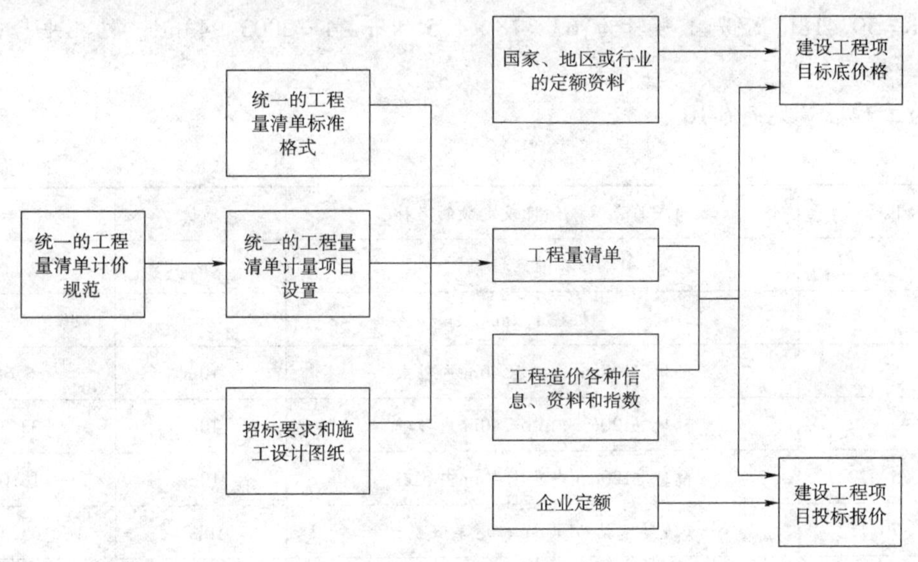

图 6-1 工程量清单计价的基本过程

2. 工程量清单计价的方法

1)总报价的计算

利用综合单价法计价需分项计算清单项目,汇总得到总报价。

分部分项工程费 = Σ分部分项工程量 × 分部分项工程综合单价

措施项目费 = Σ措施项目工程量 × 措施项目综合单价

单位工程报价 = 分部分项工程费 + 措施项目费 + 其他项目费 + 规费 + 税金

单项工程报价 = Σ单位工程报价

总报价 = Σ单项工程报价

2)分部分项工程费计算

分部分项工程费的计算包括以下几个步骤:

(1)计算施工方案工程量;

(2)人、料、机数量测算;

(3)市场调查和询价;

(4)计算清单项目分项工程的直接工程费单价;

(5)计算综合单价。

【例 6-2】 背景资料同【例 6-1】,分析计算该桥梁桩基工程造价。

分析要点:1. 桥梁基础工程应考虑的附属工程有:护筒、钻孔工作平台、套箱围堰。

2. 桥梁上部构造应考虑的附属工程有:现浇支架、悬浇挂篮、0 号块托架、墩顶龙门架等。

解:1. 桩径 120cm 的钻孔灌注桩

桩径 120cm 的桩共 20 根,根据钻孔土质情况,拟定护筒长度平均为 3.5m,重量为:$20\times3.5\times0.2313=16.191$t。混凝土数量为:$28\times20\times1.2^2\times\pi\div4=633.345\text{m}^3$

2. 桩径 150cm 的钻孔灌注桩

桩径 150cm 的桩共 18 根,根据钻孔土质情况,拟定护筒长度平均为 10m,重量为:$18\times10\times0.2801=50.418$t。混凝土数量为:$63\times18\times1.5^2\times\pi\div4=2003.943\text{m}^3$。钻孔平台面积为:$8\times15\times3=360\text{m}^2$

桩的工程数量见表 6-10。

表 6-10

定额代号	项或目或节或细目或定额的名称	单位	数量
	钻孔灌注桩	m	
	桩径 1.2m		
4-4-5-17	陆地 φ120cm 内孔深 40m 内砂土	10m	6.680
4-4-5-19	陆地 φ120cm 内孔深 40m 内砂砾	10m	33.320
4-4-5-22	陆地 φ120cm 内孔深 40m 内软石	10m	16.000
4-4-7-15	回旋潜水钻 φ150cm 输送泵混凝土	10m^3	63.335
4-4-8-7	埋设钢护筒干处	1t	16.191
	桩径 1.5m		
4-4-5-257	水中 φ150cm 内孔深 60m 内砂土	10m	6.900
4-4-5-259	水中 φ150cm 内孔深 60m 内砂砾	10m	87.140
4-4-5-262	水中 φ150cm 内孔深 60m 内软石	10m	17.550
4-4-5-263	水中 φ150cm 内孔深 60m 内次坚石	10m	2.690
4-4-7-15	回旋潜水钻 φ150cm 输送泵混凝土	10m^3	200.394
4-4-8-9	埋设钢护筒水深 10m 内	1t	50.418
4-4-9-2	桩基工作平台(水深 10m 内)	100 ㎡	3.600

工程量清单见表 6-11。

工 程 量 清 单　　表6-11

合同段：　　货币单位：人民币　　元

清单　第400章　桥梁、涵洞					
细目号	细 目 名 称	单位	数量	单价	合价
405-1	钻孔灌注桩	m			
-a	桩径1.2m	m	560.000	1146.46	642018
-b	桩径1.5m	m	1134.000	2274.48	2579260

【例6-3】 某水泥稳定土基层采用水泥砂砾(水泥剂量6%)，压实厚18cm，运距7.3km，采用100t/h以内厂拌设备拌和，3t内自卸汽车运输，分析计算其单价。

分析要点：1. 各类稳定土基层、级配碎石、级配砾石基层的压实厚度在15cm以内，填隙碎石一层的压实厚度在12cm以内，垫层、其他种类的基层和底基层压实厚度在20cm以内，拖拉机、平地机和压路机的台班消耗按定额数量计算。如超过上述压实厚度进行分层拌和、碾压时，拖拉机、平地机和压路机的台班消耗按定额数量加倍计算，每1000m^{2}增加3个工日。

2. 定额中，水泥砂砾水泥剂量为5%，实际工程中水泥剂量为6%，因此，要进行定额调整。

3. 定额中，采用300t/h以内厂拌设备拌和，实际工程中采用100t/h以内厂拌设备拌和，因此，要进行定额调整。

解：工程数量见表6-12。

表6-12

定额代号	项或目或节或细目或定额的名称	单位	数量	定额调整情况
	水泥稳定土基层，厚18mm			
2-1-7-3	水泥砂砾(水泥6%)压实厚18cm	1000m^2	20.00	+2-1-7-4×3，6:94，100t/h以内厂拌设备
2-1-8-1	3t以内自卸汽车7.3km	1000m^3	3.60	+2-1-8-3×13
2-1-9-1	90kW以内平地机铺基层	1000m^2	20.00	拖拉机、平地机、压路机×2，人工+3/1000m^2

工程量清单见表6-13。

工 程 量 清 单　　表6-13

合同段：某县乡公路改造工程　　货币单位：人民币元

清单　第300章　路面					
细目号	细 目 名 称	单位	数量	单价	合价
304-1	水泥稳定土底基层				
-a	厚18mm	m^2	20000.000	23.94	478800

3)措施项目费计算

措施项目清单的金额，应根据拟建工程的施工方案或施工组织设计，参照规范规定的综合单价组成来确定。计算措施项目综合单价的方法有参数法、实物量法和分包法。

(1)参数法计价：指按一定的基数乘系数的方法或自定义公式进行计算。这种方法简单明了，但最大的难点是公式的科学性、准确性难以把握。

(2)实物量法计价：根据需要消耗的实物工程量与实物单价计算措施费。

(3)分包法计价：在分包价格的基础上增加投标人的管理费及风险费进行计价的方法，这种方法适合可以分包的独立项目。

4)其他项目费计算

招标人将难以预料的费用以其他项目费的形式列出,由投标人按规定组价,包括在总价内。其他项目费中招标人部分是非竞争性项目,要求投标人按招标人提供的数量和金额列入报价,不允许投标人对价格进行调整。

(1)招标人部分。预留金主要是考虑到可能发生的工程量变化和费用增加而预留的金额。预留金的计算应根据设计文件的深度、设计质量的高低、拟建工程的成熟程度及工程风险的性质来确定其额度。预留金的支付与否、支付额度以及用途,都必须通过监理工程师的批准。

材料购置费指业主出于特殊目的或要求,对工程消耗的某类或某几类材料,在招标文件中规定,由招标人采购的拟建工程材料费。

招标人部分可能增加的项目有指定分包工程费。某些分部分项工程或单位工程专业性较强,必须由专业队伍施工,则发生分包工程费。这部分费用应通过向专业队伍询价(或招标)取得。

(2)投标人部分。总承包服务费包括配合协调招标人进行工程分包和材料采购所需的费用。此处的工程分包是指国家允许分包的工程,但不包括投标人自行分包的费用。

投标人由于分包而发生的管理费,应包括在相应清单项目的报价内。

零星工作项目表应详细列出人工、材料、机械名称和消耗量。

3. 工程量清单投标报价

1)工程量清单报价的依据

(1)招标文件(包括工程量清单、招标图纸、标准与规范等);

(2)施工组织设计或施工方案;

(3)招标会议记录;

(4)询价结果及已掌握的市场价格信息;

(5)国家、地方政府管理部门有关价格计算的规定;

(6)企业定额;

(7)风险管理规则、竞争态势的预测和盈利期望。

2)工程量清单报价的程序

(1)复核或计算工程量;

(2)确定单价,计算合价;

(3)确定分包工程费;

(4)确定投标价格。

【技能培训1】

根据【例6-1】的资料,假设在悬浇100m连续刚构施工中,考虑到工期关系,三个T同时施工,挂篮重量为:$63.6\times3\times2=381.6$t,墩顶拐角门架按$36.0\times3=108$t考虑,施工期按6个月考虑;墩顶0号块拖架重量为:$7\times3\times12.5=262.5$t,施工期按三个月考虑;边跨现浇段采用门式轻型钢支架施工,数量为:$10\times10\times2=200\text{m}^2$,支架宽度按桥宽加1m考虑。

(1)根据所在地区的费率标准,试分析计算该桥上部结构的单价。

(2)完整编制该桥梁的工程量清单。

【技能培训2】

某隧道工程全长800m,其中V级围岩设计开挖断面面积$100m^2$,占隧道总长的20%,实际开挖数量$17000m^3$;IV级围岩设计开挖断面面积$90m^2$,占隧道总长的40%,实际开挖数量$17000m^3$;III级围岩设计开挖断面面积$80m^2$,占隧道总长的40%,实际开挖数量$26000m^3$;洞外出渣运距为2500m,超挖部分回填采用M7.5浆砌片石。

(1)请列出该隧道工程施工图预算所涉及的相关定额的名称、单位、定额代号、数量、定额调整内容;

(2)编制该项目的工程量清单;

(3)根据你所在地区的费率,分析计算该隧道工程的清单报价。

第七章

公路工程计量

知识目标

1. 解释工程计量的概念，描述公路工程计量的依据、范围和方法；
2. 描述工程计量的细则。

能力目标

识别工程计量细则与工程量清单单价的关系。

●第一节　公路工程计量●

工程计量一方面是准确地核实、计算和认定已完工程的数量，另一方面也是对已完工程的综合评价，因此工程计量必须做到真实、准确、及时。《公路工程国内招标文件范本》(2003 年版)合同通用条款第 55 条规定，工程量清单中开列的工程量，是本工程设计资料提供的预计工程量，不能作为承包人在履行合同义务中完成工程的实际和准确的工程量，因此，向承包人支付时，应通过工程计量来核实和确定工程的价值。

一、工程计量的原则与范围

1. 工程计量的概念

工程计量即对承包人已完成的、质量合格的工程，按合同规定的计量方式与方法，确认其工程(作)量。

工程量清单所列的数量，通常是合同图纸给定的数量，是对有关工程的估计数量。实际施工时，会由于以下因素造成与工程量清单所列数量的不一致：

(1)地貌的自然变迁和人为改变；

(2)技术规范对施工的制约以及合同文件的要求；

(3)工程量清单中已列明的暂估数量、暂定金和计日工；

(4)发生工程变更；

(5)工程得到合同允许的延期等。

因此，必须对承包人履行其合同义务所完成的工程进行实际的、准确的计量。

2. 工程计量的原则

要进行准确的计量，首先要掌握工程计量的原则，这是做好计量工作的前提。主要原则是：

(1)不符合合同文件要求的工程不予计量。

即工程必须满足设计图纸、技术规范等合同文件对其在工程质量上的要求，同时有关资料齐全、手续完备，满足合同文件对其在工程管理上的要求。

(2)按合同文件所规定的方法、范围、内容和单位计量。

计量的方法、范围、内容、单位受合同文件所约束，其中工程量清单(说明)、技术规范、合同条款均会从不同角度、不同侧面涉及这方面的内容。在计量中要严格遵循这些文件的规定，并且一定要结合起来一起阅读。

(3)按监理工程师同意的计量方法计量。

当遇到合同中没有具体规定而实际中又需要决定计量方法时，可与承包人、业主协商。无论该方法是由哪方建议的，最终要经过监理工程师的同意，因为合同授予监理工程师负责工程计量。

①按单元计量者，需经中间交工验收合格，并签发《中间交工证书》后方可填报《中间计量表》进行计量，并在《中间计量表》中清楚真实地填写计算式和说明，并附有简图(简图必须与实物、设计图纸的各部尺寸相符)，如果分项单元施工期较长，为了如实反映工程进度和加快资金周转，可对施工期较长的工程单元进行分次计量，监理工程师有权对最终计量部分进行调整。

②分次计量的工程，每次计量须在《分次中间计量表》中清楚真实地填写计算式和说明，并附有简图(简图必须与实物、设计图纸的各部尺寸相符)，同时，需经现场监理工程师审核签证，并附有经驻地监理工程师签证的有关施工情况及质量证明资料。如：分项工程开工申请批复单、工序检查记录等。当分项工程完工最后一次计量时，再填报《中间交工证书》和《中间计量表》。

3. 工程计量的范围与依据

1)工程计量的范围

工程计量的范围主要有两大方面：

(1)工程量清单及工程变更所修订的工程量清单的内容；

(2)上述清单以外、合同文件所规定的内容，主要是指费用索赔、各种预付款、价格调整、违约罚金等。

2)工程计量的依据

计量的依据一般有质量合格证书，工程量清单前言，合同条件中的“计量支付”条款，技术规范中有关计量支付的内容(或独立的计量支付说明)和设计图纸及各种测量数据。也就是说，计量时必须以这些资料为依据。

(1)质量合格证书。

计量的基本条件和前提是质量合格，质量不合格部分不予计量。因此，计量工程师进行计量时，一定要同质量工程师配合，只有通过了质量监理，由质量监理工程师签发了质量合格证书的工程内容，才能进行计量。

(2)清单前言和技术规范。

因为清单前言和技术规范中的“计量支付”规定了清单中每一项工程的计量方法，同时还规定了按规定的计量方法确定的单价即包括的工作内容和范围。例如关于路面面层的计量，计量条款中规定:路面面层的计量单位为 m^2，该项目应按图纸上所示的该层顶面的平面面积计量并包括图 7-1 所示该层断面内所有的材料及工作。

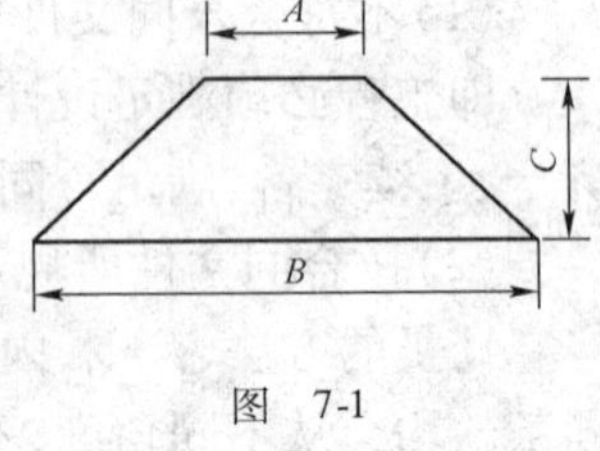

图 7-1

图中 A 为面层顶面宽度，B 为底面宽度。根据上述规定，计量面层的数量时，只能以顶面宽 A 进行计算，以底面宽或以 $A+B$ 的平均值计量都是不允许的。因为投标时，承包人根据规定，应当把该层断面内所有的材料及工作发生的费用，都包括在以顶面面积所确定的单价内。

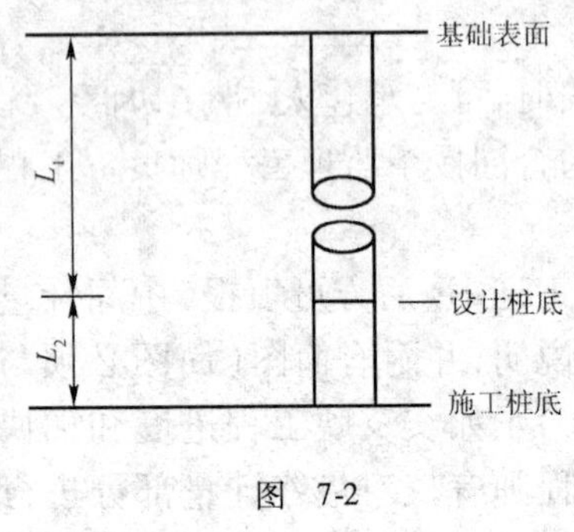

图 7-2

(3)设计图纸。

工程量清单的数量是该工程的估算工程量，但是被计量的工程数量，并不一定是承包人实际施工的数量，因为计量的几何尺寸应当以设计图纸为准。图 7-2 为就地灌注桩施工实测图。根据计量规定:对就地灌注桩的支付计量，应根据图纸所示由监理工程师确定的从设计基础表面到下方桩端间的长度考虑。因此，图中实际施工的灌注桩的长度虽然为 L_1+L_2，但是被计量支付的长度为 L_1。

(4)测量数据。

与计算有关的测量数据有原始地面线高程的测量数据、土石分界线的测量数据、基础高程的测量数据、竣工测量数据等。测量数据的准确性严重影响计量结果的准确性。

4. 工程计量的类型

工程计量一般有三种组织类型，即监理工程师单独计量、承包人单独计量和监理工程师与承包人联合计量。这三种计量各有特点，但无论如何，计量必须符合合同的要求，其结果必须由监理工程师确认。

1)监理工程师独立计量

监理工程师独立计量时，可以由监理工程师完全控制被计量的部位，质量不合格的工程肯定不会被计量，也很少出现多计的情况，能够确保记录结果的准确性。但监理工程师的工作量较大，且容易引起承包人的异议而延误计量工作时间。

2)承包人独立计量

这种方式可以减轻监理工程师的工作，让监理工程师有时间进行计量分析和计量管理，但承包人自行计量时，可能会出现多计和冒计的问题，有时计量细节和计量方法甚至算术计算也可能有差错，并且一些质量不合格的工程也可能被计量。因此，在这种情况下，监理工程师一定要认真细致地审查计量结果，并定期派人对承包人的测量工作进行检查，最好派有经验的计量人员经常检验及控制承包人的计量工作，即当由承包人独立计量时，监理工程师一定要对计量结果的准确性和测量方法及计算规则进行严格审查。

3)联合计量

这种方式有利于消除双方的疑虑，当场解决分歧，减少争议，又能较好地保证计量结果的公正性和准确性，简化程序，节约时间。因此公路工程合同中，较多地采用联合计量，即承包人和监理工程师共同进行计量工作。

二、计量的内容、时间、方式与方法

1. 计量内容

理论上，所有工程事项均应加以计量，以便获得完整的记录；实际上，只是对所有需要支付的细目加以计量，这是计量工作范围的最低要求。这些细目由技术规范中每一节“计量与支付”条款及工程量清单的“前言”明确规定了计量方法与付款内容，除了对已完成的工程细目进行计量和记录外，监理工程师最好对那些涉及付款的工程细目在施工中发生的一切问题进行详尽的记录，以便发生索赔时有据可查。

因此，计量工作的范围有最高与最低要求，具体达到什么样的要求，由具体工程项目的内容及施工情况而定。

2. 计量时间

根据合同规定，监理工程师应及时对已经完成且质量合格的工程细目进行计量，并且对一切进行中的工程，均须每月粗略计量一次，到该部分工程完工后，再根据规范的条款进行精细的计量。每月进行计量以便掌握工程进度情况及核定月进度款（即期中支付证书），为此，监理工程师一般须填制“中间计量单”。

对于隐蔽工程，则须在工程覆盖之前进行计量。否则，在覆盖后再进行计量将使工作更复杂和更困难。

3. 计量方式

计量方式一般有如下四种：

（1）实地测量与实地勘查。如土方工程，一般对横断面宽度、挖方的边长等需实地测量和勘查，又如场地清理也需按野外实地测得的数据，根据计算规则进行计算。

（2）室内按图纸计算。对于钢筋混凝土结构物以及多数永久工程，一般可按图纸计算工程量。

（3）根据现场记录。如计日工必须按现场记录来计算，又如灌注桩抽芯应按取芯时的钻探记录，又如打桩工程的施工记录等，还有100章的大部分内容为现场检查和记录。

（4）凭证法。计量最终所确认的数量是参考有关凭证确定的。如：材料预付款，计量依据为到货单据；工程保险，履约保证金等，计量依据是相应的保险公司和银行提供的保单。

一般工程量的计算由承包人负责，工程量审核由监理工程师负责。通常，一个工程项目的计量往往是几种方式综合运用。不论采用何种方式，其结果都须经监理工程师和承包人双方同意，共同签字，有争议时，协商解决，协商解决不了仍由监理工程师决定。

【案例1】 京津塘高速公路工程量清单中，有一项称为“钻孔桩的P. D. A试验”的暂定金项目（P. D. A——Pile Driving Analyzer，即美国打桩分析仪。“钻孔桩的P. D. A试验”即对部分钻孔灌注桩进行高应变动载试验，运用美国的打桩分析仪实测现场桩的各种参数，然后，用计算机采用CAPWWAP软件分析，得出单桩承载力和桩身完整性），承包人施工中根据合同要求，向监理工程师提出使用该暂定金项目申请。监理工程师为控制该笔费用做了以下几项工作：

①确定P. D. A试验桩的根数与位置，以确定试验工作数量；

②审查P. D. A试验的实施方案，以控制试验工作的质量；

③审核承包人有关 P. D. A 试验费用的申请,以确定试验工作的费用。

以上几项工作的结果,监理工程师均以书面形式通知承包人。

监理工程师最终确认下述三种费用构成该暂定金项目发生的费用:

(1)直接费用。

该试验承包人委托给一家专门试验机构,考虑到该试验为非常规试验,监理工程师予以批准,并同意以委托合同作为支付有关试验的凭证。

(2)辅助费用。

在试验现场,承包人为委托人的试验提供了相应的辅助工作,这部分费用可以考虑,但以驻地监理工程师认可的为准。

(3)管理费用。

承包人为该试验项目的实施索要一笔管理费用,监理工程师同意按承包人投标报价时填写的费率给付。

【案例2】 某段路基,按设计文件提供的取土场的填料为山皮土,承包人进入现场后发现,在路基附近的河中有大量的符合路基填筑的砂砾,且开采容易,运距较指定土场近,价格也较山皮土便宜,故在征得监理工程师同意后,即用此砂砾进行本段路基的填筑,但在路基填筑完成后,承包人以使用砂砾填筑的路基其强度较山皮土填筑的路基强度高为由,提出了变更申请,要求以合同工程量清单中的砂砾垫层的单价(高于山皮土)来支付。

监理工程师可否批准此变更?理由如何?应以哪个单价支付?

(1)监理工程师不能批准此变更。

理由1:设计文件中提供的取土场可以使用。承包人在投标报价时是以设计文件中提供的土场考虑的。

理由2:使用山皮土能满足设计的路基强度的要求,业主没有提出在此基础上再提高强度的要求。

理由3:砂砾垫层与用砂砾填筑路基两者有较大的区别,其使用功能不同,技术要求、施工工艺、质量验收标准均不同,单价相差较大,故不能套用砂砾垫层单价。

(2)应以原山皮土单价支付,或以实际的材料、价格、运距重新计算后的单价支付。

4. 计量程序

常用的工程计量程序如图 7-3 所示。

5. 计量规则和计量方法

计量规则和计量方法主要在技术规范的有关内容和工程量清单的前言中明确给予规定。在进行计量时必须遵守其要求,并且,在不同的合同中,这些计量规则和计量方法会有差别(即使对同一工程内容)。不同的合同均有各自的计量规定与要求,这些要求在技术规范每一节的计量与支付和工程量清单的前言中已经给出。因此,计量时必须严格按本合同计量细则的规定进行计量,不能按习惯计量方法,也不能按别的计量细则。

应该注意的是,监理工程师除了对工程量清单的各个细目进行计量外,还应对所有有关支付的其他事务进行计量。如计日工使用的具体数量,各种工程意外事件以及工程变更后的工程量等,均应加以计量,以便进行支付。这些内容主要采取记录计量方式。

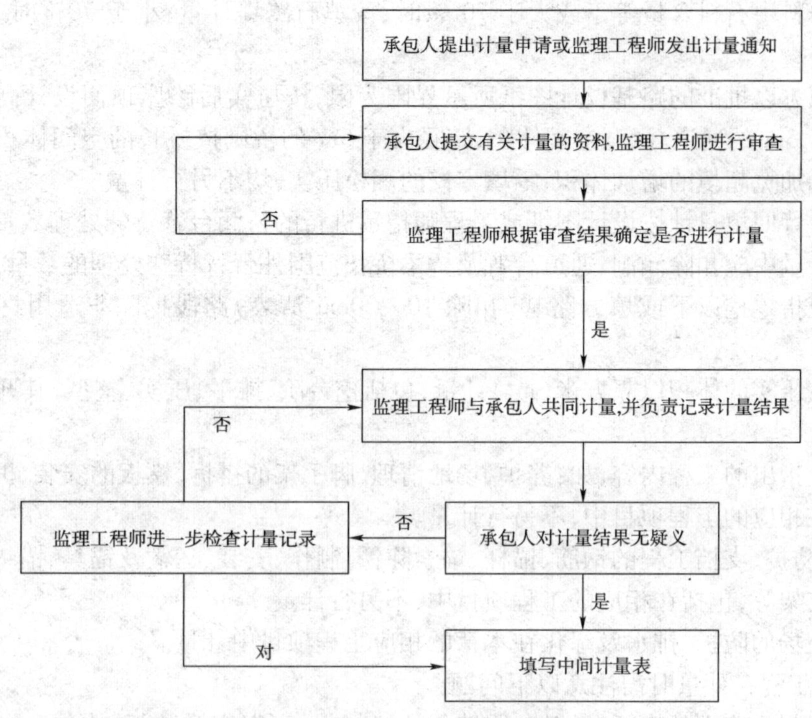

图7-3 工程计量程序框图

(1)开办项目计量时,应特别注意以下几个问题:

开办项目主要有保险费、竣工文件、施工环保费、临时道路、临时用地、临时供电设施、临时电信设施、承包人驻地建设等项目。这些项目在清单中按项报价,均属于包干支付项目。因此,在计量规则中很简单,计量方法都是现场检查和统计。

需注意的是,对这类按项计量支付的项目,一定要在现场进行认真的检查和核实,并按照技术规范规定的工作内容和程序逐项查实。开办项目中的保险费需提供保单才能计量,临时道路、临时用地、承包人驻地建设等包含在工程完工后的拆除与恢复项中,不另行计量。

(2)路基工程在计量时需注意以下问题:

①路基石方的界定。用不小于165kW(220匹马力)推土机单齿松土器无法勾动,须用爆破、钢楔或气钻方法开挖,且体积大于或等于1m^3的孤石为石方。

②土石方体积用平均断面积法计算,但与似棱体公式计算方式计算结果比较,如果误差超过5%时,采用似棱体公式计算。

③路基挖方以批准的路基设计图纸所示界限为限,均以开挖天然密实体积计量。其中包括边沟、排水沟、截水沟、改河、改渠、改路的开挖。

④挖方作业应保持边坡稳定,应做到开挖与防护同步施工,如因施工方法不当,排水不良或开挖后未按设计及时进行防护而造成的塌方,则塌方的清除和回填由承包人负责。

⑤借土挖方按天然密实体积计量,借土场或取土坑中非适用材料的挖除、弃运及场地清理、地貌恢复、施工便道便桥的修建与养护、临时排水与防护作为借土挖方的附属工程,不另行计量。

⑥路基填料中石料含量等于或大于 70 % 时,按填石路堤计量;小于 70% 时,按填土路堤计量。

⑦路基填方以批准的路基设计图纸所示界限为限,按压实后路床顶面设计高程计算。应扣除跨径大于 5m 的通道、涵洞空间体积,跨径大于 5m 的桥则按桥长的空间体积扣除。为保证压实度两侧加宽超填的增加体积、零填零挖的翻松压实,均不另行计量。

⑧桥涵台背回填只计按设计图纸或工程师指示进行的桥涵台背特殊处理数量。但在路基土石方填筑计量中应扣除涵洞、通道台背及桥梁桥长范围外台背特殊处理的数量。

⑨回填土指零挖以下或填方路基(扣除 10 ~ 30cm 清表)路段挖除非适用材料后好土的回填。

⑩填方按压实的体积以立方米(m^3)计量,包括挖台阶、摊平、压实、整型,其开挖作业在挖方中计量。

⑪未明确指出的工程内容,如:养护,场地清理,脚手架的搭拆,模板的安装、拆除及场地运输等均包含在相应的工程项目中,不另行计量。

⑫排水、防护、支挡工程的钢筋、锚杆、锚索除锈、制作、安装、运输及锚具、锚垫板、注浆管、封锚、护套、支架等,包括在相应的工程项目中,不另行计量。

⑬取弃土场的防护、排水及绿化在本章的相应工程项目中计量。

(3)路面工程在计量时需注意以下问题:

①水泥混凝土路面的模板及缩缝、胀缝的填缝材料,高密度橡胶板,均包含在浇筑不同厚度水泥混凝土面层的工程项目中,不另行计量。

②水泥混凝土路面养生用的养护剂、覆盖的麻袋、养护器材等,均包含在浇筑不同厚度水泥混凝土面层的工程项目中,不另行计量。

③水泥混凝土路面所用的拉杆、传力杆、接缝材料和所需的补强钢筋等,不单独计量与支付。

④沥青混凝土路面和水泥混凝土路面所需的外掺剂不另行计量。

⑤沥青混凝土、水泥混凝土和(底)基层混合料拌和站、储料场的建设和拆除、恢复均包括在相应工程项目中,不另行计量。

⑥钢筋的除锈、制作、安装、成品运输,均包含在相应工程的项目中,不另行计量。

(4)桥梁工程在计量时需注意以下问题:

①基础、下部结构、上部结构混凝土的钢筋,包括搭接钢筋、钢筋骨架用的铁丝、钢板、套筒、焊接、钢筋垫块或其他固定钢筋的材料以及钢筋除锈、制作、安装、成品运输,作为钢筋工程的附属工作,不另行计量。

②附属结构、圆管涵、倒虹吸管、盖板涵、拱涵、通道的钢筋,均包含在各项目内,不另行计量。附属结构包括缘石、人行道、防撞墙、栏杆、护栏、桥头搭板、枕梁、抗震挡块、支座垫块等构造物。

③预应力钢材、斜拉索的除锈、制作、安装、运输及锚具、锚垫板、定位筋、连接件、封锚、护套、支架、附属装置和所有预埋件,包括在相应的工程项目中,不另行计量。

④桥梁及涵洞、通道工程项目所涉及的养护、场地清理、吊装设备、拱盔、支架、工作平台、脚手架的搭设及拆除、模板的安装及拆除,均包括在相应工程项目内,不另行计量。

⑤混凝土拌和场(站),构件预制场,储料场的建设、拆除、恢复,安装架设设备摊销,预应力张拉台座的设置及拆除均包括在相应工程项目中,不另行计量。

⑥砌体垫铺材料的提供和设置,砌体的勾缝及抹面,作为砌体工程的附属工作,不另行计量。材料的计量尺寸为设计净尺寸。

⑦桥梁支座,包括固定支座、圆形板式支座、球冠圆板式支座,以体积立方分米(dm^3)计量,盆式支座按套计量。

⑧设计图纸标明的及由于地基出现溶洞等情况而进行的桥涵基底处理按路基工程中特殊路基处理的规定计量。

(5)隧道工程在计量时需注意以下问题:

①场地布置,核对图纸、补充调查、编制施工组织设计,试验检验、施工测量、环境保护、安全措施、施工防排水、围岩类别划分及施工监控、通信、照明、通风、消防等设备、设施预埋构件的设置与保护,所有准备工作和施工中应采取的措施均为各工程项目的附属工作,不另行计量。

②风、水、电作业及通风、防尘、照明为不可缺少的附属设施和作业,均应包括在各有关工程项目中,不另行计量。

③隧道铭牌,模板安装、拆除,钢筋除锈,拱盔、支架、脚手架搭拆,养护清场等均作为各细目的附属工作,不另行计量。

④连接钢板、螺栓、螺帽、拉杆、垫圈等作为钢支护的附属构件,不另行计量。

⑤混凝土拌和场(站)、储料场的建设、拆除、恢复均包括在相应工程项目中,不另行计量。

⑥洞身开挖包括主洞、竖井、斜井的开挖。

⑦洞外路面,洞外消防系统土石开挖,洞外弃渣、防护等计量规则见其他有关章节。

⑧材料的计量尺寸为设计净尺寸。

⑨泄水孔,砂浆勾缝、抹面,施工缝及沉降缝等,以及图纸示出而支付细目表中未列出的零星工程和材料,均包括在相应工程细目单价内,不另行计量。

⑩弃方运距在图纸规定的弃土场内为免费运距,弃土超出规定弃土场的距离时(比如图纸规定的弃土场地不足要另外增加弃土场,或经监理工程师同意变更的弃土场),其超出部分另计超运距运费,按立方米公里($m^3 \cdot km$)计量。若未经监理工程师同意,承包人自选弃土场时,则弃土运距不论远近,均为免费运距。

(6)安全设施及预埋管线工程计量时应注意以下问题:

①护栏的地基填筑、垫层材料、砌筑砂浆、嵌缝材料、油漆涂料以及混凝土中的钢筋、钢缆索护栏的封头混凝土等均不另行计量。

②隔离设施工程所需的清场、挖根、土地平整和设置地线等工程均为安装工程的附属工作,不另行计量。

③安全设施及预埋管线工程中,所有挖基、回填及压实、预埋件、连接件、立柱基础混凝土及钢构件的焊接、所有支承结构、底座、硬件和为完成组装而需要的附件,均包括在各支付细目的单价中,不另行计量。

④道路诱导设施中的路面标线玻璃珠包含在涂敷面积内,附着式轮廓标的后底座、支架连接件,均不另行计量。

⑤凡未列入计量项目的零星工程,均包含在相关工程项目内,不另行计量。

(7)绿化及环境保护工程计量时应注意以下问题:

①绿化工程为植树及中央分隔带及互通立交范围内和服务区、管养工区、收费站、停车场的绿化种植区。

②除按图纸施工的永久性环境保护工程外,其他采取的环境保护措施已包含在相应的工程项目中,不另行计量。

③由于承包人的过失、疏忽或者未及时按设计图纸做好永久性的环境保护工作,导致需要另外采取环境保护措施,这部分额外增加的费用应由承包人负担,不另行计量。

④在公路施工及缺陷责任期间,绿化工程的管理与养护以及任何缺陷的修复与弥补,是承包人完成绿化工程的附属工作,均由承包人负责,不另行计量。

•第二节　公路工程计量细则•

本节依据《公路工程国内招标文件范本》(2003 年版)技术规范编写。

一、总　　则

1. 一般要求

(1)所有工程项目,除个别注明者外,均采用中国法定的计量单位,即国际单位及国际单位制导出的辅助单位进行计量。

(2)计量与支付应与合同条款、工程量清单以及图纸同时阅读。

(3)任何工程项目的计量,均应按规范规定或监理工程师书面指示进行。

(4)按合同提供的材料数量和完成的工程量所有采用的测量与计算方法,应符合规范的规定。所有这些方法,应经监理工程师批准或认可。承包人应提供一切计量设备和条件,并保证其设备精度符合要求。

(5) 除非监理工程师另有准许,一切计量工作都应在监理工程师在场的情况下,由承包人测量、记录。有承包人签名的计量记录原本,应提交给监理工程师审查和保存。

(6)工程量应由承包人计算,由监理工程师审核。工程量计算的副本应提交给监理工程师并由监理工程师保存。

(7)全部必需的模板、脚手架、装备、机具、螺栓、垫圈和钢制件等其他材料,应包括在工程量清单中所列的有关支付项目中,不得单独计量。

(8)除监理工程师另有批准外,凡超过图纸所示的面积或体积,都不予计量与支付。

(9)承包人应严格标准计量基础工作和材料采购检验工作。沥青混凝土、沥青碎石、水泥混凝土、高强度等级的水泥砂浆的施工现场必须使用电子计量设备称重。因不符合计量规定引发质量问题,所发生的费用由承包人承担。

(10)如规范规定的任何分项工程或其细目未在工程量清单中出现,则应被认为是其他相关工程的附属工作,不再另行计量。

2. 重量

(1)凡以重量计量或以重量作为配合比设计的材料,都应在精确与经批准认可的磅秤上,

由称职合格的人员在监理工程师指定或批准的地点进行称量。

(2)称重计量时应满足以下条件:监理工程师在场;称重记录;载有包装材料、支撑装置、垫块、捆束物等重量的说明书在称重前提交给监理工程师作为依据。

(3)钢筋、钢板或型钢计量时,应按图纸或其他资料标示的尺寸和净长计算。搭接、接头套筒、焊接材料、下脚料和定位架立钢筋等,则不予计量。钢筋、钢板或型钢应以千克(kg)计量,四舍五入,不计小数。钢筋、钢板或型钢由于理论单位重量与实际单位重量的差异而引起材料重量与数量不相匹配的情况,计量时不予考虑。

(4)金属材料的重量不得包括施工需要加放或使用的灰浆、楔块、填缝料、垫衬物、油料、接缝料、焊条、涂敷料等的重量。

(5)承运按重量计量的材料的货车,应每天在监理工程师指定的时间和地点称出空车重量,每辆货车还应标示清晰易辨的标记。

(6)对有规定标准的项目,如钢筋、金属线、钢板、型钢、管材等,均有规定的规格、重量、截面尺寸等指标,这类指标应视为通常的重量或尺寸。除非引用规范中的允许偏差值加以控制,否则可用制造商的允许偏差。

3. 面积

除非另有规定,计算面积时,其长、宽应按图纸所示尺寸线或按监理工程师指示计量。对于面积在 $1m^2$ 以下的固定物(如检查井等)不予扣除。

4. 结构物

(1)结构物应按图纸所示净尺寸线,或根据监理工程师指示修改的尺寸线计量。

(2)水泥混凝土的计量应按监理工程师认可的并已完工工程的净尺寸计算,钢筋的体积不扣除,倒角不超过 $0.15m \times 0.15m$ 时不扣除,体积不超过 $0.03m^3$ 的开孔及开口不扣除,面积不超过 $0.15m \times 0.15m$ 的填角部分也不增加。

(3)所有以延米计量的结构物(如管涵等),除非图纸另有标示,应按平行于该结构物位置的基面或基础的中心方向计量。

5. 土方

(1)土方体积可采用平均断面积法计算,但与似棱体公式计算结果比较,如果误差超过 $\pm 5\%$ 时,监理工程师可指示采用似棱体公式。

(2)各种不同类别的挖方与填方计量,应以图纸所示界线为限,而且应在批准的横断面图上标明。

(3)用于填方的土方量,应按压实后的纵断面高程和路床面为准来计量。

(4)在现场钉桩后 56d 内,承包人应将设计和进场复测的土方横断图连同土方的面积与体积计算表,一并提交监理工程师批准。

6. 运输车辆体积

(1)用体积计量的材料,应以经监理工程师批准的车辆装运,并在运到地点进行计量。

(2)用于运输以体积计量材料的车辆,其车厢的形状和尺寸应使其容量能够容易而准确地测定并应保证精确度。每辆车都应有明显标记。每车所运材料的体积应于事前由监理工程师与承包人相互达成书面协议。

(3)所有车辆都应装载成水平容积高度,车辆到达送货点时,监理工程师可以要求将其装载物重新整平，对超过定量运送的材料将不予支付。运量达不到定量的车辆，应被拒绝或按监理工程师确定的体积接收。根据监理工程师的指示，承包人应在货物交付点，随机将一车材料刮平，在刮平后如发现货车运送的材料少于定量时，从前一车起所有运到的材料的计量都按同样比率减为目前的车载量。

7. 重量与体积换算

(1)如承包人提出要求并得到监理工程师的书面批准，已规定要用立方米计量的材料可以称重，并将此重量换算为立方米(m^3)计量。

(2)从重量计量换算为体积计量的换算系数应由监理工程师确定，并应在此种计量方法使用之前征得承包人的同意。

8. 沥青和水泥

(1)沥青和水泥应以千克(kg)计量。

(2)如用卡车或其他运输工具装运沥青材料，可以按经过检定的重量或体积计算沥青材料的数量，但要对漏失量或泡沫进行校正。

(3)水泥可以以袋作为计量的依据，但一袋的标准应为50kg。散装水泥应称重计量。

9. 成套的结构单元

如规定的计量单位是一成套的结构物或结构单元(实际上就是按"总额"或称"一次支付"计的工程细目)，该单元应包括了所有必需的设备、配件和附属物及相关作业。

10. 标准制品项目

(1)如规定采用标准制品(如护栏、钢丝、钢板、轧制型材、管子等)，而这类项目又是以标准规格(单位重、截面尺寸等)标识的，则这种标识可以作为计量的标准。

(2)除非采用标准制品的允许误差比规范的允许误差要求更严格，否则生产厂确立的制造允许误差不予认可。

二、路　　基

1. 场地清理

(1)施工场地清理的计量应按监理工程师书面指定的范围(路基范围以外临时工程用地清场等除外)，进行验收后现场实地测量，以平方米(m^2)计量。现场清理路基范围内的所有垃圾、灌木、竹林及胸径小于150mm的树木、石头、废料、表土(腐殖土)、草皮的铲除与开挖，借土场的场地清理与拆除(包括临时工程)均应列入土方单价之内，不另行计量。

(2)砍伐树木仅计胸径(即离地面1.3m高处的直径)大于150mm的树木，以棵计量。包括砍伐后的截锯、移运(移运至监理工程师指定的地点)、堆放等一切有关的作业；挖除树根以棵计量，包括挖除、移运、堆放等一切有关的作业。

(3)挖除旧路面应按各种不同结构类型的路面分别以平方米(m^2)计量；拆除原有公路结构物应分别按结构物的类型，以监理工程师现场指示的范围和量测方法量测，以立方米(m^3)计量。

(4)所有场地清理、拆除与挖掘工作的一切挖方、回填、压实，以及适用材料的移运、堆放和废料的移运处理等作业均不另行计量。

2. 挖方路基

(1)路基土石方开挖数量包括边沟、排水沟、截水沟,应以经监理工程师校核批准的横断面地面线和土石分界的补充测量为基础,按路线中线长度乘以经监理工程师核准的横断面面积进行计算,以立方米(m^3)计量。

(2)挖除路基范围内非适用材料(不包括借土场)的数量,应以承包人测量,并经监理工程师审核批准的断面或实际范围为依据计算数量,以立方米(m^3)计量。

(3)除非监理工程师另有指示,凡超过图纸或监理工程师规定尺寸的开挖,均不予计量。

(4)石方爆破安全措施、弃方的运输和堆放、质量检验、临时道路和临时排水设施的维修等均不另计量,作为承包人应做的附属工作。

(5)在挖方路基的路床顶面以下,土方断面应挖松深300mm再压实;石方断面应辅以人工凿平或填平压实。此两项作为承包人应做的附属工作,均不予计量。

(6)改河、改渠、改路的开挖工程按合同图纸施工,计量方法可按上述(1)款进行。

3. 填方路基

(1)填筑路堤的土石方数量,应以承包人的施工测量和补充测量经监理工程师校核批准的横断面地面线为基础,以监理工程师批准的横断面施工图为依据,由承包人按不同来源(包括利用土方、利用石方和借方等)分别计算,经监理工程师校核认可的工程数量作为计量的工程数量。

(2)零填挖路段的翻松、压实不另计量。

(3)零填挖路段的换填土按压实的体积以立方米(m^3)计量。计价中包括表面不良土的翻挖运弃(不计运距),换填好土的挖运(免费运距以内)、摊平、压实等一切与此有关的作业的费用。

(4)利用土、石填方及土石混合填料的填方,按压实的体积以立方米(m^3)计量。计价中包括运输、挖台阶、摊平、压实、整型等一切与此有关的作业的费用。其开挖作业在路基挖方中计量。

(5)借土填方按压实的体积以立方米(m^3)计量。计价中包括借土场(取土坑)中非适用材料的挖除、弃运及借土场的资源使用费、场地清理、施工便道、便桥的修建与养护、临时排水与防护等和填方材料的开挖、运输、挖台阶、摊平、压实、整型等一切与此有关的作业的费用。

(6)粉煤灰路堤按压实体积以立方米(m^3)计量,计价中包括材料铲运、摊铺、晾晒、土质护坡、压实、整型等一切与此有关的作业费用。

(7)结构物台背回填按压实体积以立方米(m^3)计量,计价中包括挖运、摊平、压实、整型等一切与此有关的作业的费用。

(8)临时排水以及超出图纸要求以外的超填,均不计量。

(9)改造其他公路的路基土方填筑的计量方法同(1)。

4. 特殊地区路基处理

(1)挖除换填。挖除原路基一定深度及范围内淤泥以立方米(m^3)计量,列入本规范第203节(路基挖方)相应的支付细目中。

换填的填方,包括由于施工过程中地面下沉而增加的填方量以立方米(m^3)计量,列入本规范第204节(路基填方)相应的支付细目中。

(2)抛石挤淤按图纸或验收的尺寸计算抛石体积的片石数量,以立方米(m^3)计量,包括有关的一切作业。

(3)砂垫层、砂砾垫层及灰土垫层按垫层类型分别以立方米(m^3)计量,包括材料、机械及有关的一切作业。

(4)预压和超载预压按图纸或监理工程师要求的预压宽度和高度以立方米(m^3)计量,包括材料、机械及有关的一切作业。

(5)袋装砂井按不同直径及深(长)度分别以米(m)计量。砂及砂袋不单独计量。

(6)塑料排水板按规格及深(长)度分别以米(m)计量,不计伸入垫层内的长度,包括材料、机械及有关的一切作业。

(7)粉喷桩、碎石桩、砂桩按不同直径及深(长)度以米(m)计量,包括材料、机械及有关的一切作业。

(8)土工织物。铺设土工织物按其净面积以平方米(m^2)计量,包括材料、机械及与此有关的一切作业。

(9)滑坡处理。按实际发生挖除及回填体积,经监理工程师验收合格后以立方米(m^3)计量。

(10)岩溶洞按实际填筑体积,经监理工程师验收合格后以立方米(m^3)计量。

(11)膨胀土路基按图纸及监理工程师指示进行铺筑,经监理工程师验收合格,按不同厚度以平方米(m^2)计量。

(12)黄土陷穴按实际开挖和回填体积,经监理工程师验收合格后以立方米(m^3)计量。

(13)湿陷性黄土采用强夯处理,经监理工程师验收合格后以平方米(m^2)计量。

(14)盐渍土路基处理换填,经监理工程师验收合格后按不同厚度以平方米(m^2)计量。

(15)工地沉降观测不予计量与支付,作为承包人应做的工作。

(16)临时排水与防护设施不另行计量,认为已包括在相关工程中。

5. 路基整修

路基整修不作计量与支付,其所涉及的费用应包括在其相关的工程细目的单价或费率之中。

6. 坡面排水

(1)边沟、排水沟、截水沟的加固采用浆砌片石铺砌,按图纸施工经验收合格的实际长度以米(m)计量。由于边沟、排水沟、截水沟加固铺砌而需扩挖部分的开挖,均作为承包人应做的附属工作,不另计量与支付。有钢筋混凝土盖板的边沟长度亦以米(m)计量。

(2)急流槽按图纸施工,经验收合格的断面尺寸计算体积(包括消力池、消力槛、抗滑台等附属设施),以立方米(m^3)计量。

(3)路基盲沟按图纸施工,经验收合格的断面尺寸及所用材料,按长度以米(m)计量。

(4)所用砂砾垫层或基础材料、填缝材料、钢筋以及地基平整夯实及回填等均不另行计量与支付。

7. 护坡、护面墙

(1)浆砌片石护坡、护面墙等工程的计量,应以图纸所示和监理工程师的指示为依据,按实际完成并经验收的数量按不同工程细目的不同砂浆砌体分别以立方米(m^3)计量。砂砾或碎石垫层按完成数量以立方米(m^3)计量。

(2)预制空心砖和拱形及方格骨架护坡,按其铺筑的实际面积数量以平方米(m^2)计量。

(3)种草及铺草皮,应以图纸所示面积为依据,按实际完成并经验收的数量以平方米(m^2)计量。

(4)嵌缝材料、砂浆勾缝、泄水孔及其滤水层以及基础的开挖和回填等有关作业,均作为承包人应做的附属工作,不另行计量与支付。

8. 挡土墙

(1)浆砌片(块)石和混凝土挡土墙工程应以图纸所示或监理工程师的指示为依据,按实际完成并经验收的数量,按砂浆强度等级及混凝土强度等级分别以立方米(m^3)计量。砂砾或碎石垫层按完成数量以立方米(m^3)计量。

(2)混凝土挡土墙的钢筋,按图纸所示经监理工程师验收后,以千克(kg)计量。

(3)嵌缝材料、砂浆勾缝、泄水孔及其滤水层,混凝土工程的脚手架、模板、浇筑和养生、表面修整,基础开挖、运输与回填等有关作业,均作为承包人应做的附属工作,不另行计量与支付。

9. 锚杆挡土墙

(1)锚杆挡土墙工程计量应以图纸所示和监理工程师的指示为依据,按实际完成并经验收的数量,混凝土挡板和立柱以立方米(m^3)为单位计量,钢筋及锚杆以千克(kg)为单位计量。

(2)锚孔的钻孔、锚杆的制作和安装、锚孔灌浆、钢筋混凝土立柱和挡土板的制作安装、墙背回填、防排水设置及锚杆的抗拔力试验等,均为完成锚杆挡土墙所必须的工作,不另行计量。

10. 加筋土挡土墙

(1)加筋土挡墙的墙面板、钢筋混凝土带、混凝土基础以及混凝土帽石,经监理工程师验收合格,以立方米(m^3)计量。浆砌片石基础以立方米(m^3)计量。

(2)铺设聚丙烯土工带,按图纸及验收数量以千克(kg)计量。

(3)基坑开挖与回填、墙顶抹平层、沉降缝的填塞、泄水管的设置及钢筋混凝土带的钢筋等,均作为承包人的附属工作,不另计量。

(4)加筋土挡墙的路堤填料按图纸的规定和要求,在本规范第204节(路基填方)计量。

11. 喷射混凝土和喷浆边坡防护

(1)锚杆按图纸或监理工程师指示为依据,经验收合格的实际数量,以米(m)为单位计量。

(2)喷射混凝土和喷射水泥砂浆边坡防护的计量,应以图纸所示和监理工程师的指示为依据,按实际完成并经验收的数量,以平方米(m^2)计量;钢筋网、铁丝网以千克(kg)计量;土工格栅以平方米(m^2)计量。

(3)喷射前的岩面清理,锚孔钻孔,锚杆制作以及钢筋网和铁丝网编织及挂网土工格栅的安装铺设等工作,均为承包人为完成锚杆喷射混凝土和喷射砂浆边坡防护工程应做的附属工作,不另行计量与支付。

12. 预应力锚索边坡加固

(1)预应力锚索长度按图纸要求,经监理工程师验收合格以米(m)为单位计量。

(2)混凝土锚固板按图纸要求,经监理工程师验收合格以立方米(m^3)为单位计量。

(3)钻孔、清孔、锚索安装、注浆、张拉、锚头、锚索护套、场地清理以及抗拔力试验等均为锚索的附属工作,不另行计量。

(4)混凝土的立模、浇筑、养生等锚固板的附属工作,不另行计量。

13. 抗滑桩

(1)抗滑桩按图纸规定尺寸及深度为依据,现场实际完成并验收合格的实际桩长以米(m)计量,设置支撑和护壁、挖孔、清孔、通风、钎探、排水及浇筑混凝土以及无破损检验,均作为抗滑桩的附属工程,不另行计量。

(2)抗滑桩用钢筋按图纸规定及经监理工程师验收的实际数量,以千克(kg)计量。

14. 河道防护

(1)河床铺砌、顺坝、丁坝、调水坝及锥坡砌筑等工程及抛石防护,应分别按图纸尺寸和监理工程师的指示,按实际完成并经验收的数量,以立方米(m^3)计量。砂砾(碎石)垫层以立方米(m^3)计量。

(2)砌体的基础开挖、回填、夯实、砌体勾缝等工作,均作为承包人应做的附属工作,不另行计量与支付。

三、路　　面

1. 垫层

(1)碎石、砂砾垫层应按图纸和监理工程师指示铺筑,经监理工程师验收合格的面积,按不同厚度以平方米(m^2)计量。

(2)对个别特殊形状的面积,应采用适当计量方法计量,并经监理工程师批准以平方米(m^2)计量。除监理工程师另有指示外,超过图纸所规定的面积,均不予计量。

2. 石灰稳定土底基层

(1)石灰稳定土底基层应按图纸所示和监理工程师指示铺筑的面积,经监理工程师验收合格,按不同厚度以平方米(m^2)计量。

(2)对个别特殊形状的面积,承包人可采用适当计算方法,并报监理工程师批准,以平方米(m^2)计量。除监理工程师另有指示外,超过图纸所规定的计算面积均不予计量。

3. 水泥稳定土底基层、基层

(1)水泥稳定土底基层、基层按图纸所示和监理工程师指示铺筑,经监理工程师验收合格的面积,按不同厚度以平方米(m^2)计量。

(2)对个别特殊形状的面积,应采用适当计算方法计量。除监理工程师另有指示外,超过图纸所规定的计算面积均不予计量。

4. 石灰粉煤灰稳定土底基层、基层

石灰粉煤灰稳定土基层和底基层按图纸或监理工程师批示铺筑,并经验收合格后按不同厚度以平方米(m^2)计量。任何地段的长度应沿路幅中线水平量测。对个别不规则地段,应采用经监理工程师批准的计算方法计量。

5. 级配碎(砾)石底基层、基层

级配碎(砾)石底基层和基层应按图纸和监理工程师指示铺筑的面积且经监理工程师验收合格后,按不同厚度以平方米(m^2)计量。除监理工程师另有指示外,超过图纸所规定的面积,均不予计量。

6. 透层、黏层和封层

(1)透层、黏层和封层,按图纸规定的或监理工程师批示的喷洒面积,经监理工程师验收合格,以平方米(m^2)计量。

(2)对个别特殊形状的面积,应采用适当的计算方法计量。除监理工程师另有批示外,超过图纸规定的计算面积均不予计量。

7. 热拌沥青混合料面层

热铺沥青混凝土,应按图纸所示或监理工程师批示的铺筑面积,经监理工程师验收合格,按粗、中、细粒式沥青混凝土和不同厚度分别以平方米(m^2)计量。除监理工程师另有指示外,超过图纸所规定的面积均不予计量。

8. 沥青表面处治

(1)沥青表面处治按图纸所示或监理工程师指示铺筑,经监理工程师验收合格后,按不同厚度分别以平方米(m^2)计量。

(2)表面处治所洒布的透层、黏层或封层,作为表面处治的附属工作,除监理工程师另有指示外,超过图纸规定的面积不予计量。

9. 改性沥青及改性沥青混合料

改性沥青混合料按图纸要求及监理工程师的指示按不同厚度及实际摊铺的面积以平方米(m^2)计量。

10. 水泥混凝土面板

(1)水泥混凝土面板按图纸和监理工程师指示铺筑的面积且经监理工程师验收合格后,按不同厚度以平方米(m^2)计量。除监理工程师另有指示外,任何超过图纸所规定的尺寸的计算面积均不予计量。

(2)所用的拉杆、传力杆、接缝材料和所需的补强钢筋等,不单独计量与支付。

11. 培土路肩、中央分隔带回填土、土路肩加固及路缘石

(1)培土路肩及中央分隔带回填土按压实后并经验收的工程数量分别以立方米(m^3)为单位计量。

(2)水泥混凝土加固土路肩经验收合格后,沿路肩表面量测其长度以延米为单位计量,加固土路肩的混凝土立模、摊铺、振捣、养生、拆模、预制块预制铺砌、接缝材料等及其他有关加固土路肩的杂项工作均属承包人的附属工作,均不另行计量。

(3)路缘石按图纸所示的长度进行现场量测,经验收合格后以延米为单位计量。埋设缘石的基槽开挖与回填、夯实等有关杂项工作均属承包人的附属工作,均不另行计量。

12. 路面及中央分隔带排水

(1)中央分隔带处设置的排水设施,按图纸施工,经监理工程师验收合格的实际工程数量分别按下列项目计量:

①排水管按不同材料、不同直径分别以米(m)计量。

②纵向雨水沟(管)按长度以米(m)计量。

③集水井按不同尺寸以座计量。

④渗沟按截面尺寸以延米计量。

⑤防水沥青油毡以平方米(m^2)计量。

(2)路肩排水沟,经监理工程师验收合格的实际工程数量,分别按下列项目计量:

①混凝土路肩排水沟按长度以米(m)计量。

②路肩排水沟砂砾垫层(路基填筑中已计量者除外)按立方米(m^3)计量。

③土工布以平方米(m^2)计量。

(3)排水管基础、胶泥隔水层及出水口预制混凝土垫块等不另计量,包含在排水管单价中。

(4)渗沟上的土工布不另计量,包含在渗沟单价中。

(5)拦水带按长度以米(m)计量。

四、桥 梁、涵 洞

1. 通则

(1)荷载试验费用由业主估定,以暂定工程量的形式按总额计入工程总价内。

(2)地质钻探及取样试验按实际完成并经监理工程师验收后,分不同钻径以米(m)计量。

2. 模板、拱架和支架

模板、拱架和支架为有关工程的附属工作,不作计量与支付。

3. 钢筋

(1)根据图纸所示及钢筋表所列,按实际安设并经监理工程师验收的钢筋以千克(kg)计量。其内容包括钢筋混凝土中的钢筋和预应力混凝土中的非预应力钢筋及混凝土桥面铺装中的钢筋。

(2)除图纸所示或监理工程师另有认可外,因搭接而增加的钢筋不予计人。

(3)钢筋及钢筋骨架用的铁丝、钢板、套筒(连接套)、焊接、钢筋垫块或其他固定钢筋的材料,以及钢筋的防锈、截取、套丝、弯曲、场内运输、安装等,作为钢筋工程的附属工作,不另行计量。

4. 基础挖方及回填

(1)基础挖方应按下述规定，取用底、顶面间平均高度的棱柱体体积，分别按干处、水下及土、石，以立方米（m^3）计量。干处挖方与水下挖方是以经监理工程师认可的施工期间实测的地下水位为界线。在地下水位以上开挖的为干处挖方；在地下水位以下开挖的为水下挖方。

基础底面、顶面及侧面的确定应符合下列规定:

①基础挖方底面:按图纸所示或监理工程师批准的基础(包括地基处理部分)的基底高程线计算。

②基础挖方顶面:按监理工程师批准的横断面上所标示的原地面线计算。

③基础挖方侧面:按顶面到底面,以超出基底周边 0.5m 的竖直面为界。

(2)当承包人遇到特殊或非常规情况时应及时通知监理工程师,由监理工程师定出特殊

的基础挖方界线。凡未取得监理工程师批准,承包人以特殊情况为理由而完成的任何挖方将不予计量,其基坑超深开挖,应由承包人用砂砾或监理工程师批准的回填材料予以回填并压实。

(3)为完成基础挖方所做的地面排水及围堰、基坑支撑及抽水、基坑回填与压实、错台开挖及斜坡开挖等,作为挖基工程的附属工作,不另行计量。

(4)台后路基填筑及锥坡填土在路基工程内计量与支付。

(5)基坑土的运输作为挖基工程的附属工作,不另行计量与支付。

5. 钻孔灌注桩

(1)钻孔灌注桩以实际完成并以监理工程师验收后的数量,按不同桩径的桩长以米(m)计量。计量应自图纸所示或监理工程师批准的桩底高程至承台底或系梁底;对于与桩连为一体的柱式墩台,如无承台或系梁时,则以桩位处地面线为分界线,地面线以下部分为灌注桩桩长,若图纸有标识的,按图纸标识计。未经监理工程师批准,由于超钻而深于所需的桩长部分,将不予计量。

(2)开挖、钻孔、清孔、钻孔泥浆、护筒、混凝土、破桩头,以及必要时在水中填土筑岛、搭设工作台架及浮箱平台、栈桥等其他为完成工程的细目,作为钻孔灌注桩的附属工作,不另行计量。混凝土桩无破损检测及所预埋的钢管等材料,均作为混凝土桩的附属工作,不另行计量。

(3)钢筋在本规范第403节(钢筋)内计量。

(4)监理工程师要求钻取的芯样,经检验,如混凝土质量合格,钻取的芯样应予计量,否则不予计量。混凝土取芯按取回的混凝土芯样的长度以米(m)计量。

6. 沉桩

(1)钢筋混凝土或预应力混凝土沉桩以实际完成并经监理工程师验收后的数量,按不同桩径的桩身长度以米(m)计量。桩身长度的度量应自图纸所示或监理工程师批准的桩尖高程至承台底或盖梁底,未经监理工程师批准,沉入深度超过图纸规定的桩长部分,将不予计量与支付。

(2)为完成沉桩工程而进行的钢筋混凝土桩浇筑预制、养生、移运、沉入、桩头处理等一切有关作业,均为沉桩工程所包括的工作内容,不另行计量与支付。

(3)试桩如系工程用桩,则该试桩按不同桩径分别列入支付细目中的钢筋混凝土沉桩细目内;如果试桩不作为工程用桩,则应按不同桩径以米(m)为单位计量,列入支付细目中的试桩细目内。

(4)沉桩的无破损检验作为沉桩工程的附属工作,不另行计量与支付。

(5)钢筋混凝土或预应力混凝土沉桩(包括试桩)所用钢筋在本规范403节(钢筋)内计量,其余钢板及材料加工等均含在钢筋混凝土沉桩工程细目中,不另行计量与支付。

(6)制造预应力混凝土沉桩所用预应力钢材在本规范第411节(预应力混凝土工程)内计量。

制造预应力沉桩用法兰盘及其他钢材,除按上款规定计入本规范第403节、第411节外的所有钢材均计入预应力混凝土沉桩工程细目中,不另行计量与支付。

(7)试桩的试验机具其提供、运输、安装、拆卸以及试验数据的分析和提供试验报告等均系该试桩的附属工作,不另行计量与支付。

7. 挖孔灌注桩

(1)挖孔灌注桩以实际完成并经监理工程师验收后的数量,按不同桩径的桩长以米(m)计量。计量应自图纸所示或监理工程师批准的从桩底高程至承台底或系梁底;如无承台或系梁时,则从桩底至图纸所示的桩顶;当图纸未示出桩顶位置,或示有桩顶位置但桩位处预先有夯填土时,由监理工程师根据情况确定。监理工程师认为由于超挖而深于所需的桩长部分,将不予计量。

(2)设置支撑和护壁、挖孔、清孔、通风、钎探、排水、混凝土、每桩的无破损检验以及其他为完成此项工程的项目,均为挖灌注桩的附属工作,不另行计量。

(3)钢筋在本规范第403节(钢筋)内计量。

(4)监理工程师要求钻取的混凝土芯样检验,经钻取检验后,如混凝土质量合格,钻取的芯样应予计量;否则不予计量。钻取芯样的长度按取回的芯样以米(m)计量。

8. 桩的垂直静荷载试验

(1)试桩不论是检验荷载或破坏荷载,均以经监理工程师验收或认可的单根试桩计量。计量包括压载、沉降观测、卸载、回弹观测、数据分析,以及完成此项试验的其他工作细目。

(2)检验荷载试验桩如试验后作为工程结构的一部分,其工程量在本规范第405节(钻孔灌注桩)及第407节(挖孔灌注桩)有关支付细目内计量与支付。破坏荷载试验用的试桩,将来不作为工程结构的一部分,其工程量在第405节的支付细目405-3及第407节的支付细目407-3内计量与支付。

9. 沉井

(1)沉井制作完成,符合图纸规定要求,经监理工程师验收后,混凝土及钢筋按以下规定计量:

①沉井的混凝土,按就位后沉井顶面以下各不同部位(井壁、顶板、封底、填芯)和不同混凝土级别的体积以立方米(m^3)为单位计量。

②沉井所用钢筋,列入本规范第403节基础钢筋支付细目内计量。

(2)沉井制作及下沉奠基,其中包括场地准备,围堰筑岛,模板、支撑的制作安装与拆除,沉井浇筑、接高、沉井下沉,空气幕助沉,井内挖土,基底处理等工作,均应视为完成沉井工程所必须的工作,不另行计算。

(3)沉井刃脚所用钢材,视作沉井的附属工程材料,不另行计量。

10. 结构混凝土工程

(1)以图纸所示或监理工程师指示为依据,按现场已完工并经验收的混凝土,分别以不同结构类型及混凝土强度等级,以立方米(m^3)计量。

(2)直径小于200mm的管子,钢筋、锚固杆、管道、泄水孔或桩所占混凝土体积不予扣除。作为砌体砂浆的小石子混凝土,不另行计量。

(3)桥面铺装混凝土在本规范第415节内计量与支付;结构钢筋在第403节内计量。

(4)为完成结构物所用的施工缝连接钢筋、预制构件的预埋钢板、防护角钢或钢板、脚手架或支架及模板、排水设施、防水处理、基础底碎石垫层、混凝土养生、混凝土表面修整及为完成结构物的其他杂项细目,以及预制构件的安装架设设备拼装、移运、拆除和为安装所需的临时性或永久性的固定扣件、钢板、焊接、螺栓等,均作为各项相应混凝土工程的附属工作,不另行计量。

11. 预应力混凝土工程

(1)预应力混凝土结构物(包括现浇和预制预应力混凝土)按图纸尺寸或监理工程师指示为依据,按已完工并经验收合格的结构体积,以立方米(m^3)计量。计量中包括悬臂浇筑、支架浇筑及预制安装预应力混凝土梁、板的一切作业。

(2)完工并经验收的预应力混凝土结构的预应力钢材,按图纸所示或预应力钢材表所列数量以千克(kg)计量。后张法预应力钢筋的长度按两端锚具间的理论长度计算;先张法预应力钢筋的长度按构件的长度计算。

(3)预应力混凝土结构的非预应力钢筋,在本规范第403节计量与支付。

(4)预应力钢筋的加工、锚具、管道、锚板及联接钢板、焊接、张拉、压浆、封锚等,作为预应力钢筋的附属工作,不另行计量。预应力锚具包括锚圈、夹片、连接器、螺栓、垫板、喇叭管、螺旋钢筋等整套部件。

(5)预制板、梁的整体化现浇混凝土及其钢筋,分别在本规范第410节及第403节计量。

(6)桥面铺装混凝土在本规范第415节计量。

12. 预制构件安装

经验收的不同形式的预制构件的安装,包括构件安装所需的临时性或永久性扣件、钢板、焊接、螺栓等,其工作量包含在本规范第410节及第411节相应预制混凝土构件或预应力混凝土构件的工程细目中,不另行计量与支付。

13. 砌石工程

(1)以图纸所示或监理工程师指示为依据,按工地完成的并经验收的各种石砌体或预制混凝土块砌体,以立方米(m^3)计量。

(2)计算体积时,所用尺寸应由图纸所标明或监理工程师书面规定的计价线或计价体积定之。相邻不同石砌体计量中,应各包括不同石砌体间灰缝体积的一半。镶面石突出部分超过外廓线者不予计量。泄水孔、排水管或其他面积小于$0.02m^2$的孔眼不予扣除,削角或其他装饰的切削,其数量为所在石料5%或少于5%者,不予扣除。

(3)砂浆或作为砂浆的小石子混凝土,作为砌体工程的附属工作,不另计量。

(4)砌体的垫铺材料的提供和设置,拱架、支架及砌体的勾缝,作为砌体工程的附属工作,不另计量。

14. 小型钢构件

桥梁及其他公路构造物的钢构件,作为有关细目内的附属工作,不另计量与支付。

15. 桥面铺装

(1)桥面铺装应按图纸所示的尺寸,或按实际完成并经监理工程师验收的数量,分不同材料及级别,按平方米(m^2)计量。由于施工原因而超铺的桥面铺装,不予计量。

(2)桥面防水层按图纸要求施工,并经监理工程师验收的实际数量,以平方米(m^2)计量。

(3)桥面泄水管及混凝土桥面铺装接缝等作为桥面铺装的附属工作,不另行计量。

(4)桥面铺装钢筋在本规范第403节有关工程细目中计量。

16. 桥梁支座

支座按图纸所示不同的类型,包括支座的提供和安装,以个计量。支座清洗、运输、起吊及安装支座所需的扣件、钢板、焊接、螺栓、黏结等，作为支座安装的附属工作，不另行计量。

17. 桥梁接缝和伸缩装置

桥面伸缩装置按图纸要求安装并经监理工程师验收的数量，分不同结构形式以米（m）计量。其内容包括伸缩装置的提供和安装等作业。

除伸缩装置外的其他接缝，如橡胶止水片、沥青类等接缝填料，作为有关工程的附属工作，不另行计量。

安装时切割和清除伸缩装置范围内沥青混凝土铺装和安装伸缩装置所需的临时或永久性的扣件、钢板、钢筋、焊接、螺栓、黏结等，作为伸缩装置安装的附属工作，不另行计量。

18. 防水处理

沥青或油毛毡防水层，作为其他有关项目内的附属工作，不另行计量与支付。

19. 圆管涵及倒虹吸管

（1）钢筋混凝土圆管涵或倒虹吸管，以图纸规定的洞身长度或监理工程师同意的现场沿涵洞中心线量测的进出洞口之间的洞身长度，分别不同孔径及孔数，经监理工程师检查验收后以米（m）计量。管节所用钢筋不另计量。

（2）图纸中标明的基底垫层和基座，圆管的接缝材料、沉降缝的填缝与防水材料等，洞口建筑，包括八字墙、一字墙、帽石、锥坡、铺砌、跌水井以及基础挖方和运输、地基处理与回填等，均作为承包人应做的附属工作，不另计量与支付。

（3）洞口（包括倒虹吸管）建筑以外涵洞上下游沟渠的改沟、铺砌、加固以及急流槽消力坎的建筑等均列入路基工程的相应细目内计量。

20. 盖板涵、箱涵

（1）钢筋混凝土盖板涵（含梯坎涵、通道）、钢筋混凝土箱涵（含通道）应以图纸规定的洞身长度或经监理工程师同意的现场沿涵洞中心线测量的进出口之间的洞身长度，经验收合格后按不同孔径以米（m）计量，盖板涵、箱涵所用钢筋不另计量。

（2）所有垫层和基础，洞口建筑，包括八字墙、一字墙、帽石、锥坡、跌水井、洞口及洞身铺砌以及基础挖方、地基处理、回填土（包括台背）等作为承包人应做的附属工作，均不单独计量。

（3）通道范围（含端墙外各20m）内的土方、路面工程及锥坡填筑均作为通道的附属工作，不单独计量。

（4）洞口建筑以外涵洞上下游沟渠的改沟、铺砌、加固以及急流槽等，可列入路基工程的有关细目计量。

21. 拱涵

以图纸规定的洞身长度或监理工程师同意的现场沿涵洞中心线量测的进出洞口之间的洞身长度，分别不同孔径及孔数，经监理工程师检查验收后以米（m）计量。

五、隧　　道

1. 洞口与明洞工程

（1）各项工程应以图纸所示和监理工程师指示为依据，按照实际完成并经验收的工程数量进行计量。

（2）洞口路堑等开挖与明洞洞顶回填的土石方，不分土、石的种类，只区分为土方和石方，以立方米(m^3)计量。

(3)弃方运距在图纸规定的弃土场内为免费运距,弃土超出规定弃土场的距离时,其超出部分另计超运距运费,按立方米公里($m^3 \cdot km$)计量。若未经监理工程师同意,承包人自选弃土场时,则弃土运距不论远近,均为免费运距。

(4)隧道洞门的端墙、翼墙、明洞衬砌及遮光栅(板)的混凝土(钢筋混凝土)或石砌圬工,以立方米(m^3)计量,钢筋(锚杆)以千克(kg)计量。

(5)截水沟(包括洞顶及端墙后截水沟)圬工以立方米(m^3)计量。

(6)防水材料(无纺布)铺设完毕,经验收以平方米(m^2)计量。

(7)洞口坡面防护工程,按不同圬工类型分别汇总,以立方米(m^3)计量。种植草皮以平方米(m^2)计量。

(8)截水沟的土方开挖和砂砾垫层、隧道铭牌以及模板、支架的制作安装和拆卸等均包括在相应工程中,不单独计量。

(9)泄水孔、砂浆勾缝、抹平等的处理,以及图纸示出而支付细目表中未列出的零星工程和材料,均包括在相应工程细目单价内,不另行计量。

2. 洞身开挖

(1)洞内开挖土石方符合图纸所示(包括紧急停车道、行车横洞、行人横洞以及监控、消防设施的洞室)或监理工程师指示,按隧道设计横断面加允许平均超挖量计得的土、石方工程量,不分围岩类别,以立方米(m^3)计量。开挖土石方的弃渣,其弃渣距离在图纸规定的弃渣场内为免费运距;弃渣超出规定弃渣场的距离时,其超出部分另计超运距运费,按立方米公里($m^3 \cdot km$)计量。若未经监理工程师同意,承包人自选弃渣场时,则弃渣运距不论远近,均为免费运距。

(2)不论承包人出于何种原因而造成的超过允许范围的超挖,和由于超挖所引起增加的工程量,均不予计量。

(3)支护的喷射混凝土按验收的受喷面积乘以厚度,以立方米(m^3)计量,钢筋以千克(kg)计量。喷射混凝土其回弹率、钢纤维以及喷射前基面的清理工作均包含在工程细目单价之内,不另行计量。

(4)洞身超前支护所需的材料,按图纸所示或监理工程师指示并经验收的各种规格的超前锚杆或小钢管、管棚、注浆小导管、锚杆以米(m)计量;各种型钢以千克(kg)计量;连接钢板、螺栓、螺帽、拉杆、垫圈等作为钢支护的附属构件,不另行计量;木材以立方米(m^3)计量。

(5)隧道开挖钻孔爆破、弃渣的装渣作业均为土石方开挖工程的附属工作,不另行计量。

(6)隧道开挖过程中洞内外采取的施工防排水措施,其工作量应含在开挖土石方工程的报价之中。

3. 洞身衬砌

(1)洞身衬砌的拱部(含边墙),按实际完成并经验收的工程量,分不同级别的水泥混凝土和圬工,以立方米(m^3)计量。洞内衬砌用钢筋,按图纸所示以千克(kg)计量。

(2)在任何情况下,衬砌厚度超出图纸规定轮廓线的部分,均不予计量。

(3)允许个别欠挖的侵入衬砌厚度的岩石体积,计算衬砌数量时不予扣除。

(4)仰拱、铺底混凝土,应按图纸施工,以立方米(m^3)计量。

(5)预制或就地浇筑混凝土边沟及电缆沟,按实际完成并经验收后的工程量,以立方米(m^3)计量。

(6)洞内混凝土路面工程经验收合格以平方米(m^2)计量。

(7)各类洞门按图纸要求经验收合格以个计量。其中材料采备、加工制作、安装等均不另行计量。

(8)施工缝及沉降缝按图纸规定施工,其工作量含在相关工程细目之中,不另行计量。

(9)各种设备、设施的预埋(预留)管件的工作量含在相关工程细目中,不另行计量。

4. 防水与排水

(1)洞内排水用的排水管按不同类型、规格以米(m)计量。

(2)压浆堵水按所用原材料(如水泥浆液、水泥—水玻璃浆液)以立方米(m^3)计量。压浆钻孔以米(m)计量。

(3)防水层按所用材料(防水板、无纺布等)以平方米(m^2)计量;止水带、止水条以米(m)计量。

(4)为完成上述项目工程加工、安装的所有工、料、机具等均不另行计量。

(5)隧道洞身开挖时,洞内外的临时防排水工程应作为洞身开挖的附属工作,不另行支付。为此,隧道洞身开挖支付细目的土方及石方工程报价时,应考虑除防水与排水支付细目外的其他施工时采取的防排水措施的工作量。

5. 洞内防火涂料和装饰工程

1)喷涂防火涂料

喷涂的面积,以平方米(m^2)为单位计量。其工作内容包括材料的采备、供应、运输、支架、脚手架的制作安装和拆除,基层表面处理,防火涂料喷涂后的养生,施工的照明、通风等一切与此有关的作业。

2)镶贴瓷砖

镶贴瓷砖的面积,以平方米(m^2)为单位计量。其工作内容包括材料的采备、供应、运输,混凝土边墙表面的处理,砂浆找平,施工的照明、通风等一切与此有关的作业。找平用的砂浆不另行计量。

3)喷涂混凝土专用漆

喷涂混凝土专用漆的面积,以平方米(m^2)为单位计量。其工作内容包括材料的采备、供应、运输,基层处理,施工的照明、通风等一切与此有关的作业。

6. 风、水、电作业及通风防尘

风、水、电作业及通风防尘为隧道施工不可缺少的附属工作,其工作量均含在隧道工程中有关工程细目的报价中,不予另行计量。

7. 监控量测

监控量测是隧道安全施工必须采取的措施,监控量测除必测项目外,应根据具体情况确定选测项目,分别以总额报价及支付。

8. 特殊地质地段的施工与地质预报

隧道施工中遇到特殊地质地段时,承包人应采取的有关施工措施,不另行计量与支付。地质预报,其采用的方法手段应根据具体情况选用,以总额报价及支付。

六、安全设施及预埋管线

1. 护栏

(1)设置在中央分隔带的混凝土护栏,应按图纸所示和监理工程师指示,经验收后其长度以米(m)计量;混凝土基础以立方米(m^3)计量。

(2)地基填筑、垫层材料、混凝土基础、砌筑砂浆、嵌缝材料以及油漆涂料等均不另行计量。

(3)波形梁钢护栏安装就位(包括明涵、通道、小桥部分)并经验收合格,其长度沿栏杆面(不包括起、终端段)量取以米(m)计量;钢护栏起、终端头以个计量。

(4)中央分隔带开口处活动式钢护栏应拼装就位准确,经验收合格以个计量。

(5)明涵、通道、小桥部分钢护栏的立柱插座、预埋构件作为上述构造物的附属工作,不另计量。

2. 隔离栅

(1)隔离栅应安装就位并经验收,分别按铁丝编织网隔离栅、刺铁丝隔离栅、钢板网隔离栅、电焊网隔离栅等,从端柱外侧沿隔离栅中部丈量,以米(m)计量。金属立柱及紧固件等均并入隔离栅计价中,不另行计量。

(2)桥上防护网以米(m)计量,安设网片的支架、预埋件及紧固件等不另行计量。

(3)钢立柱及钢筋混凝土立柱安装就位并经验收,以根计量;钢筋及立柱斜撑不另计量。

(4)所需的清场、挖根、土地整平和设置地线等工程均为安装隔离栅的附属工作,不另计量。

3. 道路交通标志

(1)标志应按图纸规定提供、装好、埋设就位和经验收的不同种类、规格分别计量。

①所有各式交通标志(包括立柱、门架)均以个为单位计量。

②所有支承结构、底座、硬件和为完成组装而需要的附件,均附属于各有关标志工程细目内,不另行计量。

(2)里程标和公路界碑等均应按埋设就位和验收的数量以个为单位计量。

4. 道路交通标线

(1)路面标线应按图纸所示,经检查验收后,以热熔型涂料、溶剂常温涂料和溶剂加热涂料的涂敷实际面积,以平方米(m^2)为单位计量。反光型的路面标线、玻璃珠应包含在涂敷面积内,不另计量。

(2)凸起路标安装就位,经检查验收后以个计量。

(3)轮廓标安装就位,经检查验收后以个计量。

(4)立面标记设置经检查验收后以处计量。

5. 防眩设施

防眩板、防眩网设置安装完成并经验收后以延米计量。为安装防眩设置的预埋件、连接件、立柱、基础混凝土以及钢构件的焊接等均作为防眩板、防眩网工程的附属工作,不另行计量。

6. 通信和电力管道与预埋(预留)基础

(1)人(手)孔应根据图纸所示的形式及不同尺寸按个计量。

(2)紧急电话平台应按底座就位和验收的个数计量。

(3)预埋管道工程应按铺筑就位并验收的长度以米(m)计量,计量是沿着单管和多管结构的管中线进行。过桥管箱的制作、安装以米(m)计量。所有封缝料和牵引线及拉棒检验等,作为承包的附属工作,不另行计量。

(4)挖基及回填、压实及接地系统作为相关工程的附属工作,不另计量。

(5)附属于桥梁、通道或跨线桥的预留管道及其他的电信设备应作为这些结构的一部分,在主体工程内计量,不单独计量。

(6)通信管道安装在桥上的托架作为制造、安装过桥管箱的附属工作,不另行计量。

7. 收费设施及地下通道

(1)收费亭按图纸所示的形式组装或修建,经监理工程师验收,分别按单人收费亭和双人收费亭以个为单位计量。

(2)收费天棚按图纸所示组装架设,经监理工程师验收以平方米(m^2)为单位计量。

(3)收费岛按图纸所示形式及大小浇筑,经监理工程师验收,分别按单向收费岛和双向收费岛以个为单位计量。

(4)地下通道按图纸要求经监理工程师验收,其长度沿通道中心量测洞口间距离,以米(m)为单位计量,计量中包含了装饰贴面工程及防、排水处理等内容。

(5)预埋及架设管线按图纸规定铺设就位,经监理工程师验收以米(m)为单位计量。

(6)收费设施的预埋件为各有关工程细目的附属工作,均不另行计量。

(7)所有挖基、挖槽以及回填、压实等均为各相关工程细目的附属工作,不另行计量。凡未列入计量细目的零星工程,均含在相关工程细目内,不另行计量。

七、绿化及环境保护

1. 铺设表土

表土铺设应按完成的铺设面积并经验收后以立方米(m^3)为单位计量。铺设表土的准备工作(包括提供、运输等)为承包人应做的附属工作,不另行计量。

2. 撒播草种

(1)撒播草种按经监理工程师验收的成活草种的面积以平方米(m^2)为单位计量。

(2)草种、水、肥料等,作为承包人撒播草种的附属工作,均不另行计量。

(3)铺草皮按经监理工程师验收的数量以平方米(m^2)为单位计量,当采用叠铺时,按叠铺程度确定一叠铺系数(经监理工程师同意)增计面积。

(4)需要铺设的表土,按表土的来源,在铺设表土相关支付细目内计量。

(5)绿地喷灌设施按图纸所示,敷设的喷灌管道以米(m)为单位计量。喷灌设施的闸阀、水表、洒水栓等均不另行计量。

3. 种植乔木、灌木、攀缘植物和铺草皮

人工种植由监理工程师按成活数验收的乔木、灌木及人工种植攀缘植物均以棵计量。铺草皮以平方米(m^2)计量,当采用叠铺时,按叠铺程度确定一叠铺系数增计面积。

需要铺设的表土，按表土的来源，在铺设表土相关支付细目内计量。

种植用水、设置水池储水，均作为承包人种植植物的附属工作，不另行计量。

4. 植物养护和管理

种植物的养护及管理是承包人完成绿化工程的附属工作，不另计量与支付。

5. 声屏障

消声板声屏障应按图纸施工完成并经监理工程师验收的现场量测的长度，以米(m)为单位计量；吸声砖及墙声屏障以立方米(m^3)为单位计量，声屏障的基础开挖、基底夯实、基坑回填、立柱、横板安装等工作为砌筑吸声砖声屏障及砌筑砖墙声屏障所必需的附属工作，均不另行计量。

6. 环境保护

所采取的防止水土流失和废料废方处理，防止和减轻水、大气受污染，保护绿色植被，土地资源的保护，现有公用设施的保护等各项措施，是各有关工程施工期间在环境保护方面应当注意和必须做到的工作，其费用已在总则内列出，这里不予单独计量与支付。

【技能训练】

某项目路基工程清单如表 7-1。

第 200 章 路基工程 表 7-1

合同段(K164 + 000 ~ K192 + 023) 货币单位:人民币元

编号	细目名称	单位	数量	单价	总额
202-2	挖除旧路面				
202-2-1	水泥混凝土路面(24cm)	m^2	8833	12.77	112797
202-2-2	沥青混凝土路面 12cm 内	m^2	1490	8.04	11980
202-2-3	原水泥稳定碎石(16cm)	m^2	5040	4.99	25150
202-3	拆除旧结构				
202-3-1	钢筋混凝土结构	m^3	446.2	122.99	54878
202-3-4	吊装拆除旧混凝土桥面板	m^3			
202-3-5	吊装拆安旧混凝土桥面板	m^3			
207-1	M7.5 浆砌片石边沟	m^3	629.1	146.72	92302
207-2	M7.5 浆砌片石排水沟	m^3			
207-3	M7.5 浆砌片石截水沟、跌水槽	m^3			
208-1	种草、铺草皮	m^2	24241	3.79	91873
208-2	M7.5 浆砌片石护坡				
208-2-2	方格护坡	m^3	453.8	160.26	72726
208-4	护面墙				
208-4-1	M7.5 浆砌片石	m^3	559.8	158.32	88628
209-1	挡土墙				
209-1-1	M7.5 浆砌片石	m^3	21.9	149.59	3276

续上表

编号	细目名称	单位	数量	单价	总额
212-2	挂网锚喷混凝土防护边坡				
212-2-1	喷射混凝土(厚10cm)	m^2	12656	93.47	1182956
212-2-2	钢筋网	t	26.033	5583.03	145343
212-2-5	锚杆	m	3216	53.68	172635
212-2-6	刷坡土方	m^3	476	14.57	6935
212-2-7	刷坡石方	m^3	5692	24.36	138657
第200章合计		元	2200136		

1. M7.5浆砌片石边沟包含哪些工作内容？挖边沟土方的工程量如何计算？能否计量？编制工程量清单报价时如何考虑？

2. M7.5浆砌片石挡土墙包含哪些工作内容？基础土方如何计算？能否计量？编制工程量清单报价时如何考虑？

3. M7.5浆砌片石护面墙包含哪些工作内容？编制工程量清单报价时如何考虑？

4. 挂网锚喷混凝土防护边坡如何计量？编制工程量清单报价时如何考虑？

思考练习题

1. 路基工程计量时应注意哪些问题？
2. 路面工程计量时应注意哪些问题？
3. 桥涵工程计量时应注意哪些问题？
4. 隧道工程计量时应注意哪些问题？
5. 安全设施及预埋管线工程计量时应注意哪些问题？
6. 绿化及环境保护工程计量时应注意哪些问题？
7. 钻孔灌注桩哪些项目能计量？哪些项目不能计量？以钻孔灌注桩为例，简述工程计量细则中的哪些规定在编制工程量清单单价时必须考虑，又如何考虑？

第八章

公路工程造价控制

知识目标

1. 描述项目投资决策阶段影响工程造价的因素；
2. 描述价值工程方法在工程成本规划与控制中的应用方法和流程；
3. 描述施工阶段造价控制的方法。

能力目标

1. 能进行资金使用计划的编制；
2. 能进行费用偏差的分析。

•第一节 工程项目投资决策阶段造价控制•

工程项目投资决策是选择和决定工程项目投资行动方案的过程，是对拟建项目的必要性和可行性进行技术经济论证，对不同建设方案进行技术经济比较选择及做出判断和决定的过程。投资决策是否正确，直接决定了项目投资的经济效益。

1. 工程项目投资决策与造价控制的关系

(1)正确决策是合理规划和控制工程造价的前提。

项目决策正确与否，直接关系到项目建设的成败，关系到建设造价的高低及投资效果的好坏，正确决策是合理计划和控制工程造价的前提。

(2)投资决策阶段是工程项目造价控制的关键阶段。

①在建设工程项目的投资决策阶段，项目建设标准、建设地址、建设工艺、设备设施等各项技术经济决策，对建设工程造价以及项目建成后的经济效益，有着决定性的影响。

②投资决策阶段的造价控制，对整个建设工程项目而言，节约投资的可能性最大。也就是说，节约投资的可能性随着建设工程项目的进展而不断减少。

③在项目的投资决策阶段，所需投入的费用只占项目总投资一个很小的比例。

(3)投资决策阶段的投资估算是投资者进行决策的主要依据。

(4)投资决策的深度影响投资估算的精确度，也影响工程项目造价的控制效果。

2. 工程项目投资决策阶段造价控制的任务

(1)以方案的投资估算额作为方案选择的主要依据，根据投资者的投资意图，综合考虑多种决策因素，对项目进行多方案的技术经济分析和经济评价，选择技术可行、经济合理的技术方案。

(2)在对建设方案进行技术经济分析的基础上,编制并审查决策方案的投资估算,确定项目的造价控制目标。

3. 工程项目投资决策阶段影响工程项目造价的主要因素

1)工程项目区位的选择

(1)建设地区的选择:

①影响着项目的建设成本;

②影响项目建成后的经营成本;

③影响项目建成后的营销推广;

④影响着项目的建设工期;

⑤影响着项目的建设质量;

⑥与项目或投资者的投资战略密切相关。

(2)建设场地的选择。

2)项目建设方案的选择

(1)项目定位。通常,项目的定位对项目成败具有决定性的影响。成功的项目定位确定了项目的实施路线和方针,是顺利完成产品销售与推广的基础与前提,也是项目实现盈利目标的保证。

(2)项目建设标准。建设标准涉及到项目的建设规模、建筑及装饰标准、设施配套、占地规模等内容。建设标准是编制、评估项目可行性研究报告的重要依据,是衡量工程造价是否合理以及监督项目建设的客观尺度。

(3)项目规划设计方案策划。项目的规划设计方案与造价控制密切相关。投资决策阶段需要在准确定位的基础上进行项目的方案策划,用于给规划设计单位提出指导与要求。

(4)项目建设工艺流程。项目的工艺流程可以指生产期间的生产工艺或者建设期间的建设工艺。生产型项目在投资决策阶段或方案策划阶段需要明确其生产的工艺流程。

3)工程项目主要设备的选择

(1)均衡的考虑项目设备的性能与经济性,既不能盲目追求设备购置费率的最低化,也不能盲目追求设备性能的先进性。

(2)在满足项目使用功能要求的前提下,分析设备的全寿命周期成本,选择项目寿命周期成本最低的设备。

(3)结合项目的设备选型及其对项目建设方案选择的影响,选择最经济的项目建设方案。

(4)要考虑设备的运杂费用、交货期限、付款条件、零配件和售后服务等影响设备选择的因素。

(5)要尽量选用国产设备。

4)工程项目建设时机的选择

选择的主要依据如下:

(1)国家,甚至全球宏观经济的大背景;

(2)项目所处区域环境的优劣时机;

(3)企业自身的经营战略和资源储备时机;

(4)项目建设所需的资源输入时机,如技术、财力、物力、人力等;

(5)项目自身的成本和未来收益时机。

5)工程项目市场调查与预测

(1)市场调查是获取市场信息的主要渠道,是企业投资决策、生产建设和经营活动必不可少的重要组成部分。

(2)市场信息的获取还在于对市场调查得来的市场数据进行加工整理,从中发现市场发展规律。

6)项目资金筹集方式的选择

•第二节　工程项目设计阶段的造价控制•

1. 工程项目设计阶段的划分

1)总体设计阶段

总体设计阶段是为了解决确定总体开发方案,建设项目总体部署等重大问题,其深度应满足初步设计的展开,主要大型设备、材料及土地征用的需要。

2)初步设计阶段

初步设计是设计的关键阶段,也是整个设计阶段构思形成的阶段。它是根据设计要求或在总体设计的基础上论证拟建工程项目在技术上的可行性和经济上的合理性。

3)技术设计阶段

针对技术复杂而又缺乏设计经验或特殊的工程,是在初步设计基础上方案设计的具体化。

4)施工图设计阶段

施工图是指导施工的直接依据,应注重反映项目的使用功能及质量要求。

在设计阶段控制工程造价效果最显著,主要体现在两个方面:其一是设计阶段对投资的影响度最大,控制效果显著,如图8-1所示。其二是设计阶段造价控制的效率高。

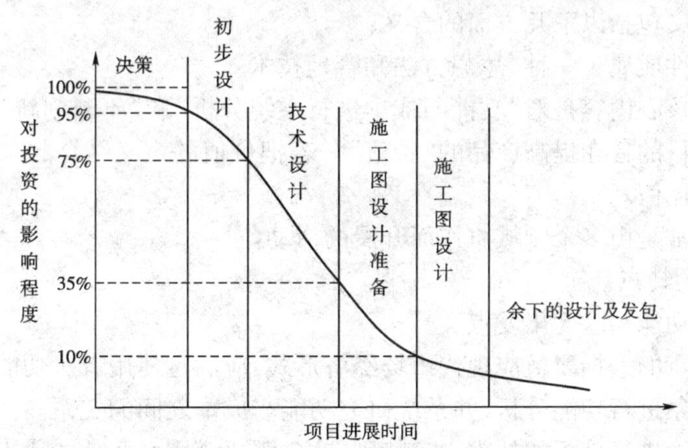

图8-1　建设过程各阶段对投资的影响

2. 工程项目设计方案的比选

设计方案比选就是通过对工程设计方案的经济分析,从若干设计方案中选出最佳方案的过程。

由于设计方案的经济效果不仅取决于技术条件，而且还受不同地区的自然条件和社会条件的影响，设计方案选择时，须综合考虑各方面因素，对方案进行全方位技术经济分析与比较，须结合当时当地的实际条件，选择功能完善、技术先进、经济合理的设计方案。工程造价、使用成本与项目功能水平之间的关系如图8-2所示。

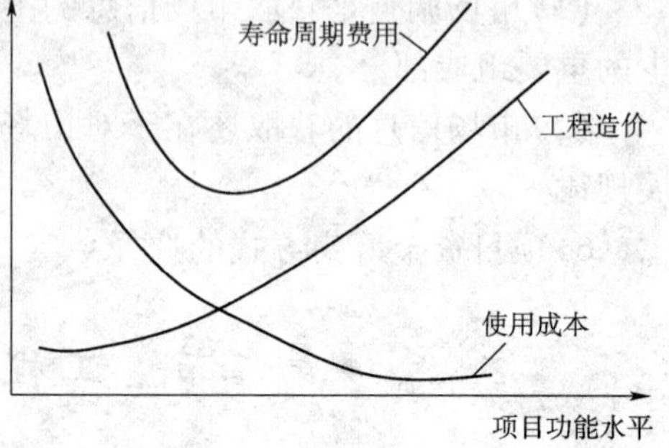

图8-2　工程造价、使用成本与项目功能水平之间的关系

(1)设计方案比选原则

①设计方案必须要处理好经济合理性与技术先进性之间的关系。

②设计方案必须兼顾建设与使用，考虑项目全寿命费用。

③设计必须兼顾近期与远期的要求。

(2)设计方案比选方法

设计方案选择最常用的方法是比较分析法。

3. 价值工程

1)价值工程原理

(1)价值工程的含义

价值工程是通过各相关领域的协作，对所研究对象的功能与成本进行系统分析，不断创新，旨在提高所研究对象价值的思想方法和管理技术。这里"价值"定义可以用式(8-1)表示。

$$V = \frac{F}{C} \tag{8-1}$$

式中：V——价值(Value)；

F——功能(Function)；

C——成本或费用(Cost)。

价值工程的定义包括以下几方面的含义：

①价值工程的性质属于一种"思想方法和管理技术"。

②价值工程的核心内容是对"功能与成本进行系统分析"和"不断创新"。

③价值工程的目的旨在提高产品的"价值"。若把价值的定义结合起来，便应理解为旨在提高功能对成本的比值。

④价值工程通常是由多个领域协作而开展的活动。

(2)价值工程的特点

①以使用者的功能需求为出发点。

价值工程出发点的选择要适应现代市场经济形式，应满足使用者对功能的需求。

②对所研究对象进行功能分析，并系统研究功能与成本之间的关系。

价值工程对功能进行分析的技术内容特别丰富，既要辨别必要功能或不必要功能、过剩功能或不足功能，又要计算出不同方案的功能量化值，还要考虑功能与其载体的有分有合问题。通过功能与成本进行比较，形成比较价值的概念和量值。由于功能与成本关系的复杂性，必须用系统的观点和方法对其进行深入研究。

③致力于提高价值的创造性活动。

提高功能与成本的比值是一项创造性活动，要有技术创新。提高功能或降低成本，都必须创造出新的功能载体或者创造新的载体加工制造的方法，否则，提高价值只是一句空话。

④有组织、有计划、有步骤地开展工作。

开展价值工程活动的过程涉及各个部门的各方面人员。在他们之间，要沟通思想、交换意见、统一认识、协调行动，要步调一致地开展工作。

2）提高价值的途径

（1）既提高工程的功能、又可降低工程的造价；

（2）保证功能不变的情况下降低工程造价；

（3）在造价不变的情况下提高工程功能；

（4）在功能略有下降的情况下使造价大幅度降低；

（5）在造价略有上升的情况下，使功能大幅度提高。

3）价值工程的主要工作内容

（1）对象选择

①对象选择的原则

a. 优先考虑企业生产经营上迫切要求改进的主要产品；

b. 对企业经济效益影响大的产品。

②对象选择的方法

a. 经验分析法

亦称因素分析法，是一种定性分析的方法，即凭借开展价值工程活动人员的经验和智慧，根据对象选择应考虑的因素，通过定性分析来选择对象的方法。简便，受工作人员的工作态度和知识经验水平的影响大。

b. 百分比法

即按某种费用或资源在不同项目中所占的比重大小来选择价值工程对象的方法。

c. ABC 分析法

把产品（或部件）种类按成本大小顺序分成 ABC 三类。

A 类：成本占 70% ~80%，部件数量占 10% ~15%；

B 类：成本占 10% ~20%，部件数量占 15% ~20%；

C 类：成本占 5% ~10%，部件数量占 60% ~80%。

ABC 分析法的优点在于简单易行，能抓住成本中的主要矛盾。但企业在生产多品种而各品种之间不一定表现出均匀分布的规律时须用其他方法。该方法的缺点是有时部件虽属 C 类，但功能却较重要，有时因成本在部件或要素项目之间分配不合理，则会发生遗漏或顺序推后而未被选上。这种情况可通过结合运用其他分析方法来避免。

d. 强制确定法

将每个部件与其他部件的功能重要程度进行逐一对比打分，以各部件功能得分占总分的比例确定功能评价系数，再根据功能评价系数和成本系数确定价值系数，选择价值系数小于 1 的部件作为价值工程对象。

（2）信息资料的收集

①明确搜集资料的目的,确定资料的内容和调查范围,有针对性地搜集信息。

②不同价值工程对象所需搜集信息资料的内容不尽相同。一般包括市场信息、用户信息、竞争对手信息、设计技术方面的信息、制造及外协方面的信息、经济方面的信息、本企业的基本情况、国家和社会方面的情况等。

③搜集信息资料的方法:

a. 面谈法。通过直接交谈搜集信息资料;

b. 观察法。通过直接观察 VE 对象搜集信息资料;

c. 书面调查法。将所需资料以问答形式预先归纳为若干问题,然后通过资料问卷的回答取得信息资料。

(3)功能系统分析

功能系统分析是价值工程活动的中心环节。具有明确用户的功能要求、转向对功能的研究和可靠实现必要的功能三个方面的作用。功能系统分析中的功能定义、功能整理、功能计量紧密衔接,有机地结合成一体运行。三者的作用和相互关系如表 8-1 所示。

功能系统分析步骤 表 8-1

分析步骤	分析目的	分析类别	回答问题
功能定义 ↓ 功能整理 ↓ 功能计量	部件的功能本质 ↓ 功能之间的相互关系 ↓ 必要功能的价值标准	功能单元的定性分析 ↓ 功能相互关系的定性分析 ↓ 单元功能的量化	它的功能是什么 ↓ 它的目的或手段是什么 ↓ 它的功能是什么

(4)功能评价

功能评价包括研究对象的价值评价和成本评价两方面的内容。价值评价着重计算、分析、研究对象的成本与功能间的关系是否协调、平衡,评价功能价值的高低,评定需要改进的具体对象。功能价值的一般计算公式与对象选择时价值的基本计算公式相同,所不同的是功能价值计算所用的成本按功能统计,而不是按部件统计。

$$V_i = \frac{F_i}{C_i} \tag{8-2}$$

式中:F_i——对象的功能评价值(元);

C_i——对象 i 功能的目前成本(元);

V_i——对象的价值(系数)。

(5)方案创新的技术方法

方案创新的方法很多,都强调发挥人的聪明才智,积极地进行思考,设想出技术经济效果更好的新方案。

①头脑风暴法

头脑风暴法原指精神病人的胡思乱想,后转意为无约无束、自由奔放地思考问题的方法。具体步骤如下:

a. 组织对本问题有经验的专家召开会议;

b. 会议鼓励对本问题自由鸣放，相互不指责批判；

c. 希望提出大量方案；

d. 结合他人意见提出设想。

②哥顿法

哥顿法是会议主持人将拟解决的问题抽象后抛出，与会人员讨论并充分发表看法，适当时机会议主持人再将原问题抛出继续讨论的方法。

(6)方案评价与提案编写

方案评价就是从众多的备选方案中选出价值最高的可行方案。方案评价可分为概略评价和详细评价，均包括技术评价、经济评价和社会评价等方面的内容。将这三个方面联系起来进行权衡，则称为综合评价。

为争取决策部门的理解和支持，使提案获得批准，要有侧重地撰写出具有充分说服力的提案书（表）。提案编写应扼要阐明提案内容，提案应具有说服力，使决策者理解并采纳提案。

4. 限额设计

按照批准的投资估算控制初步设计，按照批准的初步设计总概算控制施工图设计，同时各专业在保证达到使用功能的前提下，按分配的投资限额控制设计，严格控制技术设计和施工图设计的不合理变更，保证总投资限额不被突破。

1)限额设计的目标设置

将上一阶段审定的投资额作为下一设计阶段投资控制的总体目标。将总体目标层层分解后作为各分项工程目标。

关键环节：

(1)提高投资估算的合理性和准确性；

(2)目标分解合理。

2)限额设计的纵向控制

(1)以投资估算控制初步设计；

(2)以设计概算控制施工图设计；

(3)加强对设计变更的管理工作。

3)限额设计的横向控制

健全和加强设计单位对建设单位以及设计单位内部的经济责任制，而经济责任制的核心则在于正确处理责、权、利三者之间的有机关系。

(1)设计单位的责任范围；

(2)设计单位不承担责任的情况；

(3)建立设计院内部限额设计责任制；

(4)实行限额设计节奖超罚。

4)限额设计的不足

(1)实际操作的被动性；

(2)与价值工程提高价值的两种途径相矛盾；

(3)仅考虑一次性投资费用，而没有考虑经营性费用。

·第三节 工程项目施工阶段的造价控制·

施工阶段进行造价控制的基本原理是把计划投资额作为投资控制的目标值，在工程施工过程中定期地进行投资实际值与目标值的比较，通过比较发现并找出实际支出额与投资控制目标值之间的偏差，分析产生偏差的原因，并采取有效措施加以控制，以保证投资控制目标的实现。

1. 施工阶段造价控制的概念与原理

1）施工阶段造价控制的概念

工程项目施工阶段造价控制是以工程项目为对象，在既定的预算成本的基础上，在施工生产的动态过程中，统筹计划施工各阶段、各部分的工程成本，科学有效地实施动态控制，确保工程顺利实施和项目总目标实现的过程。

2）施工阶段造价控制的原理

施工阶段造价控制应遵循动态控制原理和主动控制原理。施工阶段造价控制的动态控制、主动控制原理如图 8-3 所示。

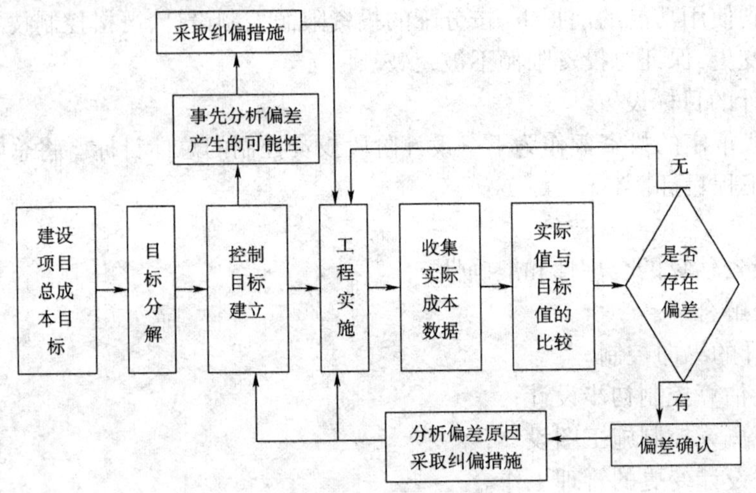

图 8-3　工程造价控制原理图

2. 施工阶段造价控制的措施

众所周知，建设工程的投资主要发生在施工阶段，在这一阶段需要投入大量的人力、物力、资金等，是工程项目建设费用消耗最多的时期，浪费投资的可能性比较大。因此，精心地组织施工，挖掘各方面潜力，节约资源消耗，仍可以收到节约投资的明显效果。对施工阶段的投资控制应给予足够的重视，仅仅靠控制工程款的支付是不够的，应从组织、经济、技术、合同等多方面采取措施，控制投资。

1）组织措施

（1）在项目管理班子中落实从投资控制角度进行施工跟踪的人员、任务分工和职能分工。

（2）编制本阶段投资控制工作计划和详细的工作流程图。

2）经济措施

(1)编制资金使用计划,确定、分解费用控制目标。对工程项目造价目标进行风险分析,并制定防范性对策。

(2)进行工程计量。

(3)复核工程付款账单,签发付款证书。

(4)在施工过程中进行投资跟踪控制,定期进行投资实际支出值与计划目标值的比较,发现偏差,分析产生偏差的原因,采取纠偏措施。

(5)协商确定工程变更的价款。审核竣工结算。

(6)对工程施工过程中的投资支出做好分析与预测,经常或定期向建设单位提交项目投资控制及其存在问题的报告。

3)技术措施

(1)对设计变更进行技术经济比较,严格控制设计变更。

(2)继续寻找通过设计挖潜节约投资的可能性。

(3)审核承包人编制的施工组织设计,对主要施工方案进行技术经济分析。

4)合同措施

(1)做好工程施工记录,保存各种文件图纸,特别是注有实际施工变更情况的图纸,注意积累素材,为正确处理可能发生的索赔提供依据。参与处理索赔事宜。

(2)参与合同修改、补充工作,着重考虑其对投资控制的影响。

3. 施工方案的技术经济分析

对施工方案进行技术经济分析是施工阶段降低建设成本的主要途径之一。施工方案不同,不但会影响项目的工程和质量目标,也会显著的影响项目的成本。

1)工程方法对工程成本的影响

施工方法,尤其是关键的施工方法,对工程成本具有显著影响。

(1)通常项目的关键施工方案、技术路线需要在招投标阶段予以确认,而这些方案直接与投标人的报价密切相关,在不同投标人提供的不同施工方案之间选择技术先进、经济合理的施工方案,对于降低项目建设成本具有重要意义。

(2)对于施工方法的选择确定,应建立在深入技术经济分析的基础之上。

(3)必须结合项目特征和施工企业实际来选择适宜的施工方法。施工方法不仅要求先进、科学、可行,还应具有经济合理性。

2)施工顺序的选择

施工顺序是按照项目工期的要求,建筑结构的特点,劳动力、材料、机械供应等具体情况,考虑工期、质量、成本目标等因素综合确定的。判断施工顺序合理与否,对工程成本具有显著影响。其表现如下:

(1)合理安排施工顺序可以提高人、材、机械等的使用效率,防止窝工,均衡资源的使用,从而直接降低项目成本。

(2)合理安排施工顺序在不影响总工期的情况下,可以利用对非关键线路工序的调整,进行资源的优化,达到降低工程成本,合理安排资金使用的目的。

(3)合理安排施工顺序可以影响工期,从而对项目建设成本产生影响。工期调整变化对成本的影响有以下几方面:

①工期的调整变化,直接影响到项目的直接费与间接费,从而影响到项目的成本。工期费用优化如图 8-4 所示。

②对承包人而言,工期的缩短,可以获得合同规定的工期奖励;对项目建设单位而言,工期的缩短可以使项目尽快的发挥投资效益。

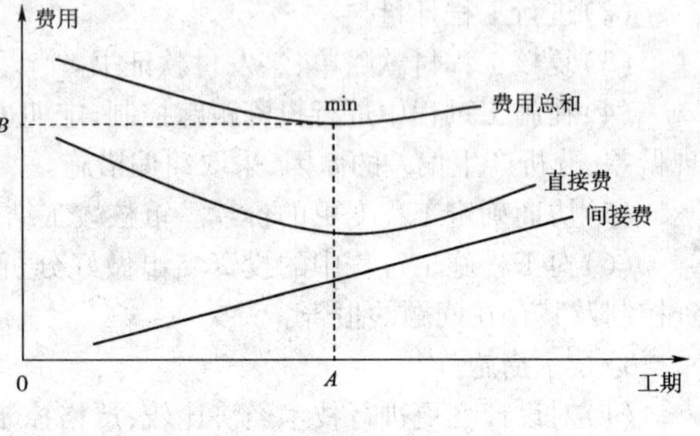

图 8-4　工期—费用优化图

3)施工机械的选择

施工机械的选择是工程承包人的主要技术决策之一,对承包人的施工成本有显著影响。

施工机械的选择除了对承包人的施工成本有明显的影响之外,对建设单位的建设成本也有一定的影响。这些影响主要体现在:

(1)施工机械的选择是施工方法选择的中心环节,而施工方法,尤其是关键或主导施工方法,对项目的设计方案、投标价格等均有重要的影响。

(2)施工机械的选择关系到项目的施工效率和施工进度,从而进一步影响到项目的建设成本和投资效益的及时发挥。

(3)承包人施工机械的选择直接影响到承包人的分部分项工程报价和施工过程中的一些技术措施费用,而承包人的报价在施工过程中是双方结算和变更价款确定的依据。

(4)承包人不同的施工机械选择会影响到承发包双方的机械费用索赔。

(5)若采用成本加酬金合同形式,由于施工机械的选择直接影响承包人的施工成本,从而进一步直接影响建设单位的建设成本。

(6)承包人选择不同的施工机械还会影响到建设单位对整个施工现场的分配和使用,从而在一些情况下间接影响建设单位的费用支出。

4. 资金使用计划的编制

1)投资目标的分解

根据投资控制目标和要求的不同,投资目标的分解可以分为按投资构成、按子项目、按时间分解三种类型。

(1)投资构成分解的资金使用计划

工程项目的投资主要分为建筑安装工程投资、设备工器具购置投资及工程建设其他投资。工程项目投资的总目标就可以按图 8-5 分解。

(2)子项目分解的资金使用计划

大中型的工程项目通常是由若干单项工程构成的,而每个单项工程包括了多个单位工程,每个单位工程又是由若干个分部分项工程构成的,因此,首先要把项目总投资分解到单项工程和单位工程中,如图 8-6 所示。

另外,对各单位工程的建筑安装工程投资还需要进一步分解,在施工阶段一般可分解到分部分项工程。

(3)时间进度分解的资金使用计划

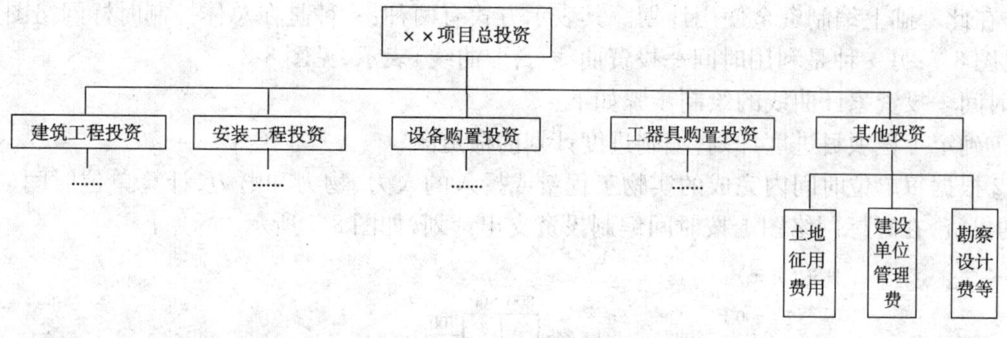

图 8-5　按投资构成分解目标

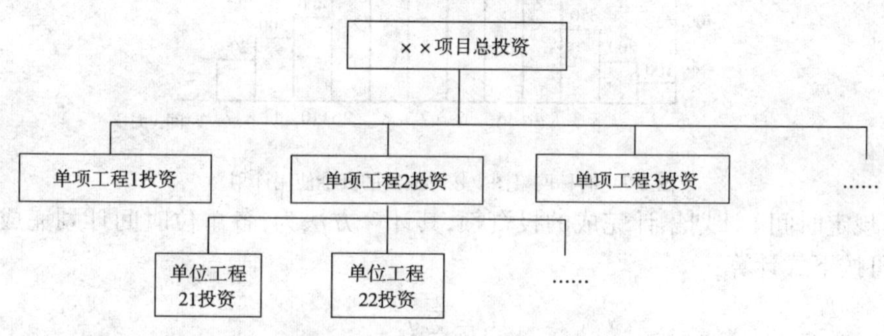

图 8-6　按子项目分解投资目标

工程项目的投资总是分阶段、分期支出的，资金应用是否合理与资金的时间安排有密切关系。为了编制项目资金使用计划，并据此筹措资金，尽可能减少资金占用和利息支出，有必要将项目总投资按其使用时间进行分解。

编制按时间进度的资金使用计划，通常可利用控制项目进度的网络图进一步扩充而得。即在建立网络图时，一方面确定完成各项活动所需花费的时间，另一方面同时确定完成这一活动的合适的投资支出预算。

以上三种编制资金使用计划的方法并不是相互独立的。在实践中，往往是将这几种方法结合起来使用，从而达到扬长避短的效果。

2)资金使用计划的形式

(1)按子项目分解得到的资金使用计划表

在完成工程项目投资目标分解之后，接下来就要具体地分配投资，编制工程分项的投资支出计划，从而得到详细的资金使用计划表。其内容一般包括：

①工程分项编码；

②工程内容；

③计量单位；

④工程数量；

⑤计划综合单价；

⑥本分项总计。

(2)时间—投资累计曲线

通过对项目投资目标按时间进行分解，在网络计划基础上，可获得项目进度计划的横道图,并在此基础上编制资金使用计划。其表示方式有两种:一种是在总体控制时标网络图上表示,见图 8-7;另一种是利用时间—投资曲线(S 形曲线)表示,见图 8-8。

时间—投资累计曲线的绘制步骤如下:

①确定工程项目进度计划,编制进度计划的横道图;

②根据每单位时间内完成的实物工程量或投入的人力、物力和财力,计算单位时间(月或旬)的投资,在时标网络图上按时间编制投资支出计划,如图 8-7 所示。

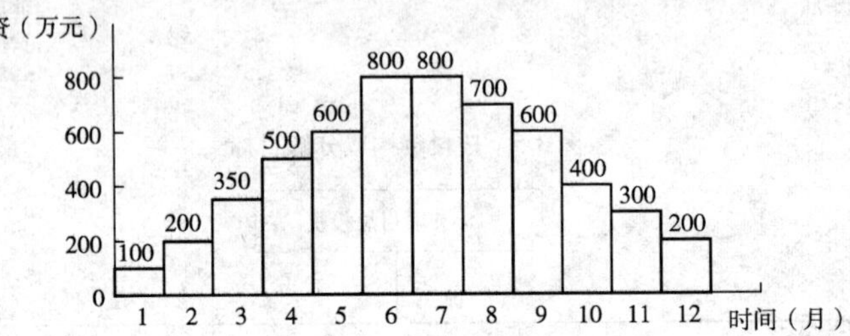

图 8-7　时标网络图上按月编制的资金使用计划

③计算规定时间 t 计划累计完成的投资额,其计算方法为:各单位时间计划完成的投资额累加求和,可按下式计算:

$$Q_{t} = \sum_{n=1}^{t} q_{n} \tag{8-3}$$

式中:Q_{t}——某时间 t 的计划累计完成投资额;

q_{n}——单位时间 n 的计划完成投资额;

t——某规定计划时刻。

④按各规定时间的 Q_{t} 值,绘制 S 形曲线,如图 8-8 所示。

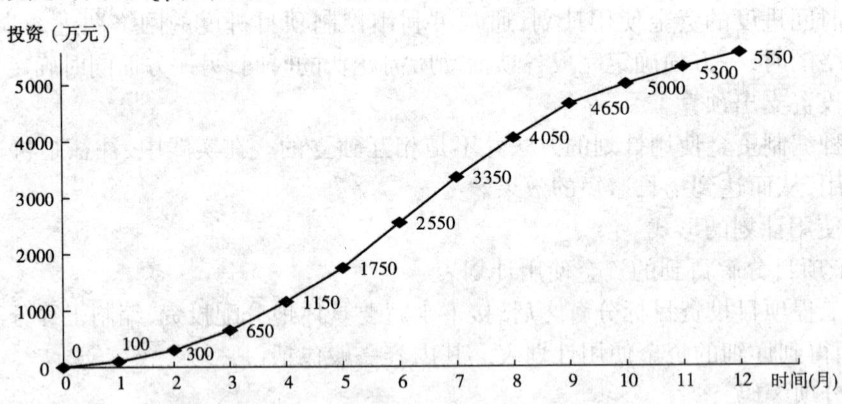

图 8-8　时间—投资累计曲线(S 形曲线)

一般而言,所有活动都按最迟开始时间开始,对节约建设单位的建设资金贷款利息是有利的,但同时,也降低了项目按期竣工的保证率。因此,监理工程师必须合理地确定投资支出计划,达到既节约投资支出,又能控制项目工期的目的。

(3)综合分解资金使用计划表

将投资目标的不同分解方法相结合,会得到比前者更为详尽、有效的综合分解资金使用计划表。综合分解资金使用计划表一方面有助于检查各单项工程和单位工程的投资构成是否合理，有无缺陷或重复计算；另一方面也可以检查各项具体的投资支出的对象是否明确和落实，并可校核分解的结果是否正确。

5. 费用偏差分析

资金使用计划编制后，建设工程的成本控制目标就确定了。在工程的进展中，应当以此为依据进行费用偏差分析，即定期地进行投资计划值和实际值的比较，当实际值偏离计划值时，分析产生偏差的原因，采取适当的纠偏措施进行控制，同时，可根据已完工程的实际支出，对工程项目进行重新认识，预测建设工程费用的支出趋势，提出改进和预防措施对费用进行控制，如图8-9所示。

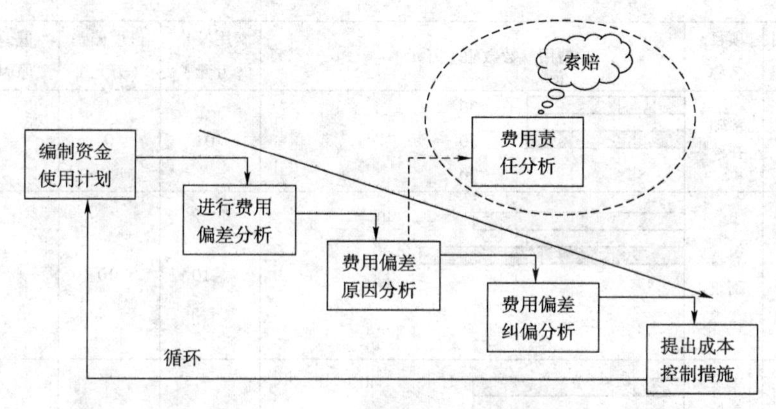

图8-9　费用偏差分析流程图

1）赢得值（挣值）法

赢得值法（Earned Value Management，EVM）作为一项先进的项目管理技术，最初是美国国防部于1967年首次确立的。

（1）赢得值法的三个基本参数

①已完工作预算费用

$$\text{已完工作预算费用}(BCWP)=\text{已完成工作量}\times\text{预算单价} \tag{8-4}$$

②计划工作预算费用

$$\text{计划工作预算费用}(\mathrm{BCWS})=\text{计划工作量}\times\text{预算单价} \tag{8-5}$$

③已完工作实际费用

$$\text{已完工作实际费用}(ACWP)=\text{已完成工作量}\times\text{实际单价} \tag{8-6}$$

（2）赢得值法的四个评价指标

在这三个基本参数的基础上，可以确定赢得值法的四个评价指标，它们也都是时间的函数。

①费用偏差 CV（Cost Variance）

$$\text{费用偏差}(\mathrm{CV})=\text{已完工作预算费用}(\mathrm{BCWP})-\text{已完工作实际费用}(\mathrm{ACWP}) \tag{8-7}$$

②进度偏差 SV（Schedule Variance）

$$\text{进度偏差}(\mathrm{SV})=\text{已完工作预算费用}(\mathrm{BCWP})-\text{计划工作预算费用}(\mathrm{BCWS}) \tag{8-8}$$

③费用绩效指数（CPI）

$$\text{费用绩效指数}(\mathrm{CPI})=\text{已完工作预算费用}(\mathrm{BCWP})/\text{已完工作实际费用}(\mathrm{ACWP}) \tag{8-9}$$

④进度绩效指数(SPI)

进度绩效指数(SPI) = 已完工作预算费用(BCWP)/ 计划工作预算费用(BCWS)　　(8-10)

2)偏差分析的表达方法

偏差分析可以采用不同的表达方法,常用的有横道图法、表格法和曲线法。

(1)横道图法

用横道图法进行费用偏差分析,是用不同的横道标识已完工作预算费用(BCWP)、计划工作预算费用(BCWS)和已完工作实际费用(ACWP),横道的长度与其金额成正比,见图8-10。

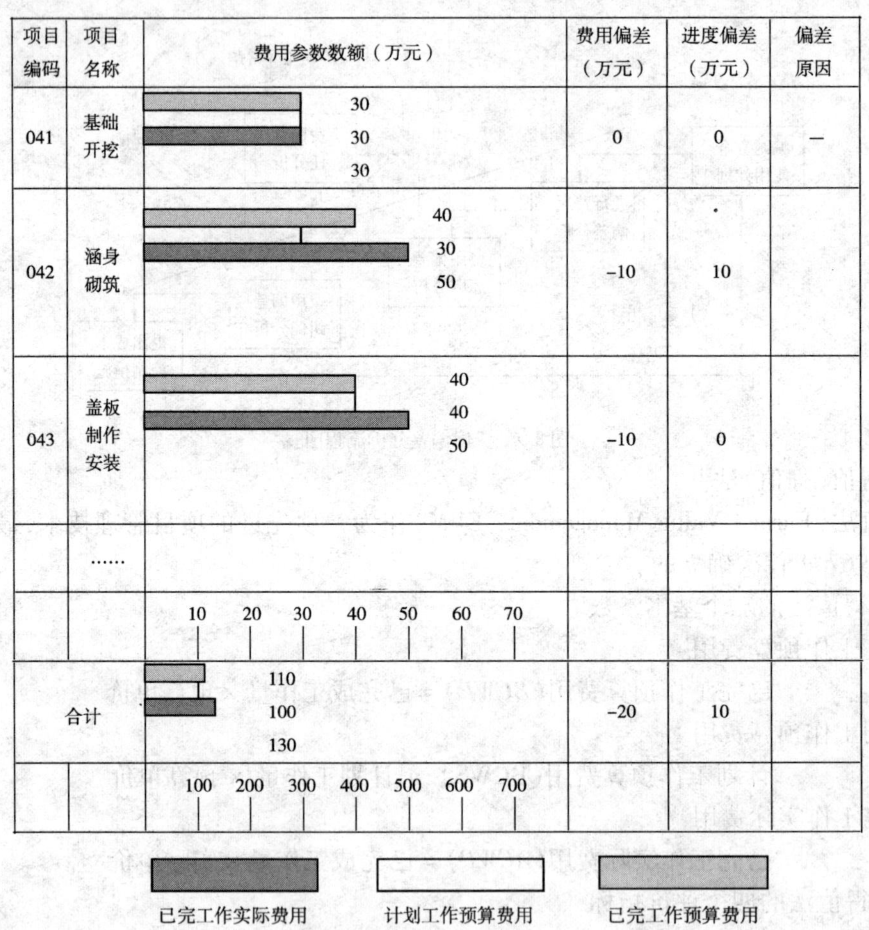

图8-10　费用偏差分析的横道图法

(2)表格法

表格法是进行偏差分析最常用的一种方法。它将项目编号、名称、各费用参数以及费用偏差数综合归纳入一张表格中,并且直接在表格中进行比较。由于各偏差参数都在表中列出,使得费用管理者能够综合地了解并处理这些数据。

用表格法进行偏差分析具有如下优点。

①灵活、适用性强。可根据实际需要设计表格,进行增减项。

②信息量大。可以反映偏差分析所需的资料,从而有利于费用控制人员及时采取针对性措施,加强控制。

③表格处理可借助于计算机,从而节约大量数据处理所需的人力,并大大提高速度。表8-2是用表格法进行偏差分析的例子。

费用偏差分析表　　表8-2

项目编码	(1)	041	042	043
项目名称	(2)	基础开挖	涵身砌筑	盖板制作安装
单位	(3)			
预算(计划)单价	(4)			
计划工作量	(5)			
计划工作预算费用(BCWS)	(6)=(5)×(4)	30	30	40
已完成工作量	(7)			
已完工作预算费用(BCWP)	(8)=(7)×(4)	30	40	40
实际单价	(9)			
其他款项	(10)			
已完工作实际费用(ACWP)	(11)=(7)×(9)+(10)	30	50	50
费用局部偏差	(12)=(8)-(11)	0	-10	10
费用绩效指数 CPI	(13)=(8)÷(11)	1	0.8	0.8
费用累计偏差	(14)=∑(12)			
进度局部偏差	(15)=(8)-(6)	0	10	0
进度绩效指数 SPI	(16)=(8)÷(6)	1	1.33	1
进度累计偏差	(17)=∑(15)			

(3)曲线法

在项目实施过程中,以上三个参数可以形成三条曲线,即计划工作预算费用(BCWS)、已完工作预算费用(BCWP)、已完工作实际费用(ACWP)三条曲线,如图8-11所示。

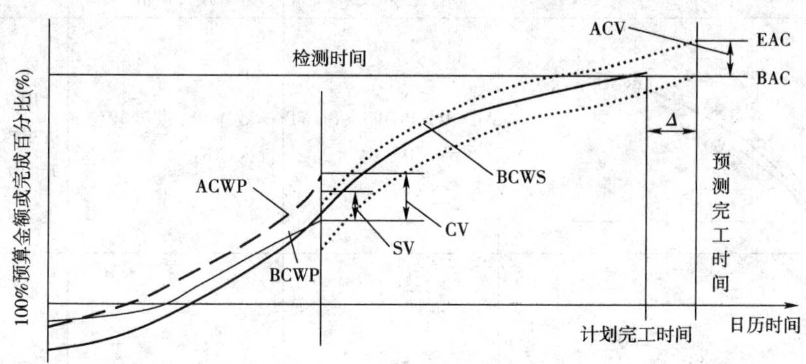

图8-11　赢得值法评价曲线

图中:CV=BCWP-ACWP,由于两项参数均以已完工作为计算基准,所以两项参数之差,反映项目进展的费用偏差。

SV = BCWP - BCWS，由于两项参数均以预算值（计划值）作为计算基准，所以两者之差，反映项目进展的进度偏差。

3）费用偏差原因分析与纠偏措施

（1）偏差原因分析

一般来说，产生费用偏差的原因有如图 8-12 所示。

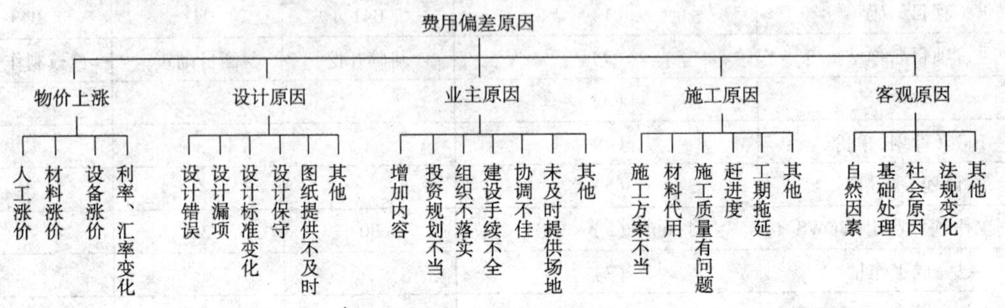

图 8-12　费用偏差原因

（2）纠偏措施

通常要压缩已经超支的费用，而不损害其他目标是十分困难的，一般只有当给出的措施比原计划已选定的措施更为有利，或使工程范围减小，或生产效率提高，成本才能降低，例如：

①寻找新的、更好更省的、效率更高的设计方案；

②购买部分产品，而不是采用完全由自己生产的产品；

③重新选择供应商，但会产生供应风险，选择需要时间；

④改变实施过程；

⑤变更工程范围；

⑥索赔，例如向业主、承（分）包人、供货人索赔以弥补费用超支。表 8-3 为赢得值法参数分析与对应措施表。

赢得值法参数分析与对应措施表　　表 8-3

序号	图形	三参数关系	分析	措施
1	ACWP、BCWS、BCWP	ACWP > BCWS > BCWP SV < 0　CV < 0	效率低，进度较慢，投入超前	用工作效率高的人员更换一批工作效率低的人员
2	BCWP、BCWS、ACWP	BCWP > BCWS > ACWP SV > 0　CV > 0	效率高，进度较快，投入延后	若偏离不大，维持现状

续上表

序号	图　形	三参数关系	分　析	措　施
3	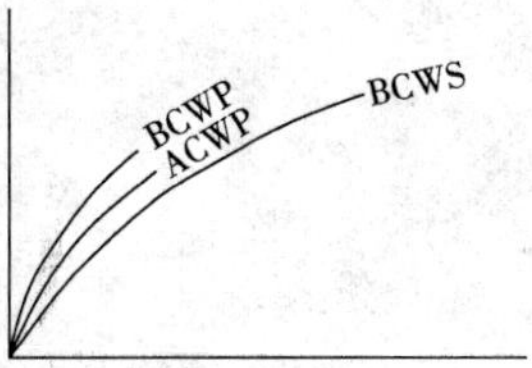 BCWP ACWP BCWS	BCWP > ACWP > BCWS SV > 0　CV > 0	效率较高，进度快，投入超前	抽出部分人员，放慢进度
4	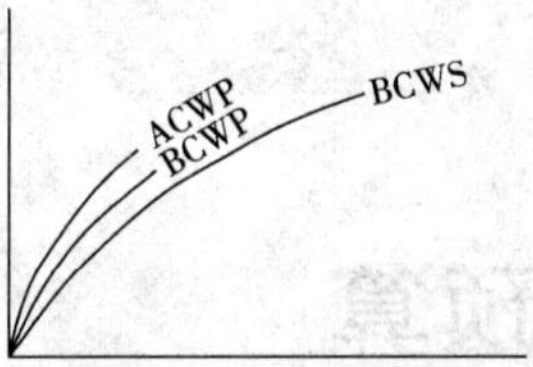 ACWP BCWP BCWS	ACWP > BCWP > BCWS SV > 0　CV < 0	效率较低，进度较快，投入超前	抽出部分人员，增加少量骨干人员
5	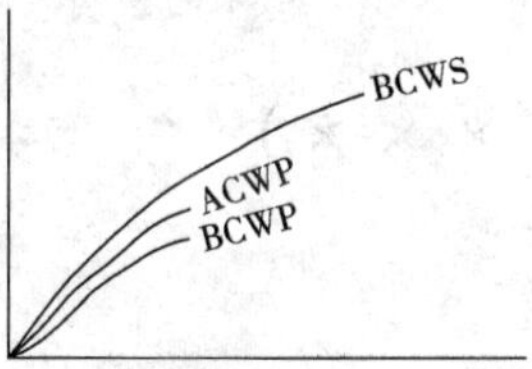 BCWS ACWP BCWP	BCWS > ACWP > BCWP SV < 0　CV < 0	效率较低，进度慢，投入延后	增加高效人员投入
6	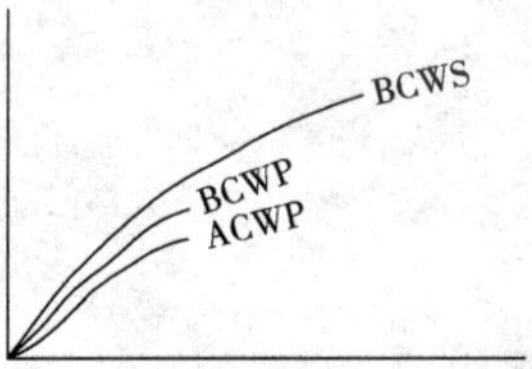 BCWS BCWP ACWP	BCWS > BCWP > ACWP SV < 0　CV > 0	效率较高，进度较慢，投入延后	迅速增加人员投入

思考练习题

1. 工程项目投资决策阶段影响工程项目造价的主要因素有哪些？
2. 提高工程项目价值的途径有哪些？如何进行功能系统分析？
3. 简述施工阶段造价控制的措施。

附　录

施工图预算示例

××公路施工图预算

(K××+×××~K××+×××)

第　册　共　册

编制:[编制并加盖执业(从业)资格印章]
编制:[编制并加盖执业(从业)资格印章]

(编制单位)

年　月

总概(预)算汇总表

建设项目名称:08 定额预算例题　　　　第 1 页　共 1 页　01-1 表

项次	工程或费用名称	单位	总数量	合计金额(元)	预算金额(元)			技术经济指标	各项费用比例(%)	备注
					08 定额预算例题					
	第一部分　建筑安装工程费	公路公里		12259773	12259773				87.80	
一	临时工程	公路公里	5.000	104428	104428			20885.60	0.75	
二	路基工程	km	1.000	1384204	1384204			1384204.00	9.91	
2	挖方		1.000	789372	789372			789372.00	5.65	
3	填方	m^3	50000.000	593001	593001			11.86	4.25	
6	防护与加固工程	km	5.000	1831	1831			366.20	0.01	
三	路面工程	km	5.000	10475005	10475005			2095001.00	75.02	
3	路面基层	m^2	76000.000	3560534	3560534			46.85	25.50	
6	水泥混凝土面层	m^2	70000.000	6914471	6914471			98.78	49.52	
四	桥梁涵洞工程	km	5.000	296136	296136			59227.20	2.12	
3	小桥工程	m/座	1.000	296136	296136			296136.00	2.12	
	第二部分　设备及工具、器具购置费	公路公里								
	第三部分　工程建设其他费用	公路公里		1703677	1703677				12.20	
一	土地征用及拆迁补偿费	公路公里	1.000	815000	815000			815000.00	5.84	
1	果树	棵	230.000	115000	115000			500.00	0.82	
2	耕地	亩	70.000	700000	700000			10000.00	5.01	
	建设项目管理费	公路公里	1.000	888677	888677			888677.00	6.36	
1	建设单位(业主)管理费	公路公里	1.000	306259	306259			306259.00	2.19	
2	工程质量监督费	公路公里	1.000	246116	246116			246116.00	1.76	
3	工程监理费	公路公里	1.000	320899	320899			320899.00	2.30	
4	工程定额测定费	公路公里	1.000	15403	15403			15403.00	0.11	
	第一、二、三部分费用合计	公路公里		13963450	13963450				100.00	
	预留费用	元								
	预算总金额	元		13963450	13963450				100.00	
	公路基本造价	公路公里		13963450	13963450				100.00	

编制:　　　　复核:

总概（预）算表

建设项目名称:08 定额预算例题

编制范围:

第 1 页　共 2 页　01 表

项	目	节	细目	工程或费用名称	单　位	数　量	预算金额(元)	技术经济指标	各项费用比例(%)	备　注
				第一部分　建筑安装工程费	公路公里		12259773		87.80	
一				临时工程	公路公里	5.000	104428	20885.60	0.75	
二				路基工程	km	1.000	1384204	1384204.00	9.91	
	2			挖方		1.000	789372	789372.00	5.65	
		1		挖土方	m^3	50000.000	789372	15.79	5.65	
	3			填方	m^3	50000.000	593001	11.86	4.25	
		1		路基填方	m^3	50000.000	593001	11.86	4.25	
	6			防护与加固工程	km	5.000	1831	366.20	0.01	
三				路面工程	km	5.000	10475005	2095001.00	75.02	
	3			路面基层	m^2	76000.000	3560534	46.85	25.50	
		2		水泥稳定类基层	m^2	76000.000	3560534	46.85	25.50	
	6			水泥混凝土面层	m^2	70000.000	6914471	98.78	49.52	
		1		水泥混凝土面层	m^2	70000.000	6914471	98.78	49.52	
四				桥梁涵洞工程	km	5.000	296136	59227.20	2.12	
	3			小桥工程	m/座	1.000	296136	296136.00	2.12	
		5		预应力混凝土空心板桥	m/座	1.000	296136	296136.00	2.12	
				第二部分　设备及工具、器具购置费	公路公里					
				第三部分　工程建设其他费用	公路公里		1703677		12.20	
一				土地征用及拆迁补偿费	公路公里	1.000	815000	815000.00	5.84	
	1			果树	棵	230.000	115000	500.00	0.82	
	2			耕地	亩	70.000	700000	10000.00	5.01	
				建设项目管理费	公路公里	1.000	888677	888677.00	6.36	

编制:　　　　　　　　　　　　复核:

总概（预）算表

建设项目名称:08 定额预算例题

编制范围:

第 2 页　共 2 页　01 表

项	目	节	细目	工程或费用名称	单位	数量	预算金额(元)	技术经济指标	各项费用比例(%)	备注
	1			建设单位(业主)管理费	公路公里	1.000	306259	306259.00	2.19	
	2			工程质量监督费	公路公里	1.000	246116	246116.00	1.76	
	3			工程监理费	公路公里	1.000	320899	320899.00	2.30	
	4			工程定额测定费	公路公里	1.000	15403	15403.00	0.11	
				第一、二、三部分费用合计	公路公里		13963450		100.00	
				预留费用	元					
				预算总金额	元		13963450		100.00	
				公路基本造价	公路公里		13963450		100.00	

编制:　　　　复核:

总概(预)算人工、主要材料、机械台班数量汇总表

建设项目名称:08 定额预算例题

编制范围:

第1页　共1页　02-1表

序号	规格名称	单位	代号	总数量	分项统计									场外运输损耗	
					临时工程	路基工程	路面工程	桥梁涵洞工程	其他					%	数量
1	人工	工日	1	10470.253	261	400	9294	515							
2	机械工	工日	2	9153.343	126	1855	6748	424							
3	原木	m^3	101	9.415	9			1							
4	锯材	m^3	102	8.635			5	3							
5	光圆钢筋	t	111	46.350			42	4							
6	带肋钢筋	t	112	56.070			49	7							
7	钢绞线	t	125	5.500				6							
8	型钢	t	182	0.328											
9	钢板	t	183	0.317											
10	电焊条	kg	231	59.600			42	18							
11	组合钢模板	t	272	0.274											
12	铁件	kg	651	342.690	88		114	140							
13	铁钉	kg	653	7.250				7							
14	8~12号铁丝	kg	655	33.350	32	1									
15	20~22号铁丝	kg	656	155.700			105	51							
16	裸铝(铜)线	m	712	2520.000	2520										
17	32.5级水泥	t	832	7346.215		1	7345	1						3.00	73.46
18	42.5级水泥	t	833											1.00	
19	石油沥青	t	851	8.820			9								
20	汽油	kg	862	9898.125			130	9768							

编制:　　　　　　　　　　　　　　　　　　复核:

建筑安装工程费计算表

建设项目名称:08 定额预算例题

编制范围:

第 1 页 共 1 页 03 表

序号	工程名称	单位	工程量	直接费(元)						间接费(元)	利润(元)	税金(元)	建筑安装工程费	
				直接工程费				其他工程费	合计		费率 7.00%	综合税率 3.14%	合计(元)	单价(元)
				人工费	材料费	机械使用费	合计							
1	2	3	4	5	6	7	8	9	10	11	12	13	14	15
1	临时工程	公路公里	5	12841	31231	39853	83925	5349	89274	5180	6531	3443	104428	20885.60
2	挖土方	m^3	50000	11808		651238	663046	33242	696288	17186	49868	26030	789372	15.79
3	路基填方	m^3	50000	7380		205625	513005	13462	526467	9508	37472	19554	593001	11.86
4	防护与加固工程	km	5	512	928		1440	90	1530	128	113	60	1831	366.20
5	水泥稳定类基层	m^2	76000	74503	1853757	1006822	2935082	156718	3091800	126512	224813	117409	3560534	46.85
6	水泥混凝土面层	m^2	70000	382766	3640293	1746756	5769815	302474	6072289	178997	435178	228007	6914471	98.78
7	预应力混凝土空心板桥	m/座	1	25326	83247	127496	236069	16061	252130	15655	18586	9765	296136	296136.00
	各项费用合计			515136	5609456	3777790	10202382	527396	10729778	353166	772561	404268	12259773	0

编制: 复核:

其他直接费、现场经费及间接费综合费率计算表

建设项目名称:08 定额预算例题

编制范围:

第 1 页　共 1 页　04 表

序号	工程类别	其他工程费费率(%)													间接费费率(%)											
		冬季施工增加费	雨季施工增加费	夜间施工增加费	高原地区施工增加费	风沙地区施工增加费	沿海地区工程施工增加费	行车干扰工程施工增加费	安全文明施工措施费	临时设施费	施工辅助费	工地转移费	综合费率		规费						企业管理费					
													I	II	养老保险费	失业保险费	医疗保险费	住房公积金	工伤保险费	综合费率	基本费用	主副食运费补贴费	职工探亲路费	职工取暖补贴	财务费用	综合费率
1	2	3	4	5	6	7	8	9	10	11	12	13	14	15	16	17	18	19	20	21	22	23	24	25	26	27
1	人工土方		0.310					3.280	0.590	1.590	0.890	0.150	3.530	3.280	5.000	1.000	1.000	1.000	1.000	9.000	3.360	0.280	0.100		0.230	3.970
2	机械土方		0.320					3.000	0.590	1.420	0.490	0.500	3.320	3.000	5.000	1.000	1.000	1.000	1.000	9.000	3.260	0.215	0.220		0.210	3.905
3	汽车运输		0.320					2.850	0.210	0.920	0.160	0.310	1.920	2.850	5.000	1.000	1.000	1.000	1.000	9.000	1.440	0.225	0.140		0.210	2.015
4	人工石方		0.230					3.330	0.590	1.600	0.850	0.160	3.430	3.330	5.000	1.000	1.000	1.000	1.000	9.000	3.450	0.215	0.100		0.220	3.985
5	机械石方		0.290					2.380	0.590	1.970	0.460	0.360	3.670	2.380	5.000	1.000	1.000	1.000	1.000	9.000	3.280	0.200	0.220		0.200	3.900
6	高级路面	0.060	0.290					2.500	1.000	1.920	0.800	0.610	4.740	2.500	5.000	1.000	1.000	1.000	1.000	9.000	1.910	0.135	0.140		0.270	2.455
7	其他路面		0.280					2.360	1.020	1.870	0.740	0.560	4.470	2.360	5.000	1.000	1.000	1.000	1.000	9.000	3.280	0.135	0.160		0.300	3.875
8	构造物 I	0.060	0.230					1.890	0.720	2.650	1.300	0.560	5.580	1.890	5.000	1.000	1.000	1.000	1.000	9.000	4.440	0.205	0.290		0.370	5.305
9	构造物 II	0.080	0.250	0.350				1.900	0.780	3.140	1.560	0.660	6.900	1.900	5.000	1.000	1.000	1.000	1.000	9.000	5.530	0.225	0.340		0.400	6.495
10	构造物 III	0.150	0.520	0.700				1.900	1.570	5.810	3.030	1.310	13.240	1.900	5.000	1.000	1.000	1.000	1.000	9.000	9.790	0.405	0.550		0.820	11.565
11	技术复杂大桥	0.080	0.290	0.350					0.860	2.920	1.680	0.750	7.010		5.000	1.000	1.000	1.000	1.000	9.000	4.720	0.180	0.200		0.460	5.560
12	隧道								0.730	2.570	1.230	0.520	5.050		5.000	1.000	1.000	1.000	1.000	9.000	4.220	0.175	0.270		0.390	5.055
13	钢结构			0.350					0.530	2.480	0.560	0.720	4.640		5.000	1.000	1.000	1.000	1.000	9.000	2.420	0.180	0.160		0.480	3.240
14	费率为0																									

编制:　　　　复核:

设备、工具、器具购置费计算表

建设项目名称:08 定额预算例题

编制范围:

第 1 页 共 1 页 05 表

序号	设备、工具、器具规格名称	单位	数量	单价(元)	金额(元)	说明

编制: 复核:

工程建设其他费用及回收金额计算表

建设项目名称:08 定额预算例题

编制范围:

第 1 页　共 1 页　06 表

序号	费用名称及回收金额项目	说明及计算式	金额(元)	备　注
	第三部分　工程建设其他费用		1703677	
一	土地征用及拆迁补偿费		815000	
1	果树		115000	
2	耕地		700000	
二	建设项目管理费		888677	
1	建设单位(业主)管理费		306259	
2	工程质量监督费		246116	
3	工程监理费		320899	
4	工程定额测定费		15403	
	预留费用			

编制:　　　　复核:

人工、材料、机械台班单价汇总表

建设项目名称:08 定额预算例题

编制范围:

第1页　共1页　07表

序号	名称	单位	代号	预算单价(元)	备注	序号	名称	单位	代号	预算单价(元)	备注
1	人工	工日	1	49.20		23	水	m^3	866	0.50	
2	机械工	工日	2	49.20		24	青(红)砖	千块	877	212.00	
3	原木	m^3	101	1120.00		25	中(粗)砂	m^3	899	60.00	
4	锯材	m^3	102	1350.00		26	黏土	m^3	911	8.21	
5	光圆钢筋	t	111	3300.00		27	片石	m^3	931	34.00	
6	带肋钢筋	t	112	3400.00		28	碎石(2cm)	m^3	951	55.00	
7	钢绞线	t	125	6500.00		29	碎石(4cm)	m^3	952	55.00	
8	型钢	t	182	3700.00		30	碎石(8cm)	m^3	954	49.00	
9	钢板	t	183	4450.00		31	石屑	m^3	961	65.00	
10	电焊条	kg	231	4.90		32	块石	m^3	981	85.00	
11	组合钢模板	t	272	5710.00		33	草皮	m^2	995	1.80	
12	铁件	kg	651	4.40		34	其他材料费	元	996	1.00	
13	铁钉	kg	653	6.97		35	设备摊销费	元	997	1.00	
14	8~12 号铁丝	kg	655	6.10		36	C10 普通商品混凝土 2cm 碎石	m^3	10001	300.00	
15	20~22 号铁丝	kg	656	6.40		37	75kW 以内履带式推土机	台班	1003	612.89	
16	裸铝(铜)线	m	712	3.22		38	0.6m^3 履带式单斗挖掘机	台班	1027	499.98	
17	32.5 级水泥	t	832	320.00		39	2.0m^3 履带式单斗挖掘机	台班	1037	1405.51	
18	石油沥青	t	851	3800.00		40	3.0m^3 轮胎式装载机	台班	1051	903.99	
19	汽油	kg	862	5.20		41	90kW 以内平地机	台班	1056	661.28	
20	柴油	kg	863	4.90		42	120kW 以内平地机	台班	1057	908.89	
21	煤	t	864	265.00		43	6~8t 光轮压路机	台班	1075	251.49	
22	电	kW·h	865	0.55		44	8~10t 光轮压路机	台班	1076	280.38	

编制:　　　　复核:

分项工程概(预)算表

编制范围:

分项工程名称:水泥混凝土面层

第1页　共6页　08-2表

序号	工程项目			普通混凝土			自卸汽车运输水泥混凝土			拉杆、传力杆			拉杆、传力杆		
	工程细目			轨道式摊铺机铺路面厚25cm			6t以内自卸汽车运距6km			拉杆及传力杆人工及轨道式摊铺机摊铺			钢筋		
	定额单位			$1000m^2$ 路面			$1000m^2$ 路面			$1000m^2$ 路面			1t		
	工程数量			70.00			70.00			70.00			11.00		
	定额表号			2-2-17-3+4×5改			2-2-19-5+6×10			2-2-17-13			2-2-17-15		
	工料机名称	单位	单价(元)	定额	数量	金额(元)	定额	数量	金额(元)	定额	数量	金额(元)	定额	数量	金额(元)
1	人工	工日	49.20	93.600	6552.000	322358				8.200	574.000	28241	6.000	66.000	3247
2	锯材	m^3	1350.00	0.073	5.110	6898									
3	光圆钢筋	t	3300.00	0.003	0.210	693				0.601	42.070	138831	0.019	0.209	690
4	带肋钢筋	t	3400.00							0.537	37.590	127806	1.006	11.066	37624
5	型钢	t	3700.00	0.001	0.070	259									
6	电焊条	kg	4.90							0.600	42.000	206			
7	组合钢模板	t	5710.00												
8	铁件	kg	4.40												
9	20~22号铁丝	kg	6.40							0.700	49.000	314	5.100	56.100	359
10	32.5级水泥	t	320.00	85.425	5979.750	1913520									
11	石油沥青	t	3800.00	0.119	8.330	31654				0.007	0.490	1862			
12	煤	t	265.00	0.025	1.750	464									
13	水	m^3	0.50	40.000	2800.000	1400									
14	青(红)砖	千块	212.00												
15	中(粗)砂	m^3	60.00	122.400	8568.000	514080									
16	碎石(4cm)	m^3	55.00	211.670	14816.900	814930									
17	其他材料费	元	1.00	292.800	20496.000	20496				15.300	1071.000	1071			

编制:　　　　　　　　　　复核:

分项工程预算表

编制范围:

分项工程名称:水泥混凝土面层

第2页 共6页 08-2表

序号	工程项目			普通混凝土			自卸汽车运输水泥混凝土			拉杆、传力杆			拉杆、传力杆		
	工程细目			轨道式摊铺机 铺路面厚25cm			6t以内自卸汽车运距6km			拉杆及传力杆人工及轨道式摊铺机摊铺			钢筋		
	定额单位			1000m^2 路面			1000m^2 路面			1000m^2 路面			1t		
	工程数量			70.00			70.00			70.00			11.00		
	定额表号			2-2-17-3+4×5改			2-2-19-5+6×10			2-2-17-13			2-2-17-15		
	工料机名称	单位	单价(元)	定额	数量	金额(元)	定额	数量	金额(元)	定额	数量	金额(元)	定额	数量	金额(元)
18	3.0m^3 以内轮胎式装载机	台班	904.00	1.560	109.200	98716									
19	2.5~4.5m轨道式水泥混凝土摊铺机	台班	1078.30	0.570	39.900	43024									
20	电动混凝土刻纹机	台班	198.64	8.910	623.700	123892									
21	电动混凝土切缝机	台班	141.52	3.380	236.600	33483									
22	250L以内强制式混凝土搅拌机	台班	96.79												
23	6m^3 以内混凝土搅拌运输车	台班	1231.17	3.440	240.800	296465									
24	40m^3/h以内水泥混凝土搅拌站	台班	1073.33	1.250	87.500	93916									
25	4t以内载货汽车	台班	293.84												
26	6t以内自卸汽车	台班	403.22				34.790	2435.300	981962						
27	6000L以内洒水汽车	台班	515.01	1.900	133.000	68496									
28	12t以内汽车式起重机	台班	705.77												
29	20t以内汽车式起重机	台班	1045.78												
30	32kV·A交流电弧焊机	台班	104.64							0.110	7.700	806			
31	小型机具使用费	元	1.00							12.400	868.000	868	11.100	122.100	122
32	基价	元	1.00	62639.000	4384730.000	4384730	14028.000	981960.000	981960	4286.000	300020.000	300020	3822.000	42042.000	42042

编制:　　　　　　复核:

分项工程预算表

编制范围:

分项工程名称:水泥混凝土面层　　　　第3页　共6页　08-2表

序号	工程项目			普通混凝土			自卸汽车运输水泥混凝土			拉杆、传力杆			拉杆、传力杆		
	工程细目			轨道式摊铺机铺路面厚25cm			6t以内自卸汽车运距6km			拉杆及传力杆人工及轨道式摊铺机铺			钢筋		
	定额单位			1000m² 路面			1000m² 路面			1000m² 路面			1t		
	工程数量			70.00			70.00			70.00			11.00		
	定额表号			2-2-17-3+4×5改			2-2-19-5+6×10			2-2-17-13			2-2-17-15		
	工料机名称	单位	单价(元)	定额	数量	金额(元)	定额	数量	金额(元)	定额	数量	金额(元)	定额	数量	金额(元)
	直接工程费	元				4384744			981962			300004			42042
	其他工程费 I	元		4.740%		207837	1.920%		18854	4.740%		14220	4.740%		1993
	其他工程费 II	元		2.500%		109619	2.850%		27986	2.500%		7500	2.500%		1051
	间接费 规费	元		9.000%		29012	9.000%			9.000%		2542	9.000%		292
	间接费 企业管理费	元		2.455%		113411	2.015%		20730	2.455%		7733	2.455%		1083
	利润及税金	元				504992			111761			34450			4823
	建筑安装工程费	元				5267005			1161293			359697			50317

编制:　　　　复核:

分项工程预算表

编制范围：

分项工程名称：水泥混凝土面层

第4页 共6页 08-2表

序号	工料机名称	单位	单价(元)	定额	数量	金额(元)	定额	数量	金额(元)	定额	数量	金额(元)	合计 数量	合计 金额(元)
	工程项目			混凝土搅拌站(楼)安拆									合计	
	工程细目			混凝土搅拌站(楼)安装、拆除生产能力25m³/h以内										
	定额单位			1座										
	工程数量			1.00										
	定额表号			4-11-11-6										
1	人工	工日	49.20	587.800	587.800	28920							7779.800	382766
2	锯材	m³	1350.00	0.009	0.009	12							5.119	6911
3	光圆钢筋	t	3300.00										42.489	140214
4	带肋钢筋	t	3400.00										48.656	165430
5	型钢	t	3700.00	0.035	0.035	130							0.105	388
6	电焊条	kg	4.90										42.000	206
7	组合钢模板	t	5710.00	0.075	0.075	428							0.075	428
8	铁件	kg	4.40	28.900	28.900	127							28.900	127
9	20~22号铁丝	kg	6.40										105.100	673
10	32.5级水泥	t	320.00	19.275	19.275	6168							5999.025	1919688
11	石油沥青	t	3800.00										8.820	33516
12	煤	t	265.00										1.750	464
13	水	m³	0.50	217.000	217.000	108							3017.000	1508
14	青(红)砖	千块	212.00	73.520	73.520	15586							73.520	15586
15	中(粗)砂	m³	60.00	51.170	51.170	3070							8619.170	517150
16	碎石(4cm)	m³	55.00	25.860	25.860	1422							14842.760	816352
17	其他材料费	元	1.00	84.400	84.400	84							21651.400	21651

编制： 复核：

分项工程预算表

编制范围：

分项工程名称：水泥混凝土面层　　　　第5页　共6页　08-2表

序号	工程项目			混凝土搅拌站(楼)安拆									合计	
	工程细目			混凝土搅拌站(楼)安装、拆除生产能力25m³/h以内										
	定额单位			1座										
	工程数量			1.00										
	定额表号			4-11-11-6										
	工料机名称	单位	单价(元)	定额	数量	金额(元)	定额	数量	金额(元)	定额	数量	金额(元)	数量	金额(元)
18	3.0m³以内轮胎式装载机	台班	904.00										109.200	98716
19	2.5~4.5m轨道式水泥混凝土摊铺机	台班	1078.30										39.900	43024
20	电动混凝土刻纹机	台班	198.64										623.700	123892
21	电动混凝土切缝机	台班	141.52										236.600	33483
22	250L以内强制式混凝土搅拌机	台班	96.79	1.140	1.140	110							1.140	110
23	6m³以内混凝土搅拌运输车	台班	1231.17										240.800	296465
24	40m³/h以内水泥混凝土搅拌站	台班	1073.33										87.500	93916
25	4t以内载货汽车	台班	293.84	3.800	3.800	1117							3.800	1117
26	6t以内自卸汽车	台班	403.22										2435.300	981962
27	6000L以内洒水汽车	台班	515.01										133.000	68496
28	12t以内汽车式起重机	台班	705.77	0.800	0.800	565							0.800	565
29	20t以内汽车式起重机	台班	1045.78	3.050	3.050	3190							3.050	3190
30	32kV·A交流电弧焊机	台班	104.64										7.700	806
31	小型机具使用费	元	1.00	24.400	24.400	24							1014.500	1014
32	基价	元	1.00	61062.000	61062.000	61062							5769814.000	5769814

编制：　　　　复核：

分项工程预算表

编制范围：

分项工程名称：水泥混凝土面层　　　　第6页　共6页　08-2表

序号	工程项目				混凝土搅拌站(楼)安拆									合计	
	工程细目				混凝土搅拌站(楼)安装、拆除生产能力$25m^3/h$以内										
	定额单位				1座										
	工程数量				1.00										
	定额表号				4－11－11－6										
	工料机名称		单位	单价(元)	定额	数量	金额(元)	定额	数量	金额(元)	定额	数量	金额(元)	数量	金额(元)
	直接工程费		元				61063								5769815
	其他工程费	I	元		4.740%		2894								245798
		II	元		2.500%		1527								147682
	间接费	规费	元		9.000%		2603								34449
		企业管理费	元		2.455%		1591								144548
	利润及税金		元				7159								663185
	建筑安装工程费		元				76159								6914471

编制：　　　　复核：

材料预算单价计算表

建设项目名称:08 定额预算例题

编制范围:　　　　　　　　打印时间:　　　　　　　　第 1 页　共 1 页　09 表

序号	代号	规格名称	单位	原价（元）	运杂费					原价运费合计（元）	场外运输损耗		采购及保管费		预算单价（元）
					起讫地点	运输方式、比重及运距（km）	毛重系数或单位毛重	运杂费构成说明或计算式	单位运费（元）		费率（%）	金额（元）	费率（%）	金额（元）	

编制:　　　　　　　　　　　　　　复核:

自采材料料场价格计算表

建设项目名称:08 定额预算例题

编制范围:　　　　打印时间:　　　　第 1 页　共 1 页　10 表

序号	定额号	规格名称	单位	料场单价（元）									高原施工增加费（元）

编制:　　　　复核:

机械台班单价计算表

建设项目名称:08 定额预算例题

编制范围:　　　　　　　　　　　　　　　　　　　　第 1 页　共 1 页　11 表

序号	定额号	机械规格名称	台班单价（元）	不变费用(元)		可变费用																	
				调整系数：1.00		人工：49.20 元/工日		重油：元/kg		汽油：5.20 元/kg		柴油：4.90 元/kg		煤：265.00 元/t		电：0.55 元/kW·h		水：0.50 元/m^3		木柴：0.49 元/kg		养路费及车船使用税（元）	可变费用合计（元）
				定额	调整值	定额	费用	定额	费用	定额	费用	定额	费用	定额	费用	定额	费用	定额	费用	定额	费用		
1	1003	75kW 以内履带式推土机	612.89	245.14	245.14	2	98.40					55	269.35										367.75
2	1027	0.6m^3 以内履带式单斗挖掘机	499.98	219.84	219.84	2	98.40					37	181.74										280.14
3	1037	2.0m^3 以内履带式单斗挖掘机	1405.51	855.38	855.38	2	98.40					92	451.73										550.13
4	1051	3.0m^3 以内轮胎式装载机	903.99	241.36	241.36	2	98.40					115	564.24										662.64
5	1056	90kW 以内平地机	661.28	267.17	267.17	2	98.40					60	295.72										394.12
6	1057	120kW 以内平地机	908.89	408.05	408.05	2	98.40					82	402.44										500.84
7	1075	6~8t 光轮压路机	251.49	107.57	107.57	1	49.20					19	94.72										143.92
8	1076	8~10t 光轮压路机	280.38	117.50	117.50	1	49.20					23	113.68										162.88
9	1078	12~15t 光轮压路机	411.77	164.32	164.32	1	49.20					40	198.25										247.45
10	1088	15t 以内振动压路机	774.09	315.05	315.05	2	98.40					74	360.64										459.04
11	1160	300t/h 以内稳定土厂拌设备	949.20	455.64	455.64	4	196.80									540	296.76						493.56
12	1235	2.5~4.5m 轨道式水泥混凝土摊铺机	1078.30	695.50	695.50	3	147.60					48	235.20										382.80
13	1243	电动混凝土刻纹机	198.64	128.65	128.65	1	49.20									38	20.79						69.99
14	1245	电动混凝土切缝机	141.52	81.23	81.23	1	49.20									20	11.09						60.29
15	1272	250L 以内强制式混凝土搅拌机	96.79	18.58	18.58	1	49.20									53	29.01						78.21
16	1307	6m^3 混凝土搅拌运输车	1231.17	909.82	909.82	1	49.20					56	272.15										321.35
17	1316	60m^3/h 以内混凝土输送泵	1099.96	849.95	849.95	1	49.20									365	200.81						250.01
18	1325	40m^3/h 以内水泥混凝土搅拌站	1073.33	512.06	512.06	7	344.40									394	216.87						561.27
19	1344	拉伸力 900kN 以内预应力拉伸机	42.95	27.59	27.59											28	15.36						15.36
20	1347	拉伸力 5000kN 以内预应力拉伸机	178.27	140.34	140.34											69	37.93						37.93

编制:　　　　　　　　　　　　　　　　　　　　复核:

辅助生产工、料、机械台班单位数量表

建设项目名称:08 定额预算例题

编制范围:　　　　打印时间:　　　　第 1 页　共 1 页　12 表

序号	规格名称	单位								

编制:　　　　复核:

参 考 文 献

[1] 公路工程基本建设项目概算预算编制办法(JTG B06—2007)[S],北京:人民交通出版社,2007
[2] 公路工程概算定额(JTG/T B06-01—2007)[S],北京:人民交通出版社,2007
[3] 公路工程预算定额(JTG/T B06-02—2007)[S],北京:人民交通出版社,2007
[4] 公路工程机械台班费用定额(JTG/T B06-03—2007)[S],北京:人民交通出版社,2007
[5] 公路基本建设工程投资估算编制办法[S],北京:人民交通出版社,1996
[6] 公路工程估算指标[S],北京:人民交通出版社,1996
[7] 公路工程国内招标文件范本(2003)[S],北京:人民交通出版社,2003
[8] 工程造价计价与控制(2006)[M],北京:中国计划出版社,2006
[9] 范智杰.公路工程监理概论[M],重庆:重庆大学出版社,2007
[10] 袁剑波.工程费用监理[M],北京:人民交通出版社,2007
[11] 交通部公路工程定额站等.公路工程造价编制与项目经济评价[M],北京:人民交通出版社,2007
[12] 交通部公路工程定额站等.公路工程工程量清单计量规则[M],北京:人民交通出版社,2005
[13] 杜贵成.公路工程造价细节解析与示例[M],北京:机械工业出版社,2007
[14] 邬晓光.公路工程建设项目计量与支付手册[M],北京:人民交通出版社,2001
[15] 范智杰、刘玲等.计量监理工作的认识与应注意的问题[J].建设监理,2001,(3):P49~51
[16] 刘玲、范智杰.对公路工程变更成因的分析及控制措施的探讨[J].交通科技与经济,2001,(3):3~6
[17] 刘玲、范智杰.浅析有效控制建设项目工程造价[J].重庆交通学院学报(自然版)第25卷增刊(109):29~33